Dekorative Wohnideen
selbst genäht

Dekorative Wohnideen selbst genäht

50 Anleitungen für Vorhänge, Kissen und Accessoires

VANESSA ARBUTHNOTT
und Gail Abbott

DK
DORLING KINDERSLEY

Dorling Kindersley
London, New York, Melbourne, München und Delhi

Cheflektorat Gillian Haslam
Redaktion Alison Wormleighton
Gestaltung Alison Fenton
Illustrationen Kate Simunek
Fotos Mark Scott
Stylisten Gail Abbott und Sally Denning
Zusätzliche Projekttexte Jane Bolsover

Für die deutsche Ausgabe:
Programmleitung Monika Schlitzer
Projektbetreuung Tanja Schröpfer
Herstellungsleitung Dorothee Whittaker
Herstellung und Satz Sophie Schiela

Bibliografische Information der Deutschen Bibliothek
Die Deutsche Bibliothek verzeichnet diese Publikation in der Deutschen Nationalbibliografie; detaillierte bibliografische Daten sind im Internet über http://dnb.ddb.de abrufbar.

Titel der englischen Originalausgabe:
The Home-sewn Home

This book has been produced by CICO Books, an imprint of Ryland, Peters & Small, 20–21 Jockey's Fields, London WC1R 4BW

Übersetzung Sabine Krämer-Uhl
Lektorat Anja Fuhrmann

ISBN 978-3-8310-2450-6
Printed in China
Besuchen Sie uns im Internet
www.dorlingkindersley.de

Hinweis
Die Informationen und Ratschläge in diesem Buch sind von den Autoren und vom Verlag sorgfältig erwogen und geprüft, dennoch kann eine Garantie nicht übernommen werden. Eine Haftung der Autoren bzw. des Verlags und seiner Beauftragten für Personen-, Sach- und Vermögensschäden ist ausgeschlossen.

Inhalt

Einführung

Meine Leidenschaft, Stoffe zu bedrucken, begann vor 20 Jahren auf einer alten Tischtennis-Platte in unserem Spielzimmer, während meine vier kleinen Kinder darunter spielten. Um den passenden Stoff für Vorhänge in unserem Haus (einem ehemaligen Kuhstall) zu kreieren, experimentierte ich mit Kartoffeldrucken, Linolschnitten und Mehl-Reservetechnik auf alten Leinentüchern, bevor ich schließlich zur Seidenmalerei überging. Ich bemalte alles, was mir unter die Finger kam, weiße T-Shirts, Kopfkissenbezüge oder Stoffbahnen. Die Inspiration zu meinen ersten Entwürfen lieferten mir die Hühner draußen vor der Küchentür.

Anfangs erhielt ich Aufträge aus dem Freundeskreis, bis die Zeitschrift »Country Living« ein Feature mit anschließenden Fotoshootings bei uns zu Hause veröffentlichte. Das war der Durchbruch für mein Unternehmen. Bis heute wächst das Geschäft kontinuierlich. Ich habe mittlerweile zehn Kollektionen entworfen, inspiriert von den Hecken, Wiesen und Wäldern sowie den Hühnern rund um unser Haus, aber auch vom Walliser Sandstrand und den neuesten Stempeldrucken sowie skandinavischen Designs.

Als Kind hatte ich das Glück, auf eine Schule mit künstlerischer Ausrichtung gehen zu können. Das Interieur der Schule war mit stilisierten Motiven der Flora und Fauna gestaltet, und die Betonung lag auf der Wertschätzung der Natur, Schlittschuhlaufen und dem Sammeln von Schilf zum Korbflechten. Seitdem erfreue ich mich immer wieder von Neuem am Wechsel der Jahreszeiten und der Schönheit der Landschaft.

Stühle, die bereits meinem Großvater oder Vater gehörten, sind schon mehr als einmal neu bezogen worden. Und die Suche nach alten Möbeln treibt mich immer wieder in Trödelläden oder auf Auktionen, denn es bereitet mir eine riesige Freude, ausgedienten Sofas und Stühlen neues Leben einzuhauchen. Dieses Ethos »Aus Alt mach Neu« unterstützt nicht nur die Bemühungen, unseren Planeten weniger auszubeuten, sondern auch die Ressourcen zu bewahren.

Ich hoffe, dass dieses Buch Sie dazu inspiriert, die Freude an selbstgenähten Objekten zu entdecken. Die genauen Schritt-für-Schritt Illustrationen führen Sie anschaulich durch 50 verschiedene Nähprojekte, und Sie werden staunen, wie einfach es ist, das eigene Zuhause individuell zu gestalten.

VANESSA ARBUTHNOTT

Frischen Sie eine langweilige Ecke ganz einfach durch einen Mix aus Mustern und Streifen auf! Beginnen Sie mit leichten Projekten, wie Schlaufenschals oder einer Kissenhülle.

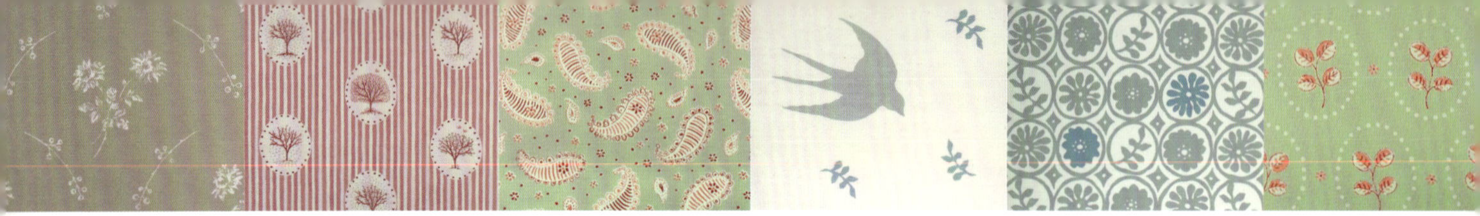

Inspiration aus dem Garten

Wir waren überglücklich, als wir bei unserer Haussuche auf ein verfallenes Gehöft mit Kuhstall, Scheune und Schweinestall stießen, denn so konnten wir unser Zuhause und den Garten von Grund auf neu gestalten. Das Haus umschließt den Garten von drei Seiten, wodurch ein geschützter Bereich entsteht, den wir zusätzlich mit Buchsbaumhecken, Rosensträuchern und Zierlauch auf natürliche Weise begrenzt haben. Außerdem nennen wir einen etwas verwilderten, aber sehr ertragreichen Gemüsegarten unser eigen. Wir lieben diese Kombination aus Kultur- und Wildpflanzen und wie sich Wiesenkerbel und Butterblumen unter Gartenblumen und Gemüse mischen.

Zwei Flügeltüren führen auf unsere Terrasse, sodass Wohnzimmer und Garten fast nahtlos ineinander überzugehen scheinen.

Verwenden Sie Stoffreste, um kleine Projekte wie dieses Lavendelherz zu nähen, so wird kein Stückchen Stoff verschwendet. Gefüllt mit getrocknetem Lavendel aus dem Garten, werden die duftigen Herzen in Schubladen oder Kleiderschränken aufbewahrt.

Das Design »Lazy Daisy« beruht auf einem traditionellen Frühlingsmuster.

Original-Skizze für mein Stoffdesign »Out and About«

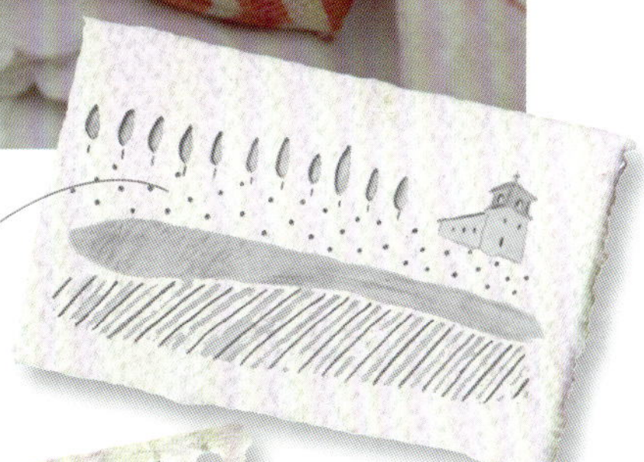

Margeriten
Zierlauch
Rosen
Lavendel
Primeln
Geißblatt

Inspiration aus der Natur

Die zarte Schönheit der Natur, die Wiesen und Wälder umgibt, ist ein ständiger Quell der Ruhe und des Friedens. Ich sammle auf meinen Spaziergängen herabgefallene Blätter, Wiesenkerbel und Wildblumen, um diese dann zu Hause zu pressen und nachzuzeichnen. Seit Jahrhunderten werden Motive von Eicheln und Eichenblättern auf Stoffen abgebildet, sowohl gewebt als auch gedruckt. Diese Motive sind nach wie vor sehr ansprechend. Ich habe sie in meinen Entwürfen mit einem modernen Touch versehen, und ich liebe vor allem die Ruhe einfarbiger Drucke, wie »Fern & Dragonfly« und »Woodland Walk«.

Die Farne und Libellen auf den Dielenvorhängen tragen die Ruhe der Natur mitten ins Haus hinein.

Farne
Wiesenkerbel
Schmetterlinge
Singvögel
Haselnuss
Libellen

Schmetterlinge und Blumen, auf einem Sommerspaziergang fotografiert.

Meine erste Skizze für den Stoffprint »Cow Parsley«.

Ein Tischläufer ist schnell genäht und macht aus einem schlichten Lunch ein Erlebnis. Der hier gezeigte Tischläufer mit Vogelmotiv passt wunderbar zu den französisch anmutenden Servietten in Erdbeerrot.

Hühner und Gänse

Für mich gehören Hühner, Enten und Gänse zum Leben auf dem Land unbedingt dazu. Sie sorgen für das typische Hintergrundgeschnatter, sind ständige Begleiter, bringen Farbe und Unterhaltung und liefern, ganz wichtig, köstliche Eier. Sie schreddern den Papierabfall aus dem Büro für ihre Nester, die wiederum zum Kompost für das Gemüsebeet werden. In unserem Garten finde ich regelmäßig die schönsten Federn von Hähnen und Hühnern, Enten, Gänsen, Perlhühnern und Fasanen. Die aparten Muster, Punkte und Streifen dieser Federn sind unwiderstehlich. Meine daraus resultierenden Stoffdesigns mit Federn und Eiern sowie Hühnern und Punkten sind nach nunmehr elf Jahren immer noch sehr populär.

Die rotweiße Tischdecke im Schachbrettmuster passt zur sommerlichen Teestunde.

Die Stoffe mit Hahn und Henne als Motiv haben etwas verspielt Erfrischendes. Das Design mit den Federn und Eiern ist einen Tick eleganter. Verwenden Sie es, wenn Sie einen feinen Akzent für Ihr Wohnzimmer suchen. Nähen Sie z.B. ein quadratisches Kissen mit einer Kedernaht. Das wirkt wie maßgeschneidert.

Das Printmotiv »Cockerel and Spot« ist durch unseren ersten Hahn inspiriert.

Hühner
Gänse
Enten
gepunktete Federn
Eier
Hähne

Jeden Tag finden wir etwa sechs Eier im Hühnerstall.

Das Meer

Für die Stoffkollektion »Seaside« waren die wundervollen Erinnerungen an meine Sommerferien in Pembrokeshire und Cornwall Inspiration. Viele Stunden habe ich mit dem Sammeln von Strandgut verbracht, zunächst als Kind mit meiner Mutter und meinen Schwestern, später mit meinen eigenen Kindern. Wir suchten nach Muscheln, Steinen und anderen Schätzen. Ich bemerkte häufig kreisförmige Spuren im Sand um die Muscheln herum, die sich in meinen Designs wiederfinden. Die Natur bringt die schönsten Farben hervor, und so habe ich mich für aquafarbene Blautöne und das zarte Pink von Muscheln entschieden.

Das frische Blau und Weiß der Meeres-Kollektion wirkt sommerlich und eignet sich insbesondere für ein Sommerhaus.

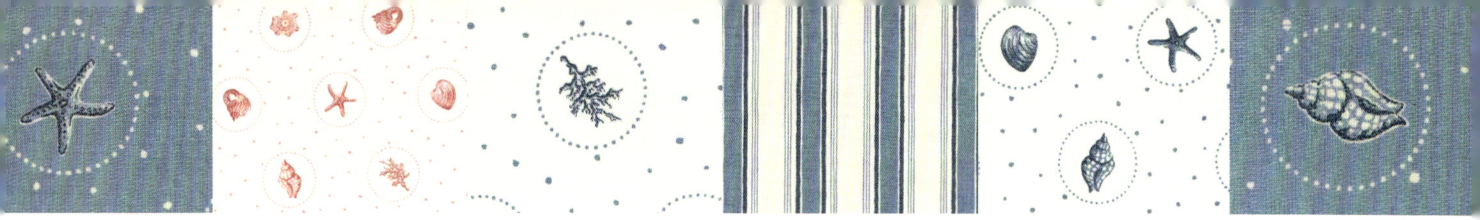

Meer

Sand

Muscheln

Wolken

blauer Himmel

Treibholz

Der Strand im August

Ideen für verschiedene Muschelmotive

Mit den vom Meer inspirierten Stoffen können Sie einfach nichts falsch machen. Sie sehen immer wunderbar aus, ob als Hussen, Kissen oder Rollos. Dank des gleichmäßig und großflächig verteilten Musters lassen die Stoffe sich sparsam zuschneiden, ohne viel Abfall. Gestreifte Kissen sind vielseitig und lassen sich sehr gut mit anderen Stoffen kombinieren.

Handbedruckte Stoffe

Zu handgefertigten Stempelprints und Siebdrucken habe ich eine besondere Affinität. Ich experimentierte mit diesen Techniken bereits vor 20 Jahren für meine ersten Stoffentwürfe. Eine wahre Quelle der Inspiration fand ich mitten auf den geschäftigen Märkten Rajasthans in Indien, wo die traditionelle Kunst des Holzdrucks noch immer ausgeübt und in wunderschöne, einfarbige Farbdrucke umgesetzt wird. Durch die Holzstempel entstehen einzigartige Texturen und Charakteristika, die mit den herkömmlichen, mechanischen Stoffdrucken absolut nicht zu vergleichen sind. Für meine Entwürfe habe ich schlichte, traditionelle Motive gewählt und sie sowohl im Negativ- als auch im Positiv-Druck umgesetzt.

Das Design im Paisleymuster gibt es im Negativ- und Positiv-Druck, was unendliche Vielfältigkeit bietet.

Wird robustes Leinen für den Textildruck verwendet, lassen diese Stoffe sich anschließend zur Einkaufstasche, Tischdecke, als Kissen oder für ein Paar lange, gefütterte Vorhänge verarbeiten. Kombinieren Sie die Stoffe, so wie hier, anhand der kontrastierenden Borte am oberen Volant der Vorhänge.

Einfach gewebter Stoff, in Smaragdgrün

Einige der handgeschnitzten Schmetterlinge als Holzstempel

Handgeschnitzte Holzstempel

Paisley

Indien

Tradition

Inspiration aus Schweden

Bei meiner neuesten Stoffkollektion ließ ich einige typische 50er-Jahre-Designs wieder aufleben, und zwar in den kühlen Farben des skandinavischen Lichts. Ich habe schon immer die innovative Stoffdesignerin Lucienne Day bewundert, deren großartige Entwürfe den Optimismus und die enorme Energie jener Nachkriegsjahre widerspiegeln. Die einfach stilisierten Vögel, länglichen Blattformen und hübschen Punktmuster sind in feinen, verwaschenen Grau-, Blau- und Cremetönen aus der gustavianischen Farbpalette eingefangen. Zu ihnen fügen sich ganz neu helle, frische Farben wie Hellgrün, Orange und Himbeerrot.

Sanfte Grau- und Cremetöne liefern den perfekten Hintergrund für das lebendige Orange.

Punkte

Kürbisse

Zuckererbsen

Efeu

Blattformen

Limonen

Die hellen Farben sorgen für einen modernen Touch.

Dies ist eine schnelle Vogel-Skizze

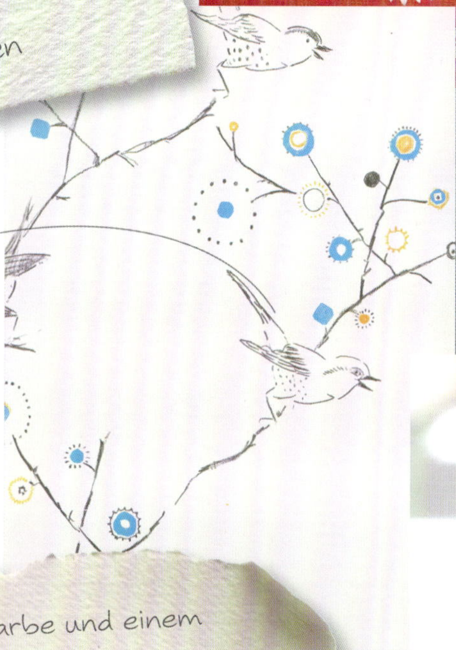

Mit etwas Farbe und einem Stoffbezug bekommt ein alter Stuhl im Nu ein neues Aussehen. Tragen Sie auf die geglättete, saubere Holzoberfläche eine Grundierung und zwei Schichten Acrylfarbe in Eierschale auf. Nähen Sie den Sitzbezug (siehe S. 108) und schon ist der Stuhl wie neu!

Kapitel 1

Vorhänge

Ungefütterte Vorhänge

Wenn Sie noch nie zuvor einen Vorhang genäht haben, ist dies genau das richtige Projekt für den Anfang. Ungefüttert und mit fertigem Gardinenkräuselband machen sich diese kurzen Vorhänge in pastelligen Rosa-, Creme- und Grautönen ideal über einem Sofa. Um den ländlichen Look zu unterstreichen, lassen Sie die Vorhänge von einer schlichten Holzstange hängen.

1 Schneiden Sie die benötigte Anzahl Stoffbahnen je Vorhangschal zu. Dann die Stoffbahnen aneinandernähen (siehe S. 188), um die passende Schalbreite zu erhalten. Die Seitenränder jedes Schals 1,5 cm breit doppelt nach links umbügeln. Den Saum im Hohlsaumstich versäubern (siehe S. 185). Den oberen und unteren Rand jeweils 5 cm breit doppelt nach links umbügeln und den Saum stecken und feststeppen. Die offenen Schmalkanten der Säume im Staffierstich schließen (siehe S. 185) und flach bügeln.

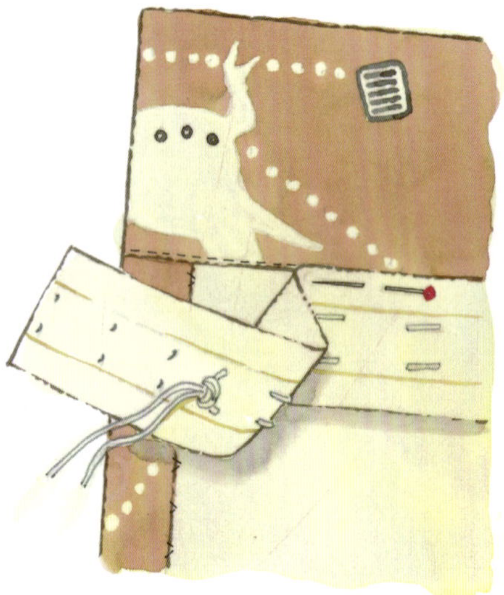

2 Ziehen Sie die zwei Zugschnüre der Gardinenbänder an beiden Seiten jeweils 5 cm heraus. Die Schnurenden anschließend jeweils am Rand zusammenknoten. Die Schals mit der linken Seite nach oben auf eine breite, flache Unterlage legen. Das Gardinenband am oberen Saum bündig mit der Naht des Saums positionieren. Dabei beidseitig bis zum Rand 5 cm Abstand lassen. Stecken Sie das Gardinenband fest.

Sie brauchen

- Dekorationsstoff (z. B. Dawn Chorus – Dusky Pink and Winter), Maße siehe unten
- Gardinenkräuselband, zweizugig, Länge entspricht der Breite jedes fertigen Vorhangschals plus 10 cm
- Nähgarn, farblich passend
- Gardinenhaken

Maßnehmen

- Das Fenster für die Längen- und Breitenmaße der fertigen Vorhänge (siehe S. 204) ausmessen. In der Länge 20 cm für die Säume oben und unten sowie in der Breite 6 cm für die seitlichen Säume dazu addieren.
- Für den Faltenwurf in der Breite anderthalb bis zweimal so viel Stoff einplanen, wie die Fensterbreite beträgt. Für schmale Fenster genügt eine Stoffbreite, für breite Fenster u. U. mit zwei oder mehr Stoffbreiten je Vorhangschal rechnen.

3 Das Gardinenband wie bei der gerafften Schabracke (siehe S. 42) aufsteppen. Ziehen Sie die Schnüre vorsichtig an, bis jeder Vorhangschal die halbe Breite des Fensters einnimmt. Die Falten per Hand zurecht schieben. Die langen Schnurenden zu einem Knäuel aufwickeln und rückseitig an das Gardinenband nähen. Die Schnurenden niemals abschneiden, denn zum Waschen werden die Falten wieder ausgelassen. Die Gardinenhaken mit 10 cm Abstand fixieren. Damit die Vorhänge gerade hängen, kommt an die Seiten ebenfalls je ein Haken. Hängen Sie die Vorhänge, z.B. mit Ringen, an einer Gardinenstange auf.

TIPP

Wenn Sie die Vorhänge an einer Stange in einer Nische aufhängen möchten, passen Sie die Position des Gardinenbands (und die Saumtiefe) dem Platz zwischen der Stange und der Decke der Nische entsprechend an.

Schlaufenschals zum Binden

Leicht und luftig wirken diese Vorhänge vor dem Fenster unseres umgebauten Stalls. Sie sind ungefüttert in Türkis, Grau und Cremeweiß gehalten. Nähen lassen sie sich ebenfalls ganz einfach und werden mit schmalen Schlaufenbändern aufgehängt.

Sie brauchen

- Dekorationsstoff (z. B. Pretty Maids – Teal and Winter), Maße siehe unten
- Nähgarn, farblich passend

Maßnehmen

- Das Fenster für die Längen- und Breitenmaße der fertigen Vorhänge (siehe S. 204) ausmessen. In der Länge 10 cm Nahtzugabe für den unteren Saum dazu addieren sowie 1,5 cm für den oberen.
- Für den Faltenwurf in der Breite anderthalbmal so viel Stoff einplanen, wie die Fensterbreite beträgt.
- Für die Blende über die komplette Breite jedes Schals einen 10 cm breiten Streifen zuschneiden.
- Die Schlaufenanzahl pro Schal ermitteln (siehe S. 203). Je Schlaufe 70 x 9,5 cm Stoff zuschneiden.

1 Schneiden Sie je Schal den Stoff passend zu. Nähen Sie ggf. Stoffbahnen aneinander (siehe S. 188), um die passende Schalbreite zu erhalten. An einer Längsseite und an beiden kurzen Seiten der Blende einen doppelt gelegten, 1,5 cm breiten Saum nach links umbügeln, stecken und feststeppen. Anschließend jeweils einen 1,5 cm breiten doppelten Saum an beiden Längsseiten der Schals nach links umbügeln und ebenfalls stecken und feststeppen.

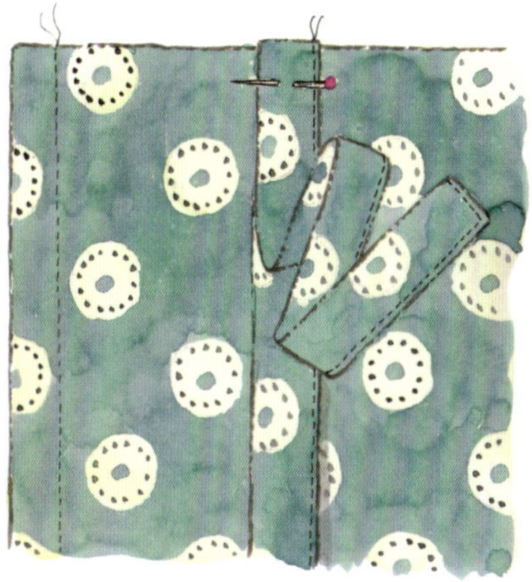

2 Die Schlaufen fertigen Sie nach Methode 1 (siehe S. 202). Beide Enden zunähen und die Schlaufen mittig zerschneiden. Die Position der Schlaufen mit 15 cm Abstand markieren (siehe S. 203), zum Rand bleiben je 7,5 cm Abstand. Je zwei Schlaufenbänder an der entsprechenden Stelle übereinanderliegend feststecken. Die offenen Schlaufenkanten liegen mit der unversäuberten Schalseite gleichauf. Heften Sie die Schlaufen an. Beim zweiten Schal ebenso vorgehen.

3 Den Schal und die Blende mit den Schlaufen dazwischen rechts auf rechts an den Saumkanten bzw. der unversäuberten Kante bündig aufeinanderlegen, dann stecken und heften. Die Lagen mit 1,5 cm Nahtzugabe zusammensteppen. Zum Schluss Stecknadeln und Heftung entfernen. Den zweiten Schal genauso anfertigen.

4 Wenden Sie die Blende auf die rechte Vorhangseite, lassen Sie die Schlaufen lose hängen und bügeln Sie die Naht der oberen Kante glatt. Falls gewünscht, die obere Kante nochmals absteppen. Den unteren Rand der Blende auf dem Schal festnähen. Die offenen Schmalkanten im Staffierstich schließen (siehe S. 185). Am unteren Rand der Schals jeweils einen 5 cm breiten Saum doppelt umbügeln, heften und feststeppen oder mit Hohlsaumstichen (siehe S. 185) festnähen. Die offenen Kanten im Staffierstich schließen. Jetzt können Sie die Vorhangschals an den Schlaufen aufhängen.

Vorhänge mit Kontrastfutter

Der prächtige Hahn in unserem Garten war Inspiration für das Stoffdesign dieser Gardine, und die frischen, rotgoldenen Farben passen perfekt in die Küche oder das Esszimmer. Anstelle eines schlichten Futterstoffes habe ich einen französischen Matratzenstoff in Rot und Weiß gewählt, der den Landhausstil des Raums betont.

Sie brauchen

- Dekorationsstoff für die Vorderseite (z.B. Cockerel & Spot – Straw, Duck Egg and Raspberry), Maße siehe unten
- Kontrastierender Dekorationsstoff für das Futter, im gleichen Maß wie der Oberstoff
- Nähgarn, farblich passend
- Bleistiftfaltenband, Länge entspricht Breite jedes fertigen Vorhangschals plus 10 cm
- Saumgewichte (siehe S. 193)
- Nesselstoff für die Gewichte
- Gardinenhaken

Maßnehmen

- Das Fenster für die Längen- und Breitenmaße der fertigen Vorhänge (siehe S. 204) ausmessen.
- Der Oberstoff sollte die Maße des fertigen Vorhangs plus 15 cm Nahtzugabe für den unteren, 2 cm für den oberen Saum sowie 3 cm Nahtzugabe in der Breite haben.
- Der Futterstoff hat die gleichen Maße wie der Oberstoff.
- Für breite Fenster zwei Stoffbahnen oder mehr je Schal kalkulieren, für schmale Fenster reicht eine Stoffbahn.

1 Schneiden Sie die Stoffteile aus Oberstoff und Futterstoff zu. Die Stoffbahnen für Vorderseite und Futter jeweils längs zusammennähen, um die passende Breite zu erhalten (siehe S. 188). Jeweils die untere Kante von Oberstoff und Futter 7,5 cm breit doppelt umbügeln und stecken. Den Saum im Staffierstich festnähen (siehe S. 185).

2 Nun jeweils die Teile aus Oberstoff und Futter rechts auf rechts bündig mit den unversäuberten Schnittkanten aufeinanderlegen und an den Seitenkanten längs zusammenstecken. Anschließend mit einer 1,5 cm breiten Naht zusammennähen.

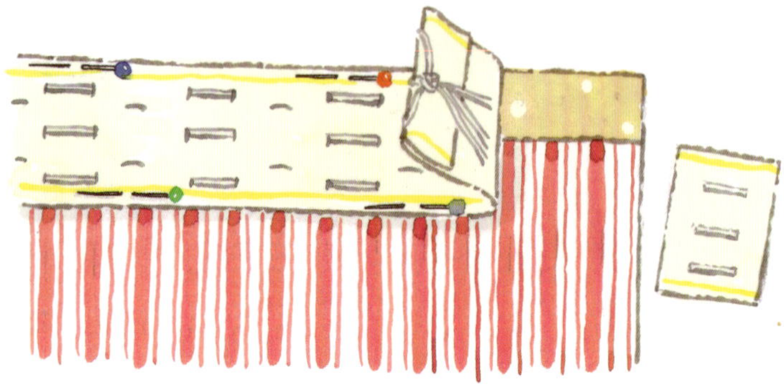

3 Die Nahtzugaben auseinanderbügeln, die Vorhangteile auf rechts wenden und die Nähte der Längsseiten glatt bügeln. Oberstoff und Futter an den oberen, unversäuberten Kanten zusammenstecken und als 2 cm breiten Saum auf die Futterseite umbügeln und stecken.

4 Schneiden Sie das Bleistiftfaltenband jeweils in der Breite des Vorhangschals plus 10 cm zu. Dann das Band entlang des oberen Saums auf dem Futter feststecken. Beidseitig 5 cm des Bands überstehen lassen. Die Stecknadeln an den vorderen Seitenrändern (dem linken Rand des rechten Schals bzw. dem rechten Rand des linken Schals) zunächst wieder entfernen. Hier die Schnüre aus dem Band ziehen und die Enden verknoten. 3 cm des überschüssigen Bands abschneiden und die übrigen 2 cm bündig mit der Schalkante rückwärtig einfalten. Die verknoteten Schnurenden unter das Band legen. Nun das Band feststecken.

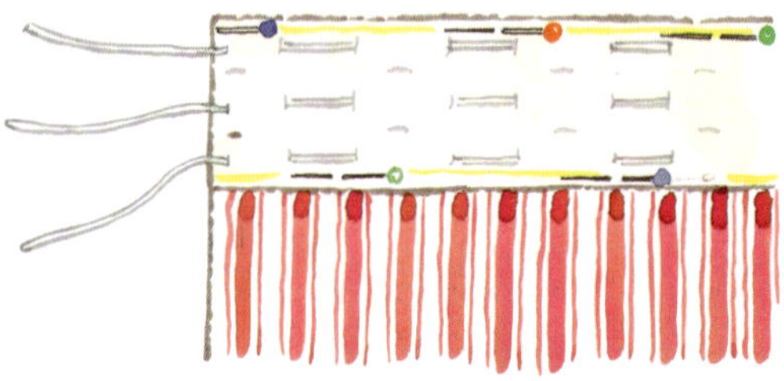

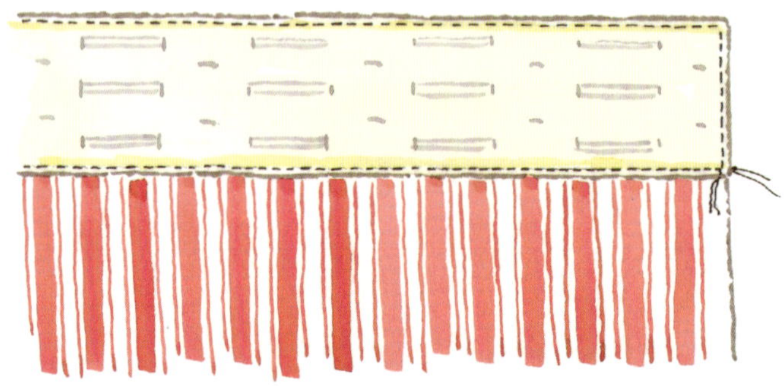

5 Die Stecknadeln an der jeweils anderen Seite des Bands entfernen und die Schnüre frei ziehen. Schneiden Sie das Band wie bei Schritt 4 ab und falten Sie es ein. Die Schnüre jedoch nicht abschneiden. Das Band wieder feststecken.

6 Anschließend das Bleistiftfaltenband am oberen Rand und an den Enden feststeppen. Stoppen, wenn der untere Rand des Bands erreicht ist und an den Anfang der Naht zurückgehen. Jetzt am kurzen Rand des Bands (die Schnurenden bleiben lose hängen) und am unteren Rand des Bands entlangnähen. Auf diese Weise nähen Sie in der gleichen Richtung wie bei der vorigen Naht. Zum Schluss die Stecknadeln entfernen.

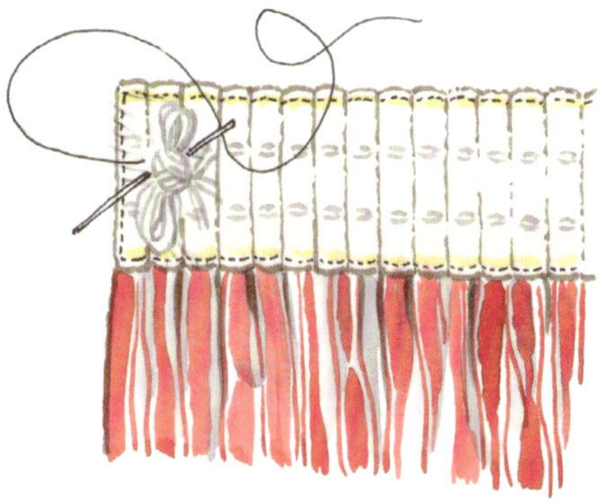

TIPP

Für den legeren Landhausstil genügt ein zweizugiges Kräuselband, für einen eleganteren Look wählen Sie besser ein Faltenband.

7 Ziehen Sie die Schnüre gleichmäßig an, sodass die Schals jeweils die Hälfte der Fensterbreite einnehmen. Die Schnurenden zu einem Knäuel aufwickeln und rückwärtig an das Bleistiftfaltenband heften. (Schneiden Sie die Schnurenden niemals ab, denn zum Waschen werden die Falten wieder ausgelassen!)

8 Die benötigte Anzahl Gewichte mit Nesselstoff (siehe S. 193) beziehen und per Hand in die unteren Ecken des Futters sowie unten an jeden Saum heften. Die Saumränder der Vorderseite und des Futters auf 5 cm im Staffierstich zusammennähen, um die Gewichte darin zu verbergen. Die Haken in 10 cm-Abständen in das Bleistiftfaltenband stecken. An den Kanten ebenfalls je einen Haken befestigen, damit die Vorhänge gerade hängen. Fixieren Sie die Haken an den Ringen einer Gardinenstange.

Vorhänge mit Volant und Blende

Wenn ich mit unserem Windhund die Straße hinunter in den stillen Wald spazieren gehe und Ruby dort die Witterung der Kaninchen und Hasen aufnimmt, habe ich viel Zeit, mich umzuschauen und Blätter, Farne oder Blumen zu sammeln. Diese nehme ich dann mit nach Hause, presse und zeichne sie. Oft beobachte ich auch die herumfliegenden Vögel, Schmetterlinge und Insekten. Die Natur inspiriert mich auf vielfältige Weise zu meinen Entwürfen. Diese langen Vorhänge mit Farnprint in unserer Diele sind in einem aparten Grün gehalten. Ich habe sie mit einem schlichten grünweißen Karomusterstoff gefüttert, um den Blick aus dem Garten ins Haus interessanter zu gestalten. Der karierte Volant hängt als Blende spielerisch oben von der Gardinenstange nach vorne, und das Karomuster wiederholt sich entlang der vorderen Längskanten. Dies ist ein einfaches Projekt für alle, die schon etwas Übung haben. Sind Sie Anfänger, folgen Sie sorgfältig den Schritt-für-Schritt-Erläuterungen, und Sie werden sehen, es ist gar nicht so schwer, wie es zunächst aussieht.

Wenn Sie groß gemusterte Stoffe mit kleineren, geometrischen Mustern oder Karos kombinieren, entsteht ein interessanter Effekt. Der Gesamteindruck bleibt dennoch harmonisch, wenn die Stoffe farbgleich gewählt werden.

Sie brauchen

- Dekorationsstoff (z.B. Fern & Dragonfly – Lichen), Maße siehe unten
- Futterstoff, Maße siehe unten
- Kontrastierender Dekorationsstoff für die Blende (z.B. Plain Check – Lichen), Maße siehe unten
- Nähgarn, farblich passend
- Gardinenkräuselband, zweizugig, Länge entspricht Breite jedes fertigen Vorhangschals plus 10 cm
- Saumgewichte (siehe S. 193)
- Nesselstoff für die Gewichte
- Gardinenhaken

Maßnehmen

- Das Fenster für die Längen- und Breitenmaße der fertigen Vorhänge (siehe S. 204) ausmessen. In der Länge 15 cm für die unteren Säume und 9 cm oben für den Volant dazuaddieren.
- Für den Faltenwurf in der Breite anderthalb- bis zweimal so viel Stoff einplanen wie die Fensterbreite beträgt.
- Das Futter hat die selben Maße wie der Oberstoff, in der Breite minus 5 cm, in der Länge minus 12,5 cm.
- Die Blende aus kontrastierendem Dekorationsstoff ist 17,5 cm breit und hat die Länge der fertigen Vorhänge plus 10,5 cm (für den oberen Volant und den Saum). Je Vorhangschal benötigen Sie eine Blende.
- Der kontrastierende Dekorationsstoff für den Volant ist 10 cm breit. Die Länge entspricht der Breite jedes Schals plus 10 cm.

TIPP

Wenn Sie lange Vorhänge wie diese fertigen, ist es wichtig, die Stoffbahnen gleichmäßig glatt zu streichen. Breiten Sie daher eine Decke auf dem Boden aus und legen Sie den Stoff darauf. Auf diese Weise können Sie die Kanten bzw. Säume exakt feststecken und heften. Das ist vor allem dann wichtig, wenn Sie gefütterte Vorhänge nähen, da diese ansonsten nicht glatt von der Gardinenstange hängen.

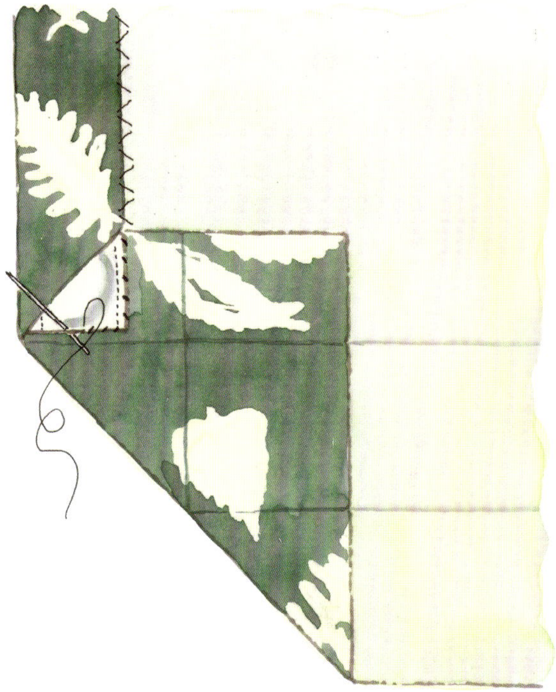

1 Schneiden Sie die Stoffteile für die Vorderseite, die Blende und das Futter der Vorhänge zu. Die Stoffbahnen aus Oberstoff jeweils längs zusammennähen, sodass sie die passende Breite erhalten (siehe S. 188). Ebenso für Futter und Volant verfahren. Den Oberstoff mit der linken Seite nach oben auf eine glatte Unterlage legen. Die untere Kante 7,5 cm breit doppelt umfalten und eine der Längskanten 5 cm breit (die linke Seitenkante beim rechten und die rechte Seitenkante beim linken Schal). Die unversäuberten seitlichen Saumkanten per Hand mit Blindsaumstichen (siehe S. 187) fixieren, jeweils mit 20 cm Abstand zur oberen und unteren Kante beginnend bzw. endend. Dort, wo sich die Säume treffen, jeweils eine Briefecke arbeiten (siehe S. 192). In den unteren Saum nähen Sie verdeckt ein Gewicht ein (siehe S. 193). Die Briefecken im Staffierstich und den unteren Saum im Hohlsaumstich (siehe S. 185) fixieren.

2 Das Futter mit der linken Seite nach oben auf eine glatte Unterlage ausbreiten. An der unteren Kante einen 5 cm breiten, doppelt gefalteten Saum und an der rechten Längskante des rechten Schals bzw. der linken Längskante des linken Schals einen 2,5 cm breiten, einfachen Saum umbügeln. Den unteren Saum im Hohlsaumstich annähen. Das Futter links auf links auf den Oberstoff legen. Dabei einen 2,5 cm breiten Streifen des Oberstoffes entlang des unteren und seitlichen Saums hervorschauen lassen und feststecken. Schneiden Sie das Futter ggf. entlang der anderen Seitenränder bündig mit dem Oberstoff zu. Außerdem den oberen Rand des Futters um 7,5 cm kürzer schneiden als den Oberstoff. Die Stofflagen entlang des oberen und seitlichen Rands zusammenheften. Das Futter entlang der Säume im Hohlsaumstich an den Vorhang nähen.

3 Jeweils mit den rechten Seiten aufeinander die Blende mit 1,5 cm Nahtzugabe an die ungesäumte Seite des Oberstoffs nähen. Der untere Rand der Blende ist dabei 1,5 cm länger als der Saum des Oberstoffs. Die Nahtzugabe zur Blende hin umbügeln.

4 Bügeln Sie nun einen einfachen, 1,5 cm breiten Saum entlang der unteren Kante und der zweiten Längsseite der Blende um. Die Blende längs mittig falten, dass sie doppelt liegt, mit der linken Seite nach innen. Die umgebügelte Saumkante liegt mit der Saumlinie gleich. Den Stoff feststecken und im Hohlsaumstich an der Längskante sowie im Staffierstich an der offenen Längskante der Blende entlang festnähen.

5 Jeweils rechts auf rechts eine der Längskanten des kontrastierenden Volants an die obere unversäuberte Schnittkante des Oberstoffs stecken. Der Volant steht an den Seiten jeweils 1,5 cm über. Mit 1,5 cm Abstand zum Rand eine Naht steppen und die Naht in Richtung Blende bügeln.

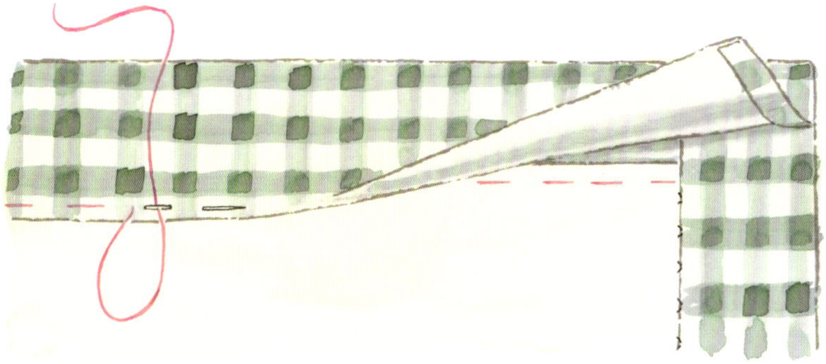

6 Einen einfachen, 1,5 cm breiten Saum entlang der Längskanten des Volants nach links umbügeln. Dann den Volant auf das Futter legen, mit der Saumlinie bündig an der oberen Kante entlang. Die unversäuberte Schnittkante des Volants durch alle Stofflagen hindurch heften und per Hand im Staffierstich an den offenen Kanten entlang fixieren.

7 Den Vorhang mit der linken Seite nach oben großflächig ausbreiten. Das Gardinenband genau über der unversäuberten Schnittkante des Volants feststecken, jeweils mit 5 cm seitlichem Überstand. An der vorderen Seitenkante die Schnurenden des Gardinenbands etwas herausziehen und verknoten. Schneiden Sie nun 3 cm des Gardinenbands ab und falten Sie die übrigen 2 cm bündig mit dem Seitenrand nach innen um. An der anderen Seite die Schnüre ebenfalls aus dem Gardinenband ziehen und das gekürzte Band nach innen umfalten, die Schnüre bleiben hier aber lose hängen. Anschließend das Gardinenband am oberen Rand entlang von einem Ende bis zum anderen feststeppen und ebenso am unteren Rand. Zum Schluss die Heftnaht entfernen.

8 Ziehen Sie die Schnüre vorsichtig an, bis die Schals je eine Fensterhälfte einnehmen und in gleichmäßigen Falten liegen. Die losen Schnurenden zu einem Knäuel aufwickeln und rückwärtig an das Gardinenband heften. (Die Schnüre nie abschneiden, weil die Falten für die Wäsche wieder ausgelassen werden.) Die Gardinenhaken mit 10 cm Abstand befestigen und zusätzlich je einen Haken an den Außenrändern. Die Vorhänge an den Haken aufhängen. Arrangieren Sie den Volant so, dass er an der oberen Kante nach vorne fällt.

Vorhänge mit Streifenborte

Im Mai und Juni pflücke ich häufig auf dem Nachhauseweg von einem abendlichen Spaziergang einen Strauß Wiesenkerbel, den ich in einem Krug auf die Fensterbank stelle. Ich mag diese hübschen, kurzen Vorhänge mit Muschel- und Algenmotiven und dem luftig fallenden Volant mit seiner Streifenborte in Jeansblau, der die Wellen des Meeres nachempfindet.

1 Schneiden Sie aus Oberstoff und Futter die Stoffteile für die Vorhangschals zu. An den Längsseiten des Oberstoffs jeweils einen 5 cm breiten Saum umbügeln und per Hand im Blindsaumstich (siehe S. 187) fixieren. Oben am Rand beginnen und 20 cm vor der unteren Kante enden.

2 Den unteren Rand jedes Vorhangschals 7,5 cm breit doppelt nach links umbügeln. Dort, wo sich Längskanten- und Randsaum treffen, Briefecken arbeiten (siehe S. 192). Schließlich die seitlichen und unteren Säume im Blindsaumstich festnähen. Die Briefecken im Staffierstich fixieren (siehe S. 185).

TIPP

Lassen Sie den applizierten Stoffstreifen auf anderen textilen Accessoires wie Kissen oder Hussen wiederkehren. Das schafft Harmonie im Raum.

Sie brauchen

- Dekorationsstoff (z. B. Seaweed & Shells – Denim), Maße siehe unten
- Futterstoff, Maße siehe unten
- Vertikal gestreifter Dekorationsstoff, Maße siehe unten
- Nähgarn, farblich passend
- Gardinenkräuselband, zweizugig, Länge entspricht Breite jedes fertigen Vorhangschals plus 10 cm
- Gardinenhaken
- Lineal und Schneiderkreide (optional)

Maßnehmen

- Das Fenster für die Längen- und Breitenmaße der fertigen Vorhänge (siehe S. 204) ausmessen. In der Länge für den unteren Saum 15 cm und für den oberen 5 cm dazuaddieren.
- Für schmale Fenster wie dieses reicht eine Stoffbreite je Vorhangschal. Für breitere Fenster zwei Stoffbreiten einplanen. Außerdem 5 cm Saum an den Längsseiten der Schals dazugeben.
- Die Länge des Futterstoffs entspricht der Länge des zugeschnittenen Oberstoffs minus 7,5 cm, die Breite des Futterstoffs entspricht der Breite der fertigen Vorhangschals ohne Nahtzugabe.
- Für die applizierte Streifenborte benötigen Sie vom quer gestreiften Stoff die gleiche Länge wie von den Vorhangschals plus 6,5 cm für den oberen und unteren Saum.

3 Die Breite für die Streifenborte plus 3 cm Saumzugabe festlegen und den gestreiften Stoff entsprechend zuschneiden. Den Saum der Borte entlang der Längskanten und an einem der kurzen Enden 1,5 cm breit nach links umbügeln. Die Ecken der Saumzugabe der Abbildung entsprechend abschrägen.

4 Auf der rechten Seite des Oberstoffs an der vorderen Längskante (also der Kante, die mittig vor dem Fenster auf die vordere Längskante des zweiten Vorhangschals trifft) 2,5 cm abmessen. Die Linie mit Stecknadeln und dann mit Lineal und Schneiderkreide von oben bis unten markieren. Danach die Nadeln wieder entfernen. Den Stoffstreifen für die Borte rechts auf rechts auf den Oberstoff legen, an einer Längskante bündig mit der Kreidelinie und mit dem umgefalteten, kurzen Ende bündig an den unteren Saum. Stecken und heften Sie den Streifen fest. Die Borte am oberen Ende des Schals beginnend knappkantig aufsteppen. An den Anfang der Naht zurückgehen und die andere Längskante des Streifens festnähen. Die Heftnaht entfernen.

5 Den Futterstoff an der unteren Kante jeweils 5 cm breit nach links umbügeln und den Saum feststeppen. Die Längskanten jeweils 2,5 cm nach links umbügeln.

6 Futter und Oberstoff links auf links legen, oben bündig mit den Schnittkanten. Seitlich und am unteren Rand steht der Oberstoff 2,5 cm über. Das Futter an den Längskanten und am oberen Rand feststecken und im Staffierstich an den Oberstoff nähen.

7 Die oberen unversäuberten Schnittkanten aneinanderheften und dann den oberen Rand 5 cm zum Futter hin umbügeln. Schneiden Sie Gardinenband in der Breite des Schals plus 10 cm zu, steppen Sie das Gardinenband, wie unter Schritt 4–7 (siehe S. 28–29) gezeigt, auf und entfernen Sie die Heftnaht wieder.

8 Eine geraffte Schabracke (siehe S. 40–43) anfertigen. Bevor der Stoff eingekräuselt wird, einen weiteren Stoffstreifen für die Borte herstellen, wie in Schritt 3 gezeigt, und applizieren, wie in Schritt 4, mit 2,5 cm Abstand vom unteren Rand. (Beide Enden des Streifens an den Seitenkanten einfalten, wie in Schritt 4.)

Geraffte Schabracke

Geraffte Schabracken sind eine eher traditionelle Methode, die Aufhängung zu verdecken und Zugluft zu vermeiden. Aber ich mag Schabracken, weil sie optisch eine weiche Linie bilden. Diese Schabracke mit passenden Vorhängen in Milchkaffeebraun mit floralem Print macht sich hervorragend für ein Französisches Fenster.

1 Den Oberstoff und das Futter für den Volant zuschneiden. Die Bahnen von Oberstoff und Futter für die benötigte Breite aneinandernähen (siehe S. 188). Oberstoff und Futter nun rechts auf rechts legen, an den unteren Kanten und mit den Nähten jeweils bündig. Nähen Sie die Teile mit 1,5 cm Nahtzugabe entlang der unteren Kante zusammen und bügeln Sie anschließend die Nahtzugabe auseinander.

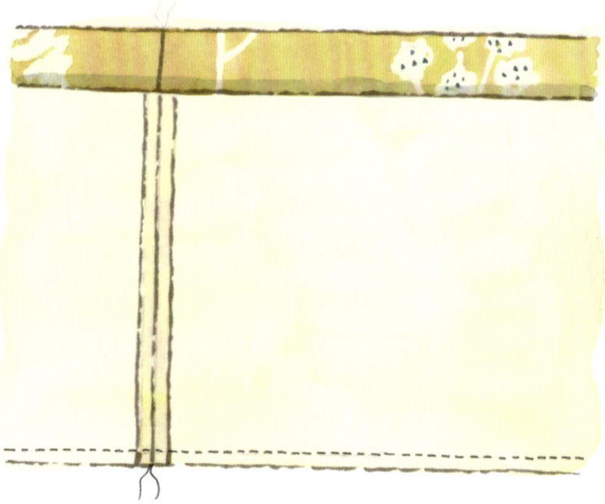

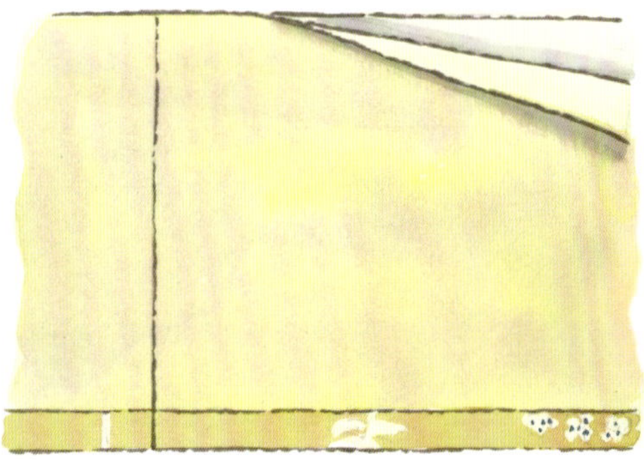

2 Das Futter zur linken Seite des Oberstoffs umfalten, sodass nun die linken Seiten aufeinanderliegen. Die unversäuberten Schnittkanten oben und die Längsseiten so ausrichten, dass ein 3,5 cm breiter Streifen des Oberstoffs am unteren Rand des Futters hervorschaut. Die Faltung entlang des unteren Rands vorsichtig bügeln.

TIPP

Ein Volant kann an einer Stange, einer Schiene oder einem Brett angebracht werden. Bei einer Stange oder Schiene wird kein Stoff für die Seiten benötigt, sodass der Stoffverbrauch etwas geringer ist.

Sie brauchen

- Dekorationsstoff (z. B. Cow Parsley – Sand and Cornflower), Maße siehe unten
- Futterstoff, Maße siehe unten
- Nähgarn, farblich passend
- Gardinenkräuselband, zweizugig, Länge entspricht Breite jedes fertigen Vorhangschals plus 10 cm
- Gardinenhaken
- Klettband, Länge entspricht Breite des gerafften Volants plus 10 cm
- Schabrackenbrett (siehe S. 211)
- Winkeleisen, Schrauben
- Bohrer, Schraubenzieher, Tacker

Maßnehmen

- Das Schabrackenbrett (siehe S. 211) anfertigen und an der Wand montieren.
- Für die Breite der gerafften Schabracke Front und Seiten (Tiefe) des Bretts ausmessen. Die Maße des ungerafften Volants betragen zweimal die Maße des Bretts plus 3 cm für die Nahtzugabe. Für die benötigte Breite Stoffbahnen aneinandernähen.
- Die Länge des Volants festlegen, (gewöhnlich beträgt die Länge ein Sechstel der Vorhanglänge) und 9 cm für die oberen und unteren Säume dazuaddieren.
- Das Futter hat die gleiche Breite wie der Oberstoff, Länge minus 7 cm.

3 Den Stoff erneut umfalten, sodass Oberstoff und Futter wieder rechts auf rechts aufeinanderliegen, am oberen Rand kantengenau. Nun die Seitennähte mit 1 cm Nahtzugabe schließen.

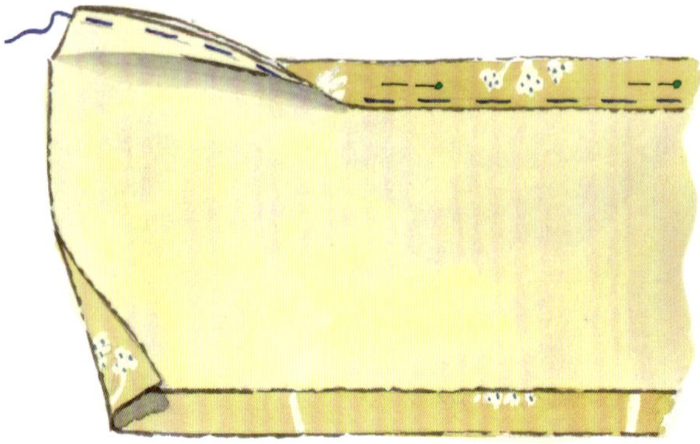

4 Den Volant auf rechts wenden. Die oberen unversäuberten Schnittkanten zusammenheften und die Seitennähte sowie den unteren, gefalteten Rand glatt bügeln. Den oberen, gehefteten Rand 4 cm breit umbügeln und stecken. Nähen Sie nun die offenen Kanten des Saums im Staffierstich zusammen (siehe S. 185).

5 Die Schnüre beidseitig 5 cm aus dem Gardinenband ziehen und die Schnurenden an einem Bandende verknoten. Legen Sie den Stoff für den Vorhangschal mit der linken Seite nach oben flach aus und positionieren Sie das Gardinenband so, dass es beidseitig 5 cm über die Seitenränder reicht. Das Band mit 2,5 cm Abstand zum oberen, umgelegten Stoffrand stecken.

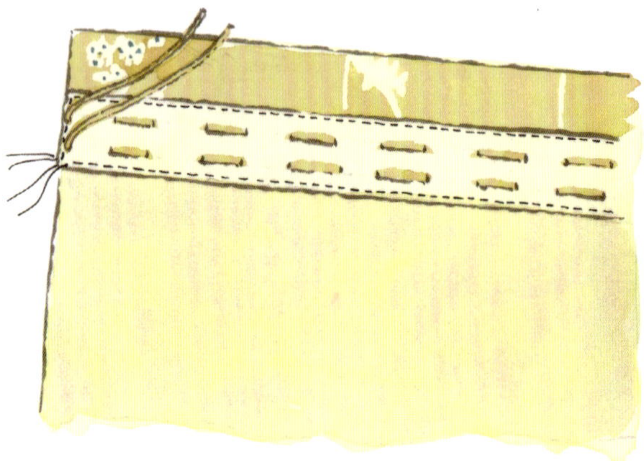

6 Beidseitig 3 cm von dem überstehenden Band abschneiden, die übrigen 2 cm bündig mit dem Seitensaum einfalten. Nun das Band aufsteppen, dabei an einer der kurzen Bandseiten beginnen, dann entlang der oberen Längsseite und bis zur anderen kurzen Bandseite. Die Schnurenden bleiben lose hängen. Die untere Längskante anschließend in der gleichen Nährichtung festnähen.

Der Volant wird mittels eines Gardinenbandes leicht gerafft. Per Hand verteilen Sie die Falten gleichmäßig. Nach Wunsch kann auch ein kontrastierendes Band, passend zum Vorhang, appliziert werden.

Das Klettband ermöglicht ein schnelles Anbringen und auch Abnehmen des Volants – sehr praktisch z. B. zum Waschen.

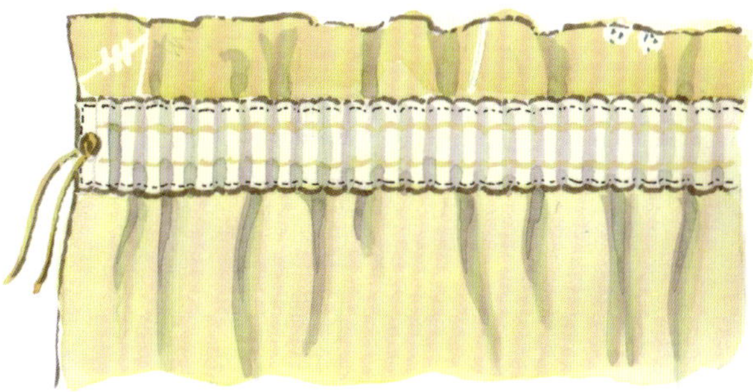

7 Ziehen Sie die Schnüre an, sodass der Volant in Falten fällt. Die Schnurenden verknoten, aber nicht abschneiden. Die Falten werden gleichmäßig verteilt. Die Schnüre zu einem Knäuel wickeln und rückseitig per Hand annähen.

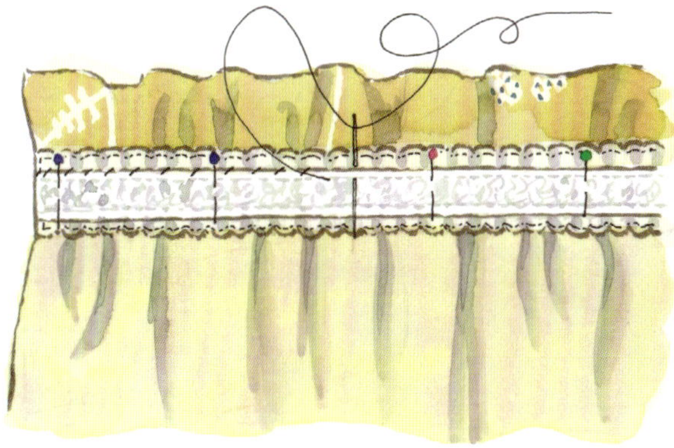

8 Die Haftseite des Klettbands auf das geraffte Gardinenband stecken und rundum im geraden Überwendlichstich (siehe S. 186) festnähen. Die Hakenseite des Klettbands an die Front und Seiten des Schabrackenbretts tackern und den Volant mittels der Klettstreifen an das Brett drücken.

Vorhänge mit gerafften Falten und Kontrastbordüre

Einen sehr klassischen Faltenwurf erzeugen Flämische Falten. Sie fallen absolut ordentlich in überaus akkuraten Linien. Eine Bordüre aus Leinen in Petrol, die hervorragend mit dem Punktmuster im Hauptstoff korrespondiert, verleiht diesen hellbraunen Vorhängen ihren ganz speziellen Look.

1 Alle benötigten Stoffteile zuschneiden. Jeweils die Stoffbahnen des Oberstoffs und des Futters aneinandernähen (siehe S. 188), um die passende Schalbreite zu erhalten. Breiten Sie den Oberstoff mit der linken Seite nach oben aus. Am unteren Rand einen 7,5 cm breiten, doppelt gefalteten Saum nach links umbügeln und an der äußeren Längskante (linke Seite des linken Schals bzw. rechte Seite des rechten Schals) einen 5 cm breiten, einfachen Saum.

2 Bei jedem Vorhangschal die offenen, seitlichen Saumkanten per Hand im Blindsaumstich fixieren (siehe S. 187); damit jeweils mit 20 cm Abstand zum oberen und unteren Rand beginnen bzw. enden. Wo seitlicher und unterer Saum aufeinandertreffen, Briefecken arbeiten und die mit Nesselstoff umhüllten Gewichte in die unteren Saumecken einnähen (siehe S. 192 und 193); das Gewicht bei der Schnittkante sollte 2 cm Abstand zu ihr haben. Die Briefecken im Staffierstich und den unteren Saum im Hohlsaumstich fixieren (siehe S. 185).

Sie brauchen

- Dekorationsstoff (z. B. Pretty Maids – Mushroom, Teal and Winter), Maße siehe unten
- Kontrastierenden Dekorationsstoff für die Bordüre (z. B. Plain Linen – Teal), Maße siehe unten
- Futterstoff, Maße siehe unten
- Nähgarn, farblich passend
- 10 cm breites Steifleinen, Länge entspricht Breite des Vorhangschals
- Saumgewichte (siehe S. 193)
- Nesselstoff für die Gewichte
- Gardinenhaken

Maßnehmen

- Das Fenster für die Längen- und Breitenmaße der fertigen Vorhänge (siehe S. 204) ausmessen. In der Länge 15 cm für den unteren Saum und 5 cm für den oberen dazuaddieren.
- Für den Faltenwurf in der Breite zweieinhalb- bis dreimal so viel Stoff einplanen wie die Fensterbreite beträgt.
- Der Futterstoff hat die Breite wie der Hauptstoff minus 5 cm und die Länge minus 12,5 cm.
- Für die Bordüre benötigen Sie je Schal 17,5 cm breites Leinen. Die Länge entspricht der Vorhanglänge plus 3 cm für die Säume oben und unten.

3 5 cm am oberen Rand des Oberstoffs nach links umbügeln und eine Briefecke arbeiten, wo dieser Saum auf den seitlichen Saum trifft. Die Ecke im Staffierstich fixieren. Das Steifleinen unter oberen und seitlichen Saum schieben und an der unversäuberten Schnittkante des Schals so zuschneiden, dass es 1,5 cm übersteht.

4 Den Futterstoff mit der linken Seite nach oben flach ausbreiten. Am unteren Rand einen doppelt gefalteten 5 cm breiten Saum nach links umbügeln und am oberen Rand sowie der äußeren Längskante (beim Futter entspricht dies dem rechten Rand des linken Schals und dem linken Rand des rechten) einen einfachen 2,5 cm breiten Saum. Den unteren Saum im Hohlsaumstich versäubern. Futter und Oberstoff links auf links legen, die Schnittkanten bündig. Dabei steht der Oberstoff an den drei gesäumten Kanten 2,5 cm über. Das Futter stecken und entlang der versäuberten oberen und seitlichen Kante im Hohlsaumstich am Oberstoff festnähen.

5 Heften Sie den Oberstoff knapp unterhalb des Steifleinens fest. Dann jeweils einen Bordürestreifen rechts auf rechts bündig auf die unversäuberte Kante der gefütterten Vorhangschals legen und stecken. Am oberen und unteren Rand steht der Streifen 1,5 cm weit über. Nun knappkantig durch alle Stofflagen steppen.

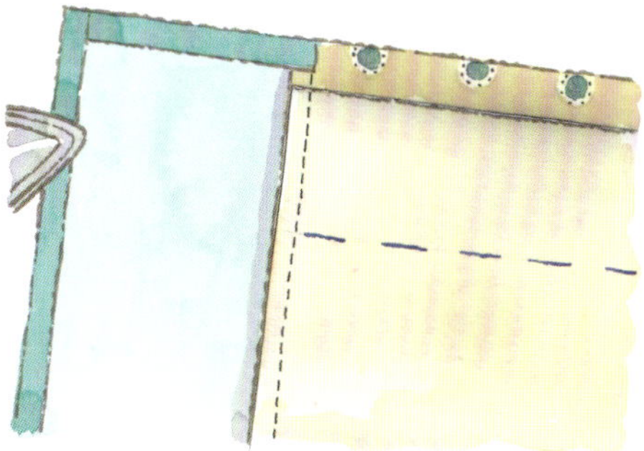

6 Bei beiden Schals die Nahtzugabe zur Bordüre hin umbügeln. Außerdem jeweils einen 1,5 cm breiten, einfachen Saum am oberen, unteren und seitlichen Rand der Bordüre nach links umbügeln.

7 Die Bordüre nun längs mittig links auf links falten und den umgebügelten Saum der Längskante auf die zuvor genähte Seitennaht stecken. Den Streifen an der Seitenkante und über den offenen oberen und unteren Kanten im Hohlsaumstich fixieren.

Flämische Falten gehören bei Vorhängen zu den Klassikern und fallen immer exakt. Sie werden per Hand gebündelt und vor- und rückseitig geheftet. In jede Dreierfalte wird hinten ein Gardinenhaken gesteckt, sodass Sie diese ganz einfach kürzer oder länger machen können.

8 Ermitteln Sie den Abstand zwischen den Falten oben (siehe S. 206), und fertigen Sie die Vorhänge wie für den Vorhang mit Volantüberwurf, Schritte 10–12 (siehe S. 52–53). Jedoch wird in Schritt 11 die große Falte hier nicht zweifach eingelegt sondern in drei kleine Falten geteilt. Zum Schluss die Heftnaht entfernen.

Vorhänge mit Volantüberwurf

Die Stoffe meiner Stoffkollektion »Life and Eternity« sind mit alten östlichen Motiven wie Paisleys bedruckt. Die Muster werden in Textilfabriken schon seit Jahrhunderten verwendet, und ich habe sie für meine handbedruckte Serie adaptiert, um eine Verbindung zum indischen Ursprung zu schaffen. Diese hellen Vorhänge mit petrolfarbenen Prints haben einen Volant und sind mit einer ebenfalls petrolfarben gemusterten Borte eingefasst.

Sie brauchen

- Dekorationsstoff (z. B. Life and Eternity – Teal), Maße siehe unten
- Kontrastierenden Dekorationsstoff (z. B. Simple Ticking Ground – Teal), Maße siehe unten
- Futterstoff, Maße siehe unten
- Nähgarn, farblich passend
- 10 cm breites Steifleinen, Länge siehe unten
- Saumgewichte (siehe S. 193)
- Nesselstoff für die Gewichte
- Gardinenhaken

Maßnehmen

- Das Fenster für die Längen- und Breitenmaße der fertigen Vorhänge (siehe S. 204) ausmessen. In der Länge 4 cm, in der Breite 10 cm für die Säume dazuaddieren.
- Für den Faltenwurf in der Breite zweieinhalb- bis dreimal so viel Stoff einplanen, wie die Fensterbreite beträgt.
- Die fertige Länge des Volants sollte ein Fünftel bis ein Sechstel der gesamten Vorhanglänge betragen plus 1 cm Nahtzugabe unten und 5 cm oben. Die Breite entspricht der Breite der fertigen Vorhänge plus 2 cm je seitlichem Saum.
- Das Futter hat die gleichen Maße wie der Oberstoff, in der Breite minus 5 cm, in der Länge minus 12,5 cm.
- Der kontrastierende Saumrand des Vorhangs ist 19 cm tief, die Länge entspricht der Breite des fertigen Vorhangs plus 10 cm für die seitlichen Säume.
- Die Borte des Volants ist 4,5 cm breit, seitlich entspricht die Länge jeweils der fertigen Länge des Volants plus 6 cm für die Säume; am unteren Rand entspricht die Länge der Breite des fertigen Volants plus 2 cm Nahtzugabe.

1 Alle benötigten Stoffteile zuschneiden. Die Stoffbahnen des Oberstoffs aneinandernähen (siehe S. 188), um die passende Schalbreite zu erhalten. Beim Volant, dem Futter und der Borte ebenso vorgehen. Kontrastierenden Saumrand und Oberstoff rechts auf rechts bündig aufeinanderlegen und eine Längskante des Saumrands mit 1,5 cm Nahtzugabe am unteren Rand mit dem Oberstoff zusammensteppen. Die Nahtzugabe auseinanderbügeln. Den Oberstoff mit der linken Seite nach oben flach ausbreiten und einen 7,5 cm breiten, doppelt gefalteten Saum auf die linke Seite des kontrastierenden Saumrands umbügeln, sodass ein 2,5 cm breiter Streifen auf der rechten Vorhangseite sichtbar bleibt.

Die Kanten des Volants und die untere Kante des Vorhangs sind mit farblich passender Borte eingefasst. Der Stoff dafür wurde in Streifen geschnitten und die Eckenränder sind mit passgenau gearbeiteten Briefecken versäubert.

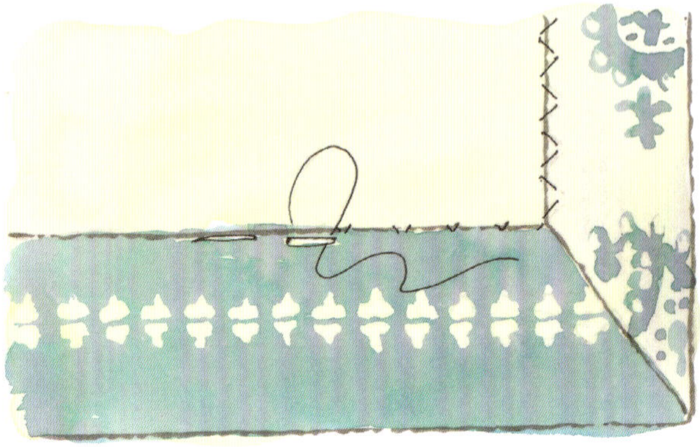

2 Am Oberstoff des Vorhangschals einen 5 cm breiten, einfachen Saum rundum zur linken Seite umbügeln. Die Saumkanten per Hand im Blindsaumstich festnähen (siehe S. 187), damit jeweils 20 cm vor der oberen und unteren Kante beginnen bzw. enden. Wo seitlicher und unterer Saum aufeinandertreffen, Briefecken arbeiten und die mit Nesselstoff eingehüllten Gewichte in den unteren Saum (siehe S. 192 und 193) einnähen. Die Briefecke im Staffierstich und den unteren Saum im Hohlsaumstich fixieren (siehe S. 185).

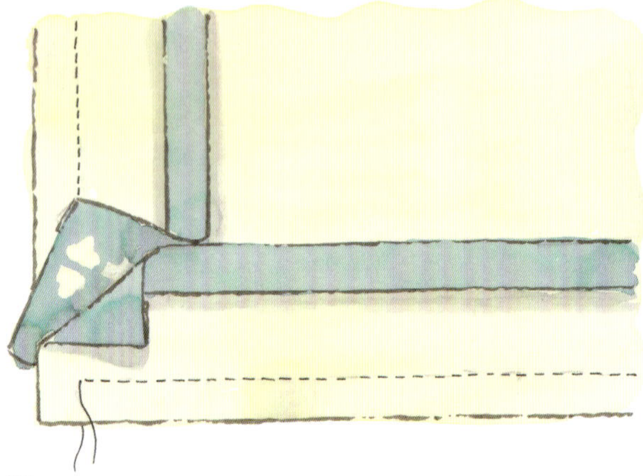

3 Je eine der Längskanten von jedem der drei verbliebenen Kontraststreifen 1 cm nach links umbügeln. Einen der kurzen Kontraststreifen rechts auf links so auf den Volant legen und stecken, dass die unversäuberte Längskante des Streifens bündig auf einer Seitenkante des Volants liegt. Mit 1 cm Nahtzugabe zusammennähen, damit 1 cm vom Rand entfernt beginnen bzw. enden. Mit dem zweiten kurzen Kontraststreifen für die andere Volantseite wiederholen. Den langen Kontraststreifen an der unteren Kante des Volants ebenso festnähen. Die Nähte Richtung Volant bügeln.

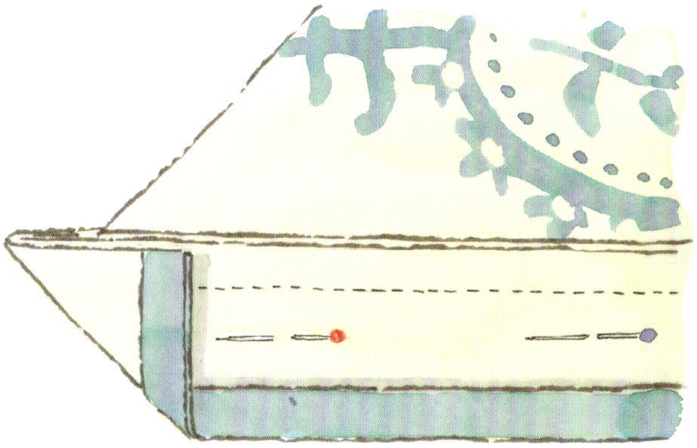

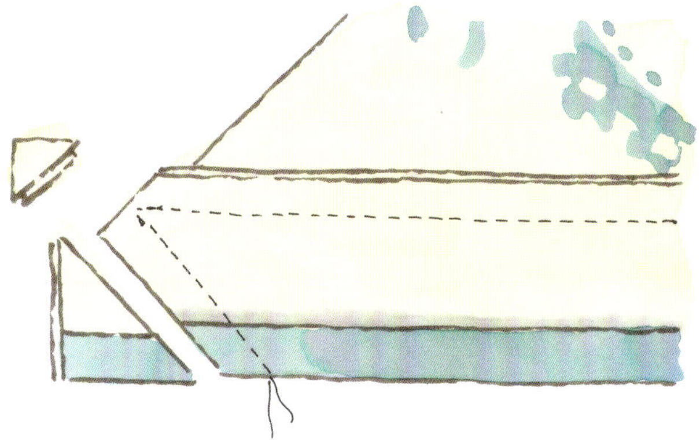

4 Falten Sie den Volant an einer Ecke diagonal um, sodass die Kontraststreifen jeweils rechts auf rechts und mit den umgelegten Rändern bündig liegen. Die Streifen zusammenstecken. Nun die Streifen an der Ecke diagonal falten, sodass die Schnittkanten bündig liegen, und den Bruch bügeln.

5 Die Ecke wieder auffalten und diagonal über die Streifen bis zur ersten Naht steppen, der Bügelbruch dient zur Orientierung. Schneiden Sie die Ecke mit 5 mm Nahtzugabe ab, außerdem die Spitze oberhalb der Naht. Gehen Sie bei der anderen Ecke genauso vor.

6 Die Streifen auf rechts wenden und vorsichtig die Ecken herausdrücken. Die umgelegte Kante im Hohlsaumstich auf der rechten Seite des Volants fixieren. Anschließend den Volant rechts auf rechts auf den Vorhang legen und zwar mittig zwischen den Seitenrändern und bündig mit den unversäuberten oberen Schnittkanten. Heften Sie die Stofflagen entlang der oberen, der seitlichen und der unteren Kanten zusammen. Nun den Volant 5 cm vom oberen Rand entfernt nur (!) oben an den Vorhang nähen. Dann die Heftstiche entfernen.

TIPP

Zwei unterschiedliche, aufeinander abgestimmte Stoffe ergeben eine interessante Kombination. Kissen auf Sofa und Sessel, passend zu den Vorhängen, vervollständigen das Arrangement. Auf dem großen Foto (S. 49) habe ich ein Kissen im Paisleymuster der Vorhänge, ebenfalls in Petrol, welches den dunkleren Farbton der Borte wieder aufnimmt, ergänzt.

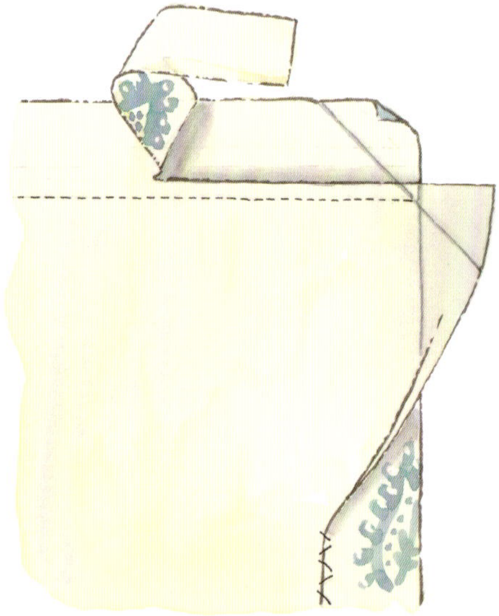

7 Bügeln Sie den oberen Rand des Vorhangs 5 cm nach links um, sodass die Naht exakt im Bruch liegt. Dort, wo dieser Saum auf die seitlichen Säume trifft, Briefecken arbeiten (siehe S. 192). Vor dem Versäubern der Ecken die obere Kante auffalten und am oberen Rand des Oberstoffs 1,2 cm Nahtzugabe wegschneiden. Dann die Ecken wieder zurückfalten und im Staffierstich fixieren.

8 Für den oberen Rand Steifleinen zuschneiden, unter die umgelegten Kanten schieben und feststecken. Breiten Sie nun das Futter mit der linken Seite nach oben glatt aus. Den unteren Rand 5 cm breit doppelt gefaltet umbügeln und den oberen Rand sowie die Längskanten 2,5 cm einfach umbügeln. Nähen Sie die unteren Säume im Hohlsaumstich fest.

9 Futter und Oberstoff links auf links aufeinanderlegen. Lassen Sie den Oberstoff dabei rundum 2,5 cm überstehen. Das Futter entlang der fertigen oberen Kante und der Seitenränder im Hohlsaumstich an den Oberstoff nähen. Knapp unterhalb des Steifleinens durch alle Lagen heften, um sie zu fixieren. Die seitlichen Säume des Volants vom oberen Rand bis zur Heftnaht im Staffierstich an den Vorhang nähen.

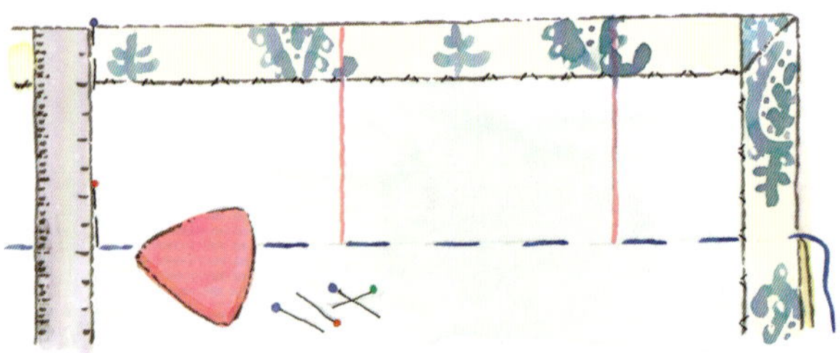

10 Berechnen Sie den Abstand zwischen den Falten (siehe S. 206). Die Position jeder Falte am oberen Rand mit Stecknadeln markieren. Danach mit Schneiderkreide und Lineal vertikale Linien (im rechten Winkel zum oberen Rand) auf der linken Vorhangseite von den Stecknadeln bis zur Heftnaht unterhalb des Steifleinens ziehen.

11 Die Falten jeweils links auf links entlang der Kreidelinie legen und zusammenstecken. Jede Falte entlang der mit Stecknadeln markierten Linie absteppen, dabei am unteren Rand des Steifleinens enden. Achten Sie darauf, dass die Naht rechtwinklig zur oberen Kante verläuft. Am oberen Ende jeder Falte den Stoff so einfalten, dass zwei gleich große, halbe Falten entstehen. Diese unterteilte Falte oben und unten per Hand mit geraden Überwendlichstichen fixieren (siehe S. 186). Dann die Heftnaht entfernen.

12 Stecken Sie von links in die Naht jeder Falte einen Gardinenhaken, um die Vorhangschals an einer Stange oder einer Schiene aufzuhängen.

Die gemusterte Borte verleiht den unteren Rändern der Vorhänge, die den Boden berühren, einen dunkleren Ton. Das ist praktisch, wenn der Vorhangstoff ansonsten hell ist, wie dieser hier.

Stoffüberzogene Schabracke

Dieses Projekt verlangt ein paar Do-it-yourself-Kniffe. Dafür brauchen Sie eine handwerkliche Basisausstattung. Aber die Herausforderung ist die Mühe wert, und Sie haben letztendlich ein besonderes Detail für diese hübschen Vorhänge vor einem Französischen Fenster. Als Alternative können Sie die Schabracke mit einem Römischen Rollo kombinieren. Die Schabracke wird in traditioneller Technik bezogen: mithilfe eines Tackers und einer Bogennadel. Meine Schabracke ist mit einem dezenten hellbraunen Blumenprint-Stoff verkleidet und mit einem Keder aus farblich abgestimmtem, karierten Stoff eingefasst.

Sie brauchen

- Dekorationsstoff für die Front der Schabracke (z.B. Cow Parsley – Stone and Cornflower), Maße siehe rechts
- Kontrastierenden Dekorationsstoff für das Futter und den Keder (z.B. Plain Check – Stone), Maße siehe rechts
- Nähgarn, farblich passend
- Mitteldicke Kordel für den Keder, Maße siehe rechts
- 1 cm dicke MDF-Platte oder Sperrholz
- dünnes Volumenvlies, Maße siehe rechts
- Flache Schrauben
- Klebeband
- Textilkleber
- Zwei Winkeleisen (oder drei bei breitem Fenster) und Schrauben
- Papier für Schablone
- Stichsäge, Bohrer, Tacker
- Bogen-Polsternadel

Maßnehmen

- Das Fenster für die Länge der Schabracke ausmessen und die Tiefe festlegen. Allgemein gilt, dass die Tiefe ein Sechstel der Länge der Vorhänge ausmacht.
- Das Holz für die Schabracke in vier Teile sägen: ein Frontteil in der fertigen Länge, in der Tiefe der weitesten Stelle entsprechend; ein Kopfteil in der fertigen Länge bei 14 cm Breite; zwei Seitenteile in der fertigen Tiefe minus 1 cm bei 14 cm Breite.
- Für den Oberstoff die fertige Länge plus 30 cm, bei fertiger Tiefe rundum plus 1,5 cm, einplanen. Wenn ein Mittelstück und zwei Seitenstücke gebraucht werden, rundum 1,5 cm Nahtzugabe je Stück dazuaddieren.
- Für das Futter die fertige Länge plus 30 cm, bei fertiger Tiefe rundum plus 2 cm, einplanen. Wenn ein Mittelteil und zwei Seitenstücke gebraucht werden, rundum 1,5 cm Nahtzugabe je Stück dazuaddieren.
- Für die Kordel des Keders die Maße der unteren Kante der Schabracke (Front und Seiten) berechnen.
- Für die Hülle der Kordel die Breite des Stoffs ermitteln: Umfang der Kordel plus 3 cm Nahtzugabe. Dieses Maß für die Schrägstreifen (aus Futterstoff) zugrunde legen. Deren Anzahl richtet sich nach der Kordellänge (siehe S. 194).
- Für die Außenflächen der Schabracke außerdem ausreichend Volumenvlies einplanen.

1 Übertragen Sie die geraden Randlinien der Schabracke auf Papier. Zeichnen Sie außerdem nach Wunsch eine geschwungene Linie für die untere Kante auf. Das Ganze rundum als Schablone ausschneiden. (Falten Sie das Papier mittig vertikal und schneiden Sie dann durch beide Papierlagen, um eine absolut symmetrische Form zu erhalten). Die Konturen für Kopfteil und Seitenteile auf Papier übertragen und ebenfalls ausschneiden. Die Schablone für das Frontteil auf das Holz legen, die geschwungene Kontur nachzeichnen und die Form aussägen. Je zwei Löcher mit 3 mm Abstand zu den Seitenrändern und sechs gleich weit entfernte Löcher mit 3 mm Entfernung zum oberen Rand bohren. Am Kopfteil zwei Löcher mit 3 mm Abstand zu jeder Seite bohren. Schrauben Sie das Frontteil an das Kopfteil.

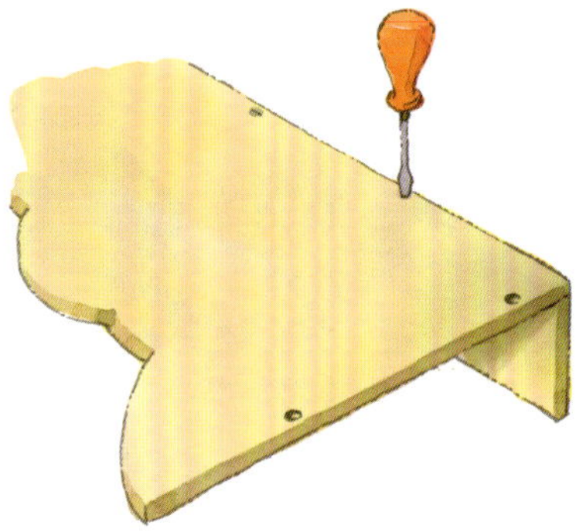

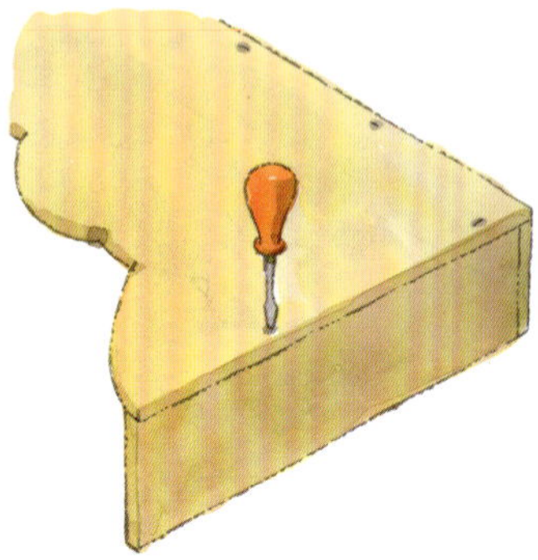

2 Schrauben Sie nun das Frontteil jeweils an die Vorderkanten der Seitenteile und das Kopfteil jeweils an die oberen Kanten der Seitenteile.

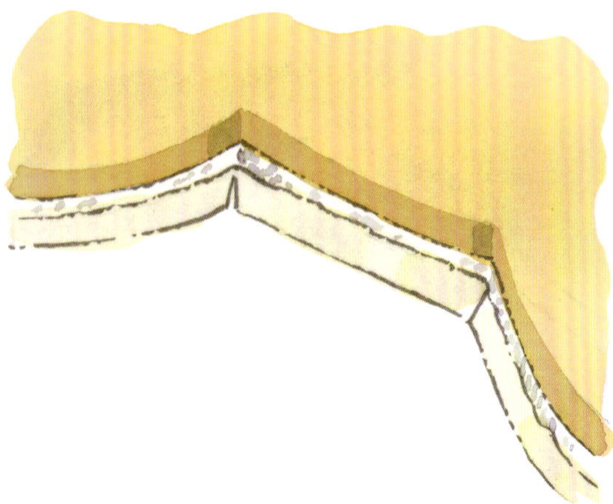

3 Legen Sie die Schablonen für die Seitenteile mit je 1 cm Abstand (Holzdicke) rechts und links neben die Schablone für die Front. Die Papiere mit Klebeband vorübergehend aneinanderkleben, dabei die Abstände berücksichtigen. Diese Schablone verwenden, um das Volumenvlies für die Wattierung für Front und Seiten in einem Stück auszuschneiden. Das Volumenvlies mit Textilkleber auf die Holzschabracke kleben.

4 Mithilfe der zusammengeklebten Schablone den Oberstoff ebenfalls aus einem Stück zuschneiden, rundum mit 1,5 cm Saumzugabe. Falls die Schabracke für eine Stoffbreite zu lang ist, ein Mittelstück und zwei gleiche Seitenstücke ausschneiden und aneinandernähen – jeweils rechts auf rechts mit 1,5 cm Saumzugabe, die Nähte passgenau positioniert. Den Hauptstoff mit der linken Seite nach oben flach ausbreiten. Die Schabracke mit der gepolsterten Front mittig auf den Stoff legen, sodass rundum 1,5 cm Stoff übersteht. Die Saumzugabe entlang der unteren Kante in jeder Kurve oder Innenecke einschneiden.

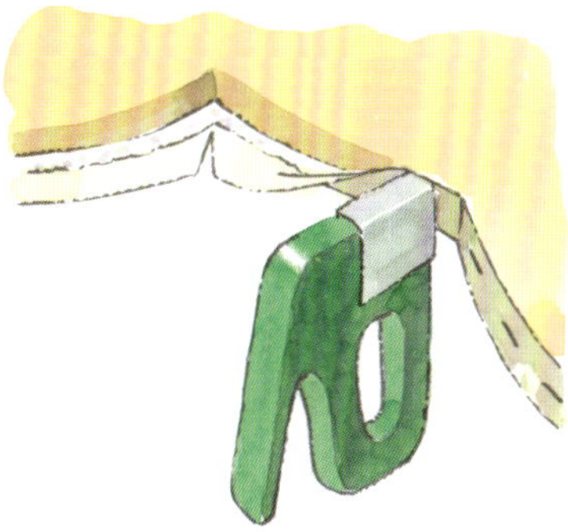

5 Fixieren Sie den Stoff mithilfe des Tackers vorsichtig an den Holzkanten der Schabracke. Den Stoff dabei nach und nach glattziehen. An den Ecken den Stoff um die Seitenränder falten.

6 Aus dem Futterstoff die Streifen für das Schrägband zuschneiden, aneinandernähen (an den kurzen Seiten) und mit der Kordel zu einem Keder verarbeiten (siehe S. 196). Tackern Sie anschließend den genähten Keder an die unteren Kanten der Schabracke. Achtung: Die Kordel zeigt nach außen und die Saumkanten liegen flach entlang der unteren Kanten.

TIPP

Eine Naht im Staffierstich ist fast unsichtbar, aber mit dem Tacker geht es schneller. Die Klammern werden einfach unter einer aufgeklebten Kordel versteckt.

7 Das Tape von der Schablone lösen. Die Frontschablone zum Zuschneiden des Futters verwenden, plus 2 cm Saumzugabe rundum. Den unteren Saum des Futters 1 cm umfalten und das Futter am unteren Rand des Frontteils der Schabracke so feststecken, dass der umgelegte Saum an den Keder stößt. Dabei nach und nach die Ecken einschneiden. An der Innenseite des Frontteils das Futter glatt streichen und gut in die Ecken drücken. Fixieren Sie es an den Seiten und oben mit dem Tacker. Anschließend mit der Polsternadel im Staffierstich (siehe S. 185) den festgesteckten, unteren Rand des Futters an die Schabracke nähen.

8 Mithilfe der Schablone nun die Seitenteile aus Futterstoff zuschneiden, plus 2 cm Nahtzugabe rundum. Den unteren Saum des Stoffs jeweils 1 cm umfalten. Das Futter stecken und im Staffierstich an den unteren Keder-Rändern befestigen, wie beim Frontteil. Jetzt die restlichen Seitenkanten der Futterteile umfalten und an die seitlichen, hinteren, vorderen und oberen Schabracken-Innenränder tackern. Zum Schluss wird die Schabracke mithilfe der Winkeleisen (siehe S. 211) über den Vorhängen montiert.

Kapitel 2

Rollos

Einfaches Rollo

Ein Rollrollo lässt sich sehr einfach nähen. Anstatt also eines zu kaufen, kann man einen gemusterten Stoff nehmen, so wie hier auf dem Foto den gelbgeblümten, und Kissen und Stoffüberwürfe passend darauf abstimmen. Der Stoff wird versteift und mit doppelseitigem Klebeband einfach oben an die Rollstange geklebt.

Sie brauchen

- Dicht gewebten, leichten, farbechten Stoff (z. B. Wild Rose – Buttercup and Charcoal), Maße siehe unten
- Nähgarn, farblich passend
- Rollo Montageset mit seitlichem Zug
- Stoffversteifer, flüssig oder als Spray
- Doppelseitiges Klebeband
- Bohrer, Schraubenzieher, Säge, Zollstock, Geodreieck

Maßnehmen

- Das Fenster für die Längen- und Breitenmaße des fertigen Rollos (siehe S. 208) ausmessen. 30 cm in der Länge für den unteren Durchzug und die Walzenabdeckung dazuaddieren sowie 5 cm in der Breite zum Einlaufen beim Versteifungsprozess. Es braucht keine seitliche Nahtzugabe, da der Stoff dank der Versteifung nicht ausfranst.

TIPP

Ein Rollo passt ideal unter eine verkleidete Schabracke (siehe S. 54), die das Rollo oben verdeckt. Das ist vor allem bei einem konventionellen Rollo praktisch, wenn es ganz dicht vor dem Fenster hängt, wodurch oben die Stoffrückseite sichtbar wird.

1 Zunächst einen Rollmechanismus auswählen. (Sollen die Rolle und die Stoffrückseite oben nicht sichtbar sein, empfiehlt sich eine Umkehrwalze, wie auf dem Foto. Soll das Rollo ganz dicht am Fenster hängen, mit der Rolle nach vorne zeigend, nimmt man eine konventionelle Aufhängung.) Die Montageanweisungen im Set befolgen und die Halterung oberhalb des Fensters anbringen. Die Metallwalze ggf. auf die passende Länge einkürzen.

2 Den Stoff gemäß der Herstellerangaben versteifen, trocknen lassen und bügeln. Schneiden Sie den Stoff nun auf das richtige Maß zu. Mit einem Geodreieck prüfen, ob die Ecken absolut rechtwinklig sind. Den Stoff mit der linken Seite nach oben flach ausbreiten und den unteren Rand 4 cm umfalten. Den Saum knappkantig an der Schnittkante feststeppen. Die Walze für den unteren Rand kürzen, sodass ihre Länge 2 cm weniger als die Breite des Rollos beträgt und durch den Saum schieben.

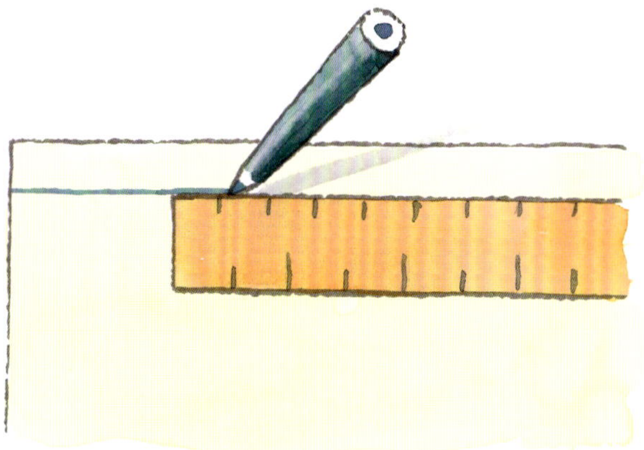

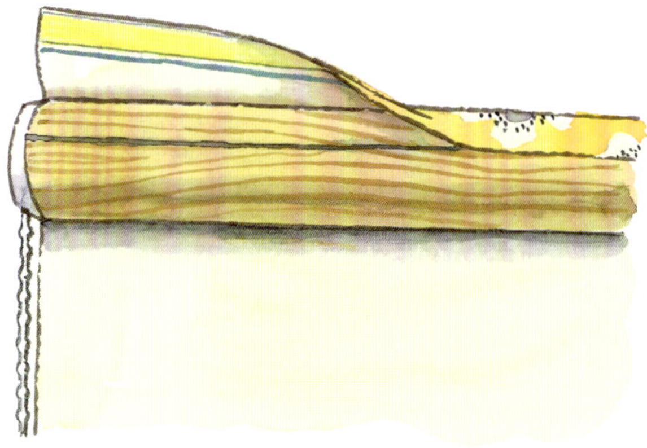

3 Legen Sie das Rollo wieder flach aus, und markieren Sie mit Schneiderkreide die Position des Klebebands parallel zum oberen Rand. Für ein Umkehrrollo die Linie auf der linken Stoffseite anzeichnen, für ein konventionelles Rollo auf der rechten. Wenn die Walze nicht bereits einen Klebestreifen mitführt, das doppelseitige Klebeband entlang der Markierung auf den Stoff kleben.

4 Die Schutzfolie des Klebebands entfernen und den Stoff an der Klebefläche auf die Walze drücken, sodass der obere Rand exakt an der Führungslinie der oberen Walze liegt. Rollen Sie das Rollo per Hand auf, und schieben Sie es in die Halterung. Zum Schluss noch den Zugmechanismus gemäß der Herstellerangaben anpassen.

Ungefüttertes Römisches Rollo mit Kontrastborte

Römische Rollos, auch Raffrollos genannt, sind wunderbar einfach herzustellen, vor allem ungefütterte. Durch einen Ziersaumabschluss in kontrastierendem Stoff wirken sie noch interessanter. Inspiriert durch die ersten Schwalben des Sommers lässt der in zartem Blau gehaltene Stoff voller Freude an warme Tage denken.

Sie brauchen

- Dekorationsstoff (z. B. Swallow Dive – Duck Egg and Speedwell), Maße siehe rechts
- Kontrastierenden Dekorationsstoff (z. B. Little Leaf – Forget-me-not and Denim), Maße siehe rechts
- Nähgarn, farblich passend
- Klettband, Länge entspricht Breite des fertigen Rollos
- Dübelstangen, 1 cm Durchmesser, Länge entspricht Breite des fertigen Rollos minus 4 cm
- 2,5 cm dicke Holzlatte, Länge entspricht Breite des fertigen Rollos minus 4 cm
- Kleine Ringe für Römische Rollos
- Dünne Kordel für Römische Rollos
- Holzbrett, 2,5 x 5 cm, Länge entspricht Breite des fertigen Rollos
- Schraubösen aus Messing
- Holzeichel und Messingklampe
- Winkeleisen (optional)
- Schrauben
- Tacker, Säge, Bohrer, Handbohrer

Maßnehmen

- Das Fenster für die Längen- und Breitenmaße des fertigen Rollos (siehe S. 208) ausmessen.
- Der Hauptstoff hat die Länge des fertigen Rollos plus 4 cm für Säume plus 5 cm per Dübelstangen-Durchzug (siehe S. 209, um zu berechnen, wie viele Durchzüge man braucht), bei Breite des fertigen Rollos plus 12 cm für die Säume. Ggf. müssen für die benötigte Fensterbreite Stoffbahnen mittels Kappnähten zusammengenäht werden (siehe S. 189). Außerdem aus Hauptstoff eine Brettverkleidung einplanen (siehe S. 210).
- Die kontrastierende Borte am unteren Rand hat die Breite des fertigen Rollos plus 12 cm, bei 18 cm Tiefe.

1 Den Hauptstoff zuschneiden. Ggf. mehrere Bahnen für die passende Breite mittels Kappnähten (siehe S. 189) aneinandernähen. Aus kontrastierendem Stoff die Borte zuschneiden. Borte und Rollo rechts auf rechts bündig an der Rollo-Unterkante aufeinanderlegen und stecken. Beide Lagen mit 1,5 cm Nahtzugabe zusammennähen. Die Nahtzugabe zur Borte hin umbügeln.

2 Entlang der Längsseiten der gesamten Stoffbahn einen 3 cm breiten, doppelt gefalteten Saum nach links umbügeln. Den Saum stecken und entlang der zuerst umgebügelten Kante feststeppen. Die untere Kante der Borte 1,5 cm nach links umbügeln, dann nochmals 7,5 cm nach links umbügeln, sodass die zuerst umgebügelte Kante nun auf der Rollo-Borte-Naht liegt. Die Kante stecken und im Hohlsaumstich (siehe S. 185) festnähen. Anschließend einen Durchzug absteppen, indem Sie zuerst dicht an der unteren, umgebügelten Kante der Borte und dann parallel dazu, aber 4 cm darüber nähen.

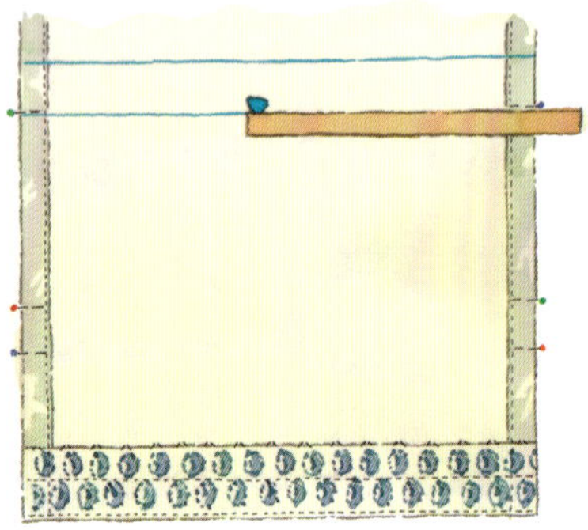

3 Das Rollo mit der linken Seite nach oben ausbreiten. Mit Stecknadeln entlang der seitlichen Säume die Positionen für die Laschen der Dübelstangen markieren. Beginnen Sie am oberen Rand der Borte. Die zwei Markierungen je Durchzug haben 5 cm Abstand voneinander, die Abstände zwischen den Laschen sind auf S. 209 erklärt. Mit einem langen Lineal und Schneiderkreide die Linien aufzeichnen.

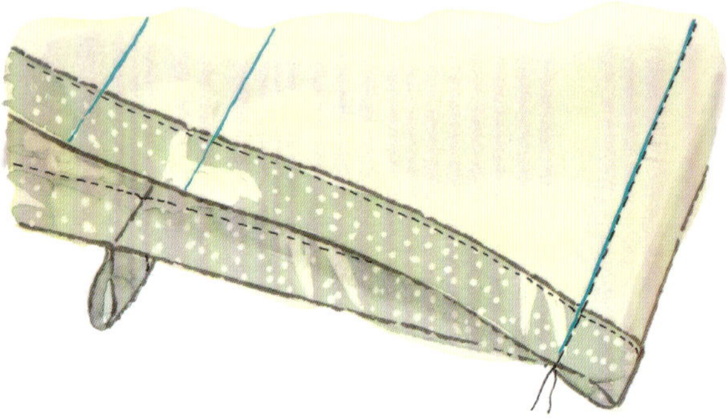

4 Das Rollo rechts auf rechts quer falten, sodass die zwei Kreidelinien für die Laschen aufeinanderliegen, und stecken. Dann gemäß der Kreidemarkierung eine Naht steppen, sodass ein 2,5 cm breiter Durchzug entsteht. Für die anderen Markierungen ebenso verfahren.

5 Messen Sie die gewünschte Länge des fertigen Rollos von der Borte aus und markieren Sie das Maß am oberen Rand des Rollos mit Stecknadeln. Die obere Schnittkante entlang dieser Linie nach links umbügeln. Die Nahtzugabe auf 1,5 cm zurückschneiden und den Saum stecken. Die Haftseite des Klettbands oben auf der linken Stoffseite des Rollos fixieren, wie beim gefütterten Schwedischen Rollo in Schritt 3 beschrieben (siehe S. 72). Die Dübelstangen in die Durchzüge schieben und die schmale Holzlatte in den unteren Durchzug der Borte. Die offenen Ränder der Borte und der Durchzüge im Staffierstich (siehe S. 185) schließen.

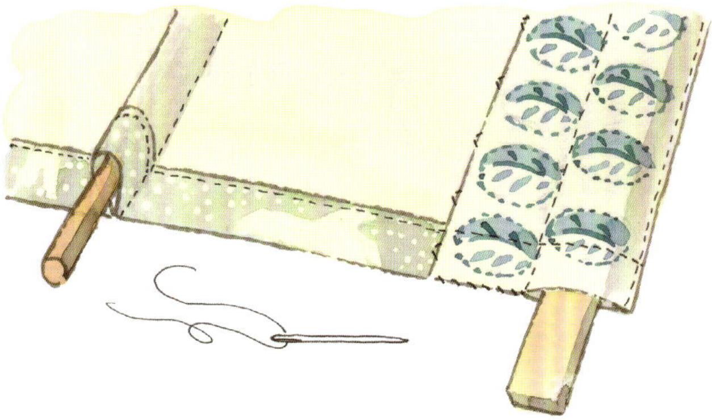

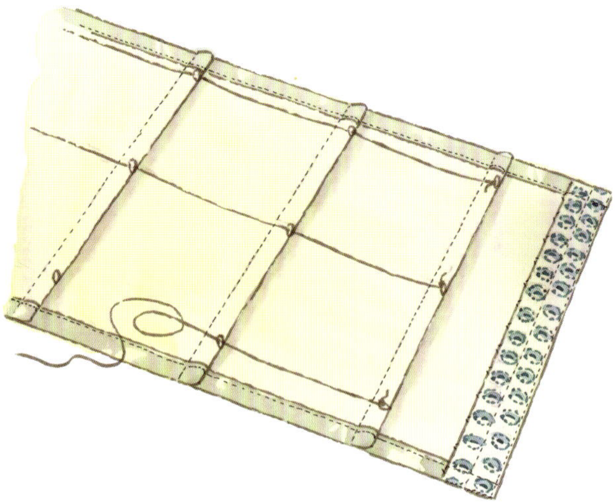

6 Das Rollo mit der linken Seite nach oben flach ausbreiten. Die Ringe 5 cm von den Längskanten entfernt und mit jeweils 30,5 cm Abstand zueinander positionieren. Nähen Sie die Ringe dann per Hand an den Bruch jedes Durchzugs. Die Kordel wird jeweils an den untersten Ring geknotet und in einer Reihe durch die darüberliegenden Ringe gefädelt.

7 Die Holzlatte mit dem Hauptstoff verkleiden und die Hakenseite des Klettbands (siehe Holzlatten für Rollos, S. 210, Schritt 1–3) befestigen. Das Rollo an die Latte kletten und dann die Schraubösen (siehe S. 210, Schritt 4) anbringen. Fädeln Sie die Kordeln zuerst jeweils durch die passende Öse und dann quer durch die übrigen Schraubösen zur Bedienungsseite. Das Rollo sollte glatt liegen und die Kordeln müssen reibungslos ziehen. Anschließend die Kordelenden 51 cm von der letzten Ringöse entfernt zusammenknoten und die Holzeichel fixieren. Montieren Sie das Rollo nun über dem Fenster und die Klampe an der Wand oder am Fensterrahmen, wie beim gefütterten Schwedischen Rollo, Schritt 7 (siehe S. 73), beschrieben.

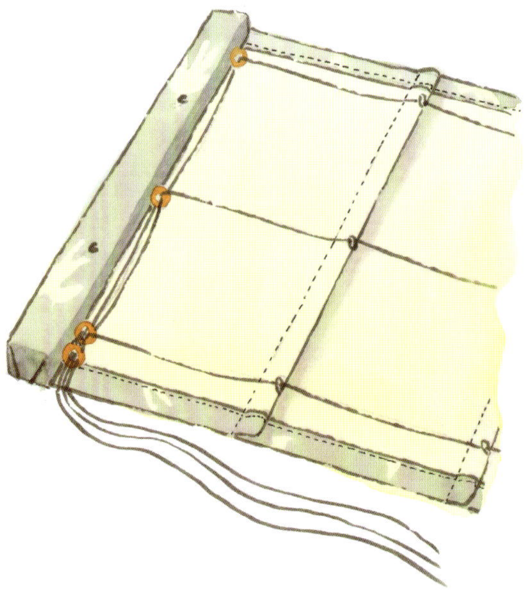

Gefüttertes Römisches Rollo

Ein gefüttertes Römisches Rollo ist ein bisschen aufwendiger zu fertigen, aber die Mühe lohnt sich. Der helle Stoff mit grünem Schmetterlingsmuster ist hier mit einem farblich korrespondierenden Streifen, ebenfalls in Grün, seitlich eingefasst und passt prima zu einer klassischen Fensterlösung.

Sie brauchen

- Dekorationsstoff (z. B. Butterfly Dance – Spinach), Maße siehe rechts
- Kontrastierenden Dekorationsstoff für die Einfassung (z. B. Plain Linen – Lime), Maße siehe rechts
- Futterstoff, Maße siehe rechts
- Nähgarn, farblich passend
- Klettband, Länge entspricht Breite des fertigen Rollos
- Tape für Römische Rollos (Spezialtape mit einem gewebten Durchzug und Stoffschlaufen), Maße siehe rechts
- Dübelstangen, 1 cm Durchmesser, Länge entspricht Breite des fertigen Rollos minus 4 cm
- 2,5 cm dünne Holzlatte, Länge entspricht Breite des fertigen Rollos minus 4 cm
- Dünne Kordel für Römische Rollos
- Holzbrett, 2,5 x 5 cm, Länge entspricht Breite des fertigen Rollos
- Schraubösen aus Messing
- Holzeichel und Messingklampe
- Winkeleisen (optional)
- Schrauben
- Fädelnadel, Tacker, Säge, Bohrer, Handbohrer

Maßnehmen

- Das Fenster für die Längen- und Breitenmaße des fertigen Rollos (siehe S. 208) ausmessen.
- Der Oberstoff hat die Länge des fertigen Rollos plus 9 cm Nahtzugabe, bei Breite des fertigen Rollos minus 4 cm (für Einfassung und Saum). Außerdem Oberstoff für die Verkleidung der Holzlatte (siehe S. 210) einplanen.
- Der Stoff für die Einfassung hat die Länge des fertigen Rollos und ist 10 cm breit.
- Das Futter hat die Breite des fertigen Rollos, bei der Länge des fertigen Rollos plus 9 cm Nahtzugabe.
- Für das Tape berechnen Sie die Anzahl der benötigten Durchzüge (siehe S. 209) und die Länge der Breite des Rollos entsprechend, Summe von Anzahl und Länge plus 51 cm.

Die Fertigung des Rollos wird durch die Verwendung von konfektionierten Durchzügen, die einfach auf die Rückseite genäht werden, erheblich vereinfacht.

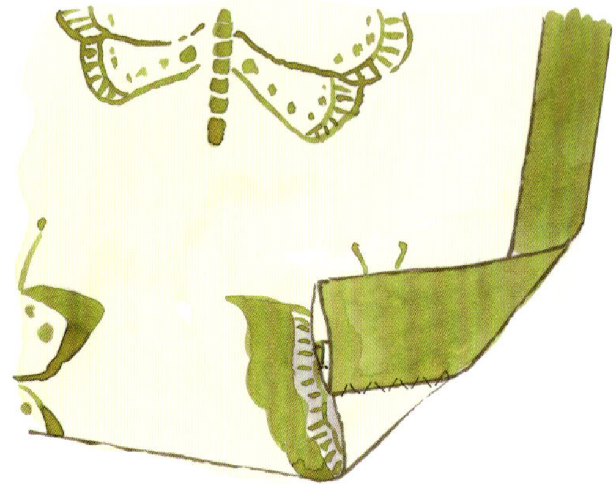

1 Die benötigten Stoffteile zuschneiden und die Stoffbahnen ggf. mittels Kappnähten aneinandernähen (siehe S. 189), um die nötige Breite von Oberstoff und Futter zu erhalten. Aus kontrastierendem Stoff zwei Streifen für die Einfassung zuschneiden. Anschließend jeweils rechts auf rechts eine Längskante der Streifen an die Längskanten des Oberstoffs stecken und mit 1,5 cm Nahtzugabe zusammensteppen. Die Nahtzugabe zum Streifen hin umbügeln.

2 Jeweils die andere Längskante der Streifen 5 cm nach links umbügeln, sodass die Naht verdeckt ist. Stecken und mit Blindsaumstichen (siehe S. 187) fixieren.

3 Bügeln Sie nun die Längsseiten des Futters 2,5 cm breit nach links um. Das Futter links auf links auf den Oberstoff legen, sodass die unversäuberten Kanten oben und unten bündig liegen. 2,5 cm der Einfassungsstreifen stehen an jeder Seite über. Oberstoff und Futter rundum stecken und zusammenheften. Dann das Futter mit Hohlsaumstichen (siehe S. 185) längs an die Streifen nähen und die Heftung wieder entfernen.

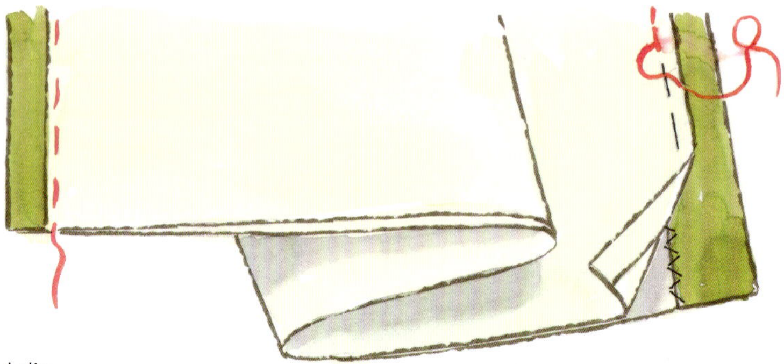

4 Die untere Kante des Rollos zuerst 1,5 cm und dann nochmals 4 cm nach links zu einem Saum umbügeln. Den Saum stecken, heften und dann knappkantig am zuerst umgelegten Bruch absteppen, sodass ein Durchzug für die Holzlatte entsteht. Die Heftung wieder entfernen.

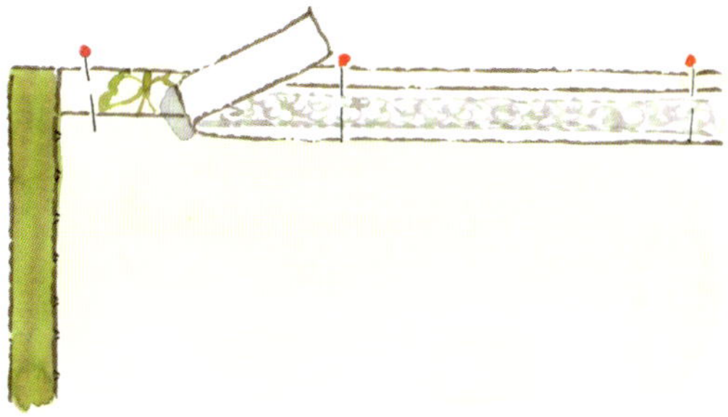

5 Die Länge des fertigen Rollos abmessen und die Position des oberen Rands mit Stecknadeln markieren. Den oberen Saum entlang der gesteckten Linie nach links umbügeln. Die Saumzugabe auf 1,5 cm zurückschneiden und dann stecken. Fixieren Sie nun die Haftseite des Klettbands oben auf der linken Stoffseite des Rollos und verdecken Sie dabei die unversäuberten Saumkanten von Oberstoff und Futter. Anschließend das Klettband rundum aufsteppen.

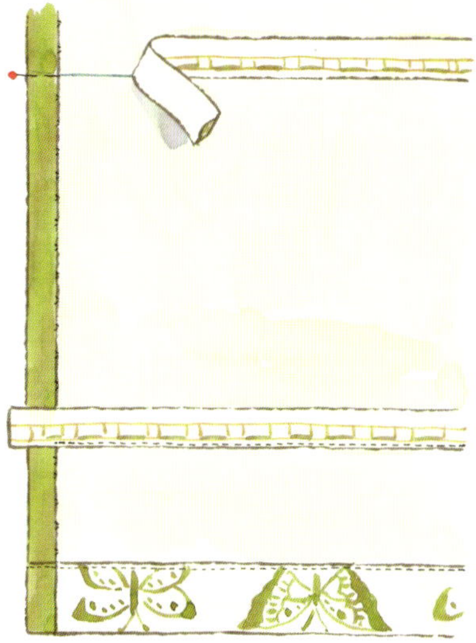

6 Vom unteren Rand des Rollos ausgehend die Abstände zwischen den Spezialtape-Streifen ermitteln (siehe S. 209). Das Rollo mit der linken Seite nach oben ausbreiten und mit Stecknadeln die Positionen entlang der seitlichen Säume markieren. Mit einem langen Lineal und Schneiderkreide sorgfältig die markierten Stellen zu Linien verbinden. Die Tape-Streifen 1 cm länger zuschneiden als die Breite des Rollos beträgt. Achten Sie darauf, dass die Schlaufen gleichmäßig ausgerichtet sind. Platzieren und stecken Sie die Tape-Streifen jeweils mit der unteren Kante bündig an der Kreidelinie und mit je 5 mm Überstand an den Seiten. Die Tape-Streifen jeweils entlang der unteren Kante feststeppen, dabei stets 2 cm vor den Enden der Streifen beginnen bzw. enden.

7 Die Dübelstangen in die Durchzüge der Tape-Streifen schieben und die Holzlatte in den unteren Saum. Die offenen Saumkanten im Staffierstich schließen (siehe S. 185), um die Latte zu fixieren. Die offenen Enden der Tape-Streifen beidseitig 5 mm umfalten und per Hand festnähen und so versäubern.

8 Das Rollo erneut mit der linken Seite nach oben ausbreiten. Messen und markieren Sie vertikale Linien auf den Tape-Streifen (mit Stecknadeln); die erste und letzte Linie sind jeweils 5 cm vom Seitenrand entfernt. Die übrigen vertikalen Linien sollten in gleichmäßig Abständen von ca. 30,5 cm über das Rollo verteilt sein. Eine der Kordeln für Römische Rollos anhand der Stecknadelmarkierungen am unteren Streifen entlang durch die Schlaufen der Tape-Streifen ziehen. Mithilfe einer Fädelnadel jede Kordel vertikal durch die übereinanderliegenden Schlaufen fädeln. Das Rollo, wie für das ungefütterte Römische Rollo mit Kontrastborte, Schritt 7 (siehe S. 65) beschrieben, zu Ende nähen.

Gefüttertes Schwedisches Rollo

Diese hübschen Rollos kommen traditionell aus Schweden, wo die Wintertage lang sind, und die Sonne daher besonders geschätzt wird. Anstelle von schweren Vorhängen werden für die Fenster häufig einfache Karostoffe zu Vorhängen oder traditionellen Rollrollos verarbeitet. Auf diese Weise lassen sich ideal zwei unterschiedliche Stoffe in einem Raum präsentieren. Ich habe hier einen Stoff mit Blätterprints in Grün-Blau-Tönen für die Front sowie einen grün-weiß gemusterten Karostoff für die Rückseite verwendet. Wenn das Rollo heruntergelassen ist, sieht man nur den Frontstoff, aber tagsüber, wenn das Rollo aufgerollt wird, sind beide Stoffe sichtbar.

Sie brauchen

- Dekorationsstoff (z. B. Nature Study – Water, Speedwell and Lichen), Maße siehe rechts
- Kontrastierenden Dekorationsstoff (Rückseite/Futter) (z. B. Plain Check – Lichen), Maße siehe rechts
- Nähgarn, farblich passend
- Klettband, Länge entspricht Breite des fertigen Rollos
- Dübelstange, 1 cm Durchmesser, Länge entspricht Breite des fertigen Rollos minus 2 cm
- Holzlatte, 2 x 4 cm, Länge entspricht Breite des fertigen Rollos
- Zwei D-Ringe, 3 cm, aus Plastik oder zwei runde Ringe
- Dünne Kordel für Römische Rollos
- Winkeleisen (optional)
- Schrauben
- Holzeichel und Messingklampe
- Säge, Tacker, Bohrer

Maßnehmen

- Das Fenster für die Längen- und Breitenmaße des fertigen Rollos (siehe S. 208) ausmessen.
- Der Oberstoff hat die Breite des fertigen Rollos plus 3 cm Nahtzugabe, bei der Länge des fertigen Rollos plus 6 cm Nahtzugabe. Ggf. muss die benötigte Breite aus mehreren Bahnen aneinandergenäht werden. Außerdem Oberstoff für die Verkleidung des Holzbretts (siehe S. 210) einplanen.
- Das Futter hat die gleichen Maße wie der Oberstoff. Außerdem zwei Streifen à 30 x 8,5 cm aus Futterstoff für zwei Schlaufen einkalkulieren.

1 Die Stoffteile zuschneiden, ggf. für die benötigte Breite mehrere Bahnen mittels Kappnähten (siehe S. 189) aneinandernähen. Genauso für das Futter vorgehen. Oberstoff und Futter rechts auf rechts legen, stecken und an den Längskanten mit 1,5 cm Nahtzugabe zusammensteppen. Das Ganze auf rechts wenden und bügeln, sodass die Nähte sauber und exakt mit den Kanten abschließen.

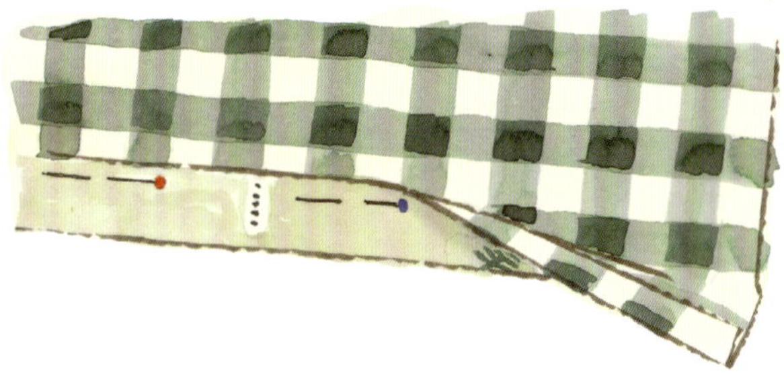

2 Am unteren Rand einen 1,5 cm breiten Saum zum Futter hin umbügeln und nochmals 2,5 cm umfalten. Stecken und knappkantig feststeppen, sodass ein Durchzug entsteht.

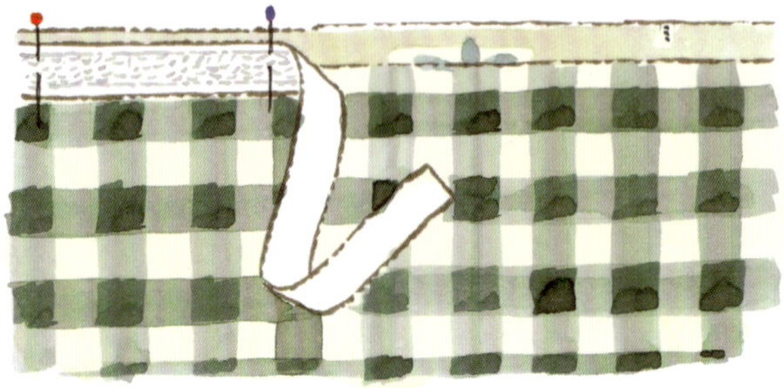

3 Am oberen Rand einen 1,5 cm breiten Saum zum Futter hin umbügeln und heften. Die Haftseite des Klettbands oben auf die Futterseite des Rollos über der Saumkante platzieren, stecken und aufsteppen. Dabei die Längsseiten und die kurzen Enden des Klettbands jeweils in gleicher Nährichtung steppen.

4 Die Dübelstange in den Durchzug schieben und die Ränder im Staffierstich zusammennähen (siehe S. 185). Die Holzlatte mit Oberstoff verkleiden und die Hakenseite des Klettbands daran befestigen (siehe Holzlatten für Rollos, S. 210, Schritt 1–3).

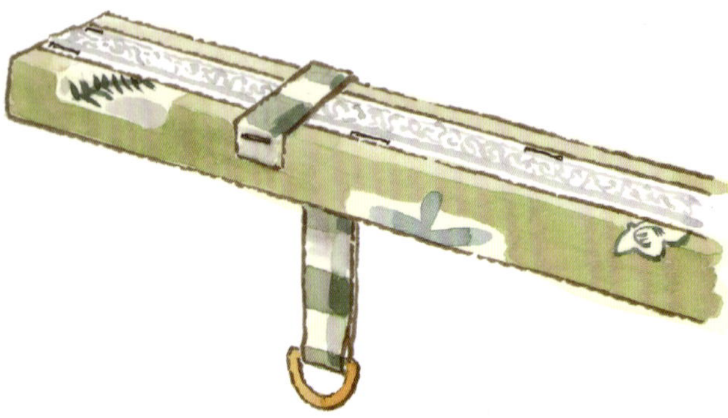

5 Aus dem Futterstoff die beiden Schlaufen zuschneiden und nach Methode 2 (siehe S. 203) herstellen, ohne die Enden zu versäubern. Auf jede Schlaufe einen Ring fädeln und die Schlaufen mittig doppelt legen, sodass die unversäuberten Enden bündig liegen. Tackern Sie die Enden an die Rückseite der Holzlatte, jeweils 10 cm vom Anfang/Ende der Latte entfernt, sodass die Schlaufen oben über die Latte und das Klettband nach vorne hängen.

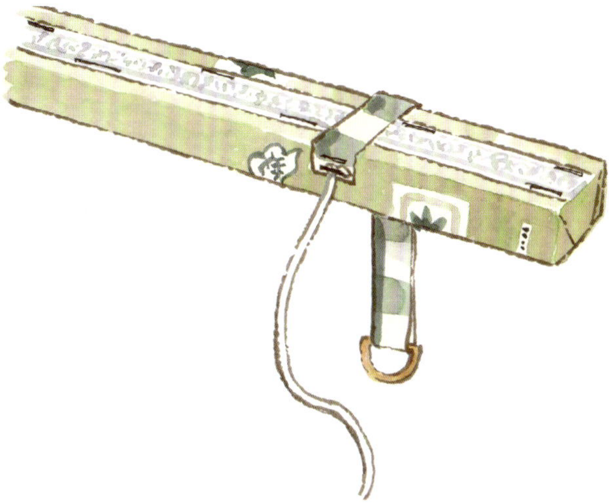

6 Zwei Kordeln zuschneiden, jede ist viermal so lang wie das heruntergelassene Rollo. Machen Sie jeweils in ein Kordelende einen Knoten, und tackern Sie den Knoten auf der Rückseite der Latte über das Ende der Schlaufe.

7 Das Rollo mittels des Klettbands an der Holzlatte anbringen. Für die Montage des Rollos über dem Fenster das Klettband bis zu den Vorbohrungen lösen. (Das Rollo muss nicht komplett von der Latte genommen werden.) Die Latte durch die Vorbohrungen hindurch an die Wand oder den Fensterrahmen schrauben und das Rollo wieder vollständig an der Latte fixieren. Eine Klampe an der Wand oder dem Fensterrahmen montieren, und zwar auf der gleichen Seite, wo sich der Kordelzug befindet.

8 Für den Rollmechanismus die Kordeln, die auf der Rückseite des Rollos herunterhängen, unter dem unteren Rand hindurch nach vorne und nach oben fädeln, durch die entsprechenden Ringe. Eine der Kordeln auf der Oberstoffseite oben quer vom einen zum anderen Ring führen. Die Kordeln 51 cm über den Enden verknoten und hier die Holzeichel fixieren. Das Rollo per Hand aufrollen und in der gewünschten Position halten, indem die Kordel um die Klampe gewickelt wird.

Kapitel 3

Kissen

Einfaches Kissen

Hier zeige ich Ihnen ein Kissen, das wunderbar einfach zu nähen ist, ohne Reißverschluss, Schlaufen oder Knöpfe. Es hat lediglich auf der Rückseite zwei Stoffteile, die sich wie ein Umschlag überlappen, einen sogenannten Hotelverschluss. Ein Kissen mit vier geraden Saumkanten ist in weniger als einer Stunde genäht. Für Anfänger ist dieses Projekt ideal. Nähen Sie gleich mehrere Kissen aus verschiedenen Stoffen, um so richtig in Übung zu kommen.

Sie brauchen

- Dekorationsstoff (z.B. Butterfly Dance – Brick), Maße siehe unten
- Nähgarn farblich passend
- Inlett
- Druckknöpfe (optional)

Maßnehmen

- Das Inlett ausmessen. Für die Vorderseite rundum 1,5 cm Nahtzugabe dazuaddieren. Die zwei Rückteile haben die gleiche Breite wie das Vorderteil. Die Länge beträgt je die Hälfte des Vorderteils plus 13 cm.

TIPP

Soll Ihr Kissen prall gefüllt sein, schneiden Sie die Stoffteile einfach etwas kleiner zu.

1 Das Vorderteil und die zwei Rückteile zuschneiden. Entlang der Längskanten der zwei Rückteile jeweils einen 2,5 cm breiten doppelt gefalteten Saum doppelt nach links umbügeln. Die Säume knappkantig feststeppen.

2 Das Vorderteil mit der rechten Seite nach oben hinlegen. Hierauf die Rückteile positionieren, mit der rechten Seite nach unten und den unversäuberten Schnittkanten bündig sowie den gesäumten Kanten mittig überlappend. Rundum stecken und zusammenheften. Anschließend alle vier Seiten mit 1,5 cm Nahtzugabe zusammensteppen.

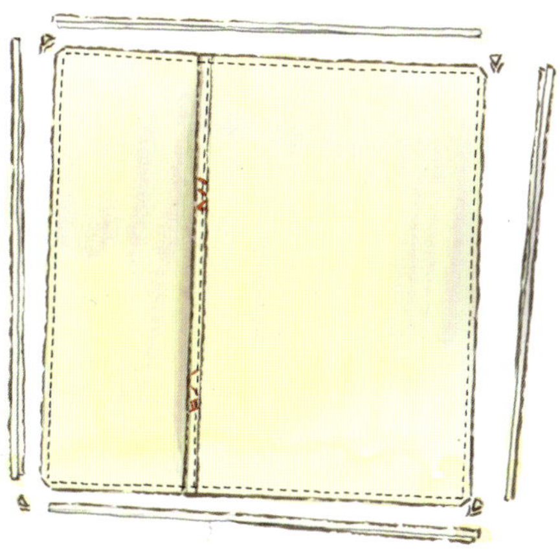

3 Die Heftung entfernen. Die Nahtzugaben auf 1 cm einkürzen und an den Ecken abschrägen. Den Bezug auf die rechte Seite wenden. Mithilfe einer Schere oder eines Stifts die Ecken vorsichtig nach außen drücken. Dann die genähten Kanten flach bügeln. Das Inlett durch die Öffnung in den Bezug stecken und den überlappenden Stoff glatt streichen.

4 Ist das Kissen sehr groß, können Sie innen auf die Säume der überlappenden Teile Druckknöpfe nähen; so lässt sich das Aufklaffen der Öffnung vermeiden.

Kissen mit Volant

Hier sehen Sie, wie Farbe einen Stoffprint ganz unterschiedlich wirken lassen kann, genauso wie der Einsatz von Blockstreifen und Linien, was auf Seite 82 sehr anschaulich gezeigt wird. Dieses Kissen in Preiselbeerrot hat an drei Seiten einen Volant und an der vierten Seite schmale Schlaufen zum Festbinden.

Sie brauchen

- Dekorationsstoff (z. B. Stripe and Dash – Cranberry), Maße siehe unten
- Nähgarn, farblich passend
- Inlett, quadratisch oder rechteckig, passend zum Stuhl
- Reißverschluss, Breite des Inletts minus 7,5 cm

Maßnehmen

- Das Inlett ausmessen.
- Der Stoff für das Vorderteil hat die Seitenmaße des Inletts plus 1,5 cm Nahtzugabe rundum.
- Der Stoff für das Unterteil hat die Maße des Inletts, wird aber in zwei Hälften geteilt: Rundum müssen 1,5 cm Nahtzugabe je Hälfte dazugegeben werden.
- Der Volant ist 19 cm breit. Für die Länge das vordere Seitenmaß des Inletts zu den Seitenmaßen rechts und links des Inletts dazuaddieren. Diese Summe verdoppeln und 3 cm Nahtzugabe dazugeben. Für den Volant werden mehrere Stoffbahnen gebraucht. Daher je Stoffbahn nochmals 3 cm Nahtzugabe extra dazugeben.
- Für vier Schlaufen benötigen Sie außerdem je 6 x 25,5 cm Stoff.

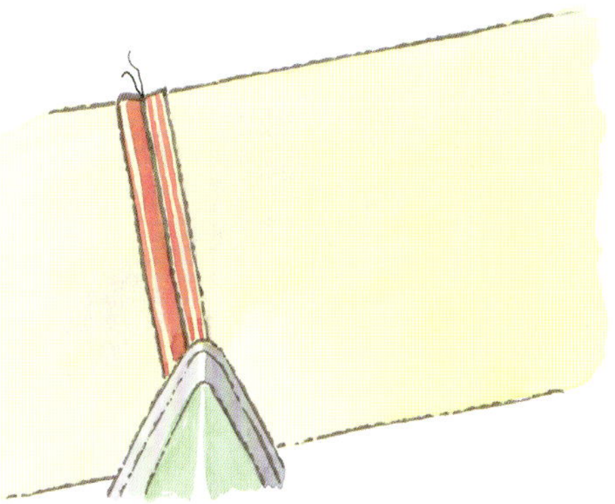

1 Aus dem Stoff das Vorderteil und zwei Rückteile sowie die Teile für den Volant zuschneiden. Die Teile für den Volant an den Schmalkanten mit 1,5 cm Nahtzugabe zu einem langen Streifen zusammennähen. Die Nahtzugaben auseinanderbügeln.

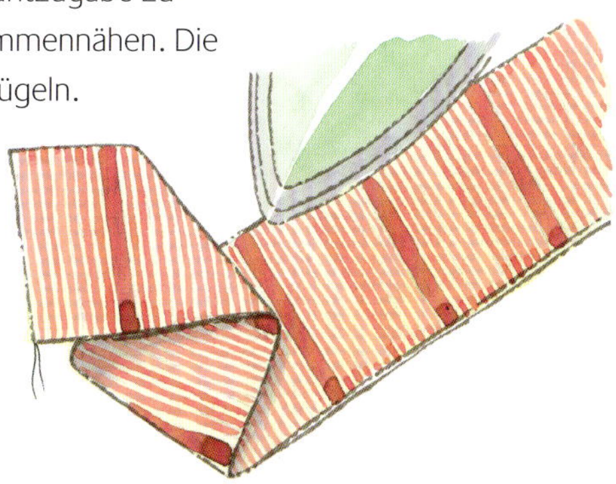

2 Den Volantstreifen mittig längs rechts auf rechts falten. Die beiden kurzen Seitenkanten stecken und mit 1,5 cm Nahtzugabe zusammennähen. Die Nahtzugabe auf 5 mm einkürzen und an den Ecken abschrägen. Den Streifen auf rechts wenden und die Ecken mittels einer Schere o. Ä. vorsichtig in Form drücken. Die genähten Kanten flach bügeln. Nun den Bruch des Volant-Streifens mittig längs (und links auf links) durch Bügeln fixieren.

3 Entlang der bündig liegenden Längskanten des Volants zwei parallele Kräuselnähte nähen (siehe S. 198), die ca. 5 mm Abstand voneinander haben. Die Fäden gleichmäßig vorsichtig anziehen, bis der Volant um die Front- und Seitenkanten des Vorderteils passt.

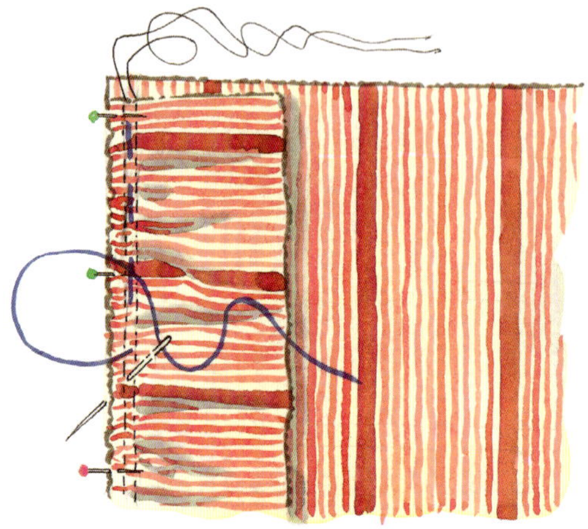

4 Den Volant bündig mit den offenen Kanten auf die rechte Seite des Oberteils an die Front- und Seitenkanten stecken. Damit jeweils 1,5 cm vor der hinteren Kante beginnen bzw. enden. Anschließend heften und mit 1,5 cm Nahtzugabe auf dem Vorderteil feststeppen. Die Heftung lösen.

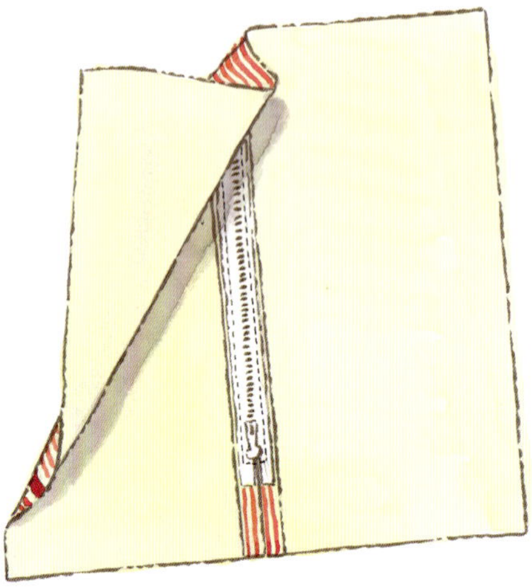

5 Nun die beiden Unterteile an einer Längskante rechts auf rechts legen, stecken und heften. Mit 1,5 cm Nahtzugabe entlang der Heftung zusammennähen, aber von beiden Seiten jeweils nur 4 cm weit. Die Mitte bleibt geheftet. Die Nahtzugabe auseinanderbügeln, dann den Reißverschluss einnähen (siehe S. 201). Zum Schluss die Heftung entfernen.

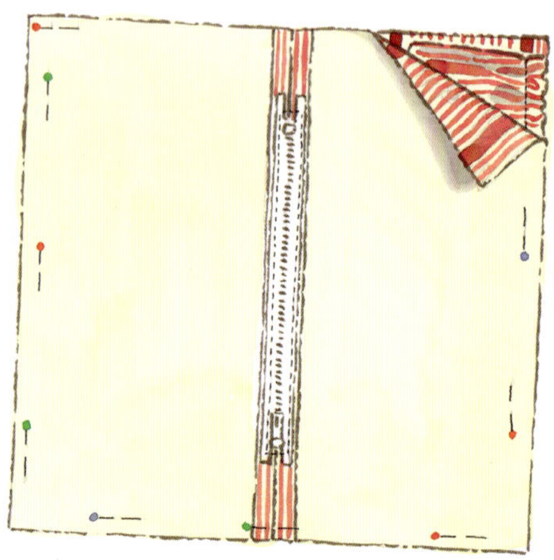

6 Unter- und Oberteil rechts auf rechts legen, stecken und heften (der Volant liegt wie bei einem Sandwich dazwischen). Front- und Seitenkanten mit 1,5 cm Nahtzugabe zusammensteppen. An den Seitenkanten aber jeweils 1,5 cm zur hinteren Kante offen lassen. Die Ecken der Nahtzugabe an der Frontkante schräg zurückschneiden. Die hinteren Kanten des Ober- und Unterteils 1,5 cm umbügeln. Dann den Bezug auf rechts wenden.

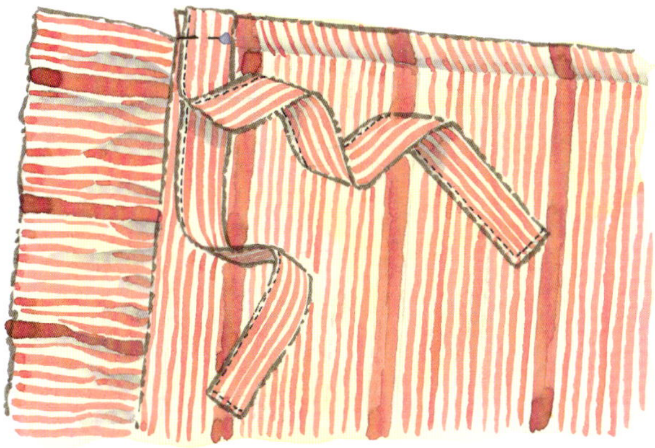

7 Nähen Sie nach Methode 2 (siehe S. 203) vier Schlaufen mit jeweils einem fertig versäuberten Ende. Dann den hinteren, umgebügelten Saum des Unterteils auffalten. Je zwei Schlaufen mit den unversäuberten Kanten bündig aufeinanderlegen, an jedem Ende des aufgefalteten Saums feststecken und heften. Die Schlaufen entlang des Bügelbruchs feststeppen, dabei mit der Nadel mehrmals hin und her nähen, um die Schlaufen absolut fest zu fixieren. Die Heftung entfernen.

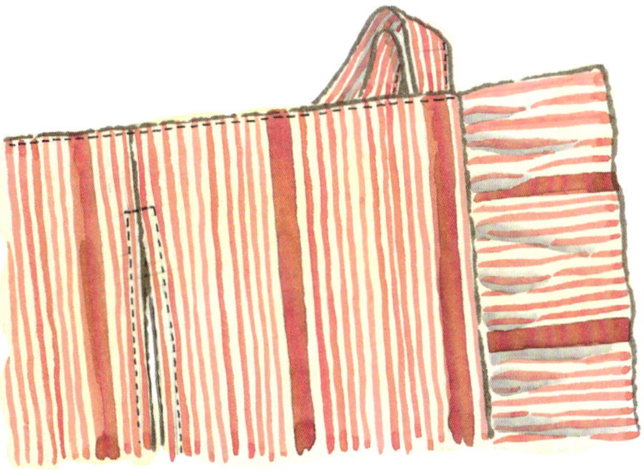

8 Den umgebügelten Saum wieder nach innen auf links falten, sodass die Schlaufen vom Bezug wegzeigen. Den Reißverschluss öffnen. Die Saumkanten stecken und heften, die Schlaufenenden liegen dazwischen, dann knappkantig zusammensteppen. Das Inlett durch die Reißverschlussöffnung in den Bezug schieben und den Reißverschluss schließen. Die Heftung entfernen.

TIPP

Achten Sie darauf, dass Sie die Rüschenkante des Volants nicht versehentlich mitfassen, wenn Sie Ober- und Unterteil (Schritt 6) zusammennähen.

Kissen mit Wellenborte

Wenn man einen unansehnlichen Stuhl hat, erhält dieser mit einem Farbanstrich und neuem Stoffbezug im Nu ein neues Aussehen. Das ist eine einfache Methode, um mit kleinem Budget Möbel aufzupeppen. Original alte Metallstühle findet man in Trödelläden, nachgebaute Modelle sind aber auch bei großen Filialisten erhältlich. Das grün-weiß-rot gemusterte, gemütliche Kissen mit lockeren Schlaufen passt z. B. gut in ein Schlafzimmer.

Sie brauchen

- Dekorationsstoff (z. B. Stripe and Dash – Apple Green and Raspberry), Maße siehe unten
- Kontrastierenden Dekorationsstoff, Maße siehe unten
- Nähgarn, farblich passend
- Quadratisches Inlett, 40 cm
- Reißverschluss, 25 cm
- Papier für Schnittmuster

Maßnehmen

- Für den Dekorationsstoff ein Schnittmuster gemäß Schritt 1 und 2 anfertigen. Für das Oberteil und beide Unterteile rundum 1,5 cm Nahtzugabe dazugeben.
- Für den kontrastierenden Stoff für zwei Schlaufen je 9,5 cm Breite bei 76 cm Länge einplanen.

TIPP

Dies ist ein wunderschönes Einzelkissen für einen Gartenstuhl. Dank der hübschen Form passt es aber auch ideal auf ein Sofa. Oder lassen Sie die Schlaufen weg, und arrangieren Sie es mit mehreren Kissen in aufeinander abgestimmten Mustern und Farben.

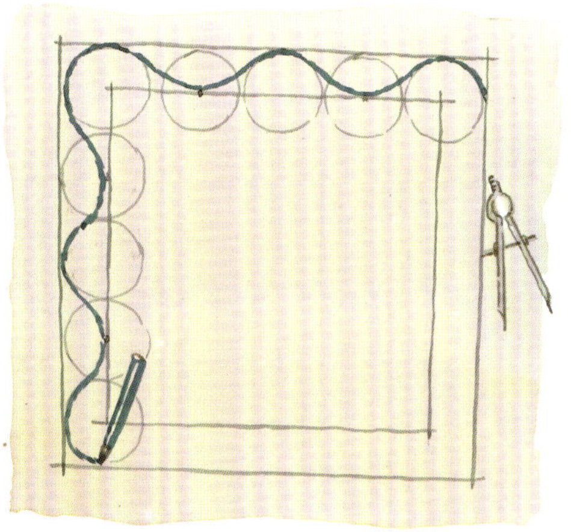

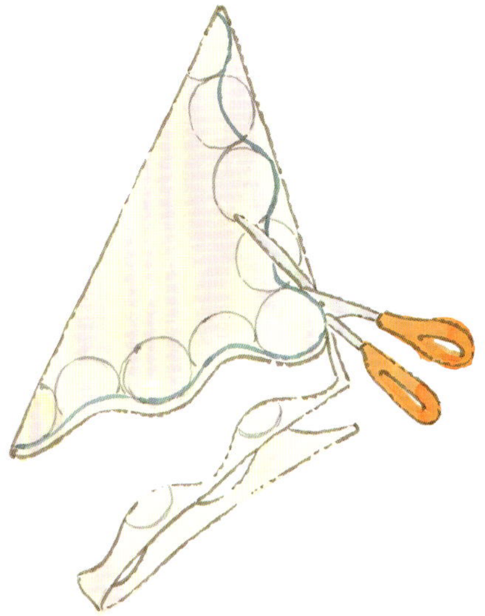

1 Zeichnen Sie auf das Papier ein Quadrat mit Seitenlängen von 51 cm. In dieses Quadrat wiederum ein um 5 cm kleineres Quadrat zeichnen. Um eine Ecke des inneren Quadrats mithilfe eines Zirkels einen Kreis mit 10 cm Durchmesser ziehen. Die Ecke bildet den Kreismittelpunkt und die Kreislinie tangiert die Seiten des äußeren Quadrats. So fortfahren (siehe Abb.). Jeweils die Kreismitte markieren und dann jeweils von den Tangierungspunkten zu den Kreismittelpunkten eine wellenförmige Linie zeichen (siehe Abb.).

2 Das äußere Quadrat ausschneiden, diagonal falten und entlang der wellenförmigen Linie durch beide Papierlagen schneiden. An der Diagonalen wieder aufgefaltet, ist das Ihr Schablonen-Oberteil. Für das Schablonen-Unterteil falten Sie das Papier erneut, allerdings diesmal mittig vertikal. Diese Umrisse auf ein zweites Papier übertragen und ausschneiden.

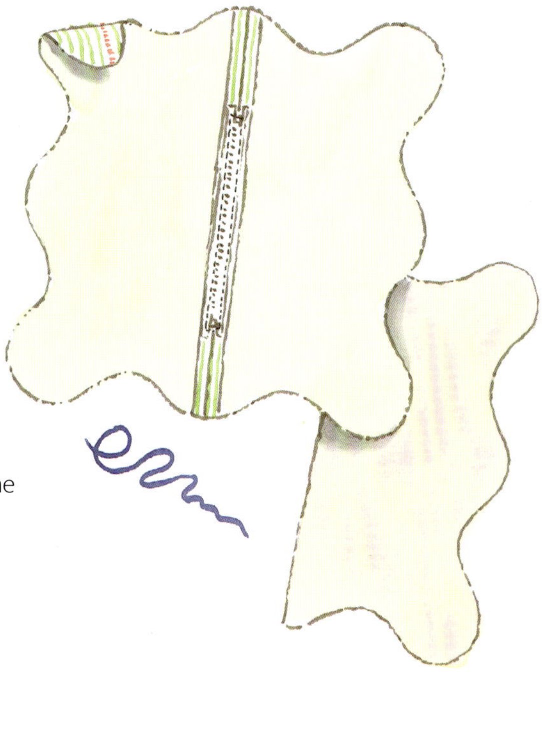

3 Aus dem Dekorationsstoff ein Ober- und zwei Unterteile zuschneiden, jeweils rundum mit 1,5 cm Nahtzugabe. Die zwei Unterteile rechts auf rechts an der geraden Kante zusammenstecken und mit 1,5 cm Nahtzugabe heften. Die Lagen an der Heftnaht entlang von beiden Seiten her 14,5 cm weit zusammennähen. Die Mitte bleibt geheftet. Den Reißverschluss in den offenen Teil nähen (siehe S. 201) und die Heftung entfernen.

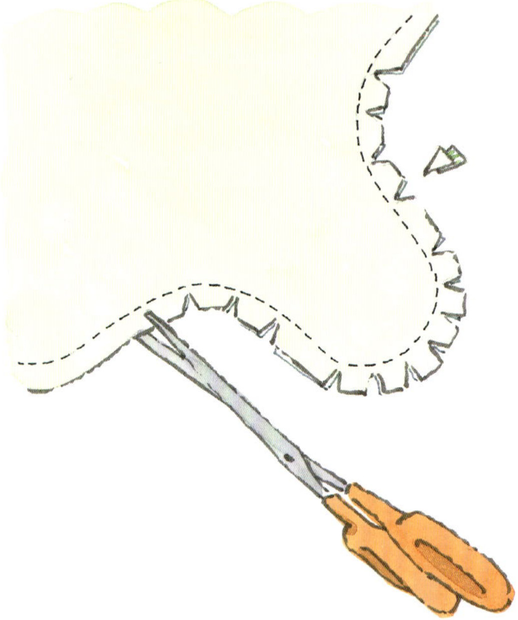

4 Den Reißverschluss öffnen. Ober- und Unterteile rechts auf rechts und bündig entlang der wellenförmigen Kante aufeinanderstecken und heften. Dann die Teile entlang der Kante mit 1,5 cm Nahtzugabe zusammensteppen. Die Heftnaht entfernen. Die Nahtzugaben entlang der Wellenlinie einknipsen (siehe S. 190). Den Bezug auf rechts wenden und die Nähte flach bügeln.

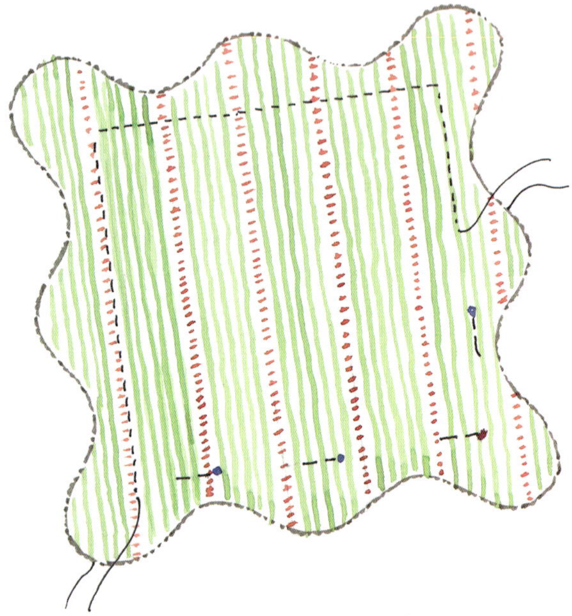

5 Messen Sie nun rundum jeweils an der äußersten Stelle einer Welle 7,5 cm nach innen ab. Die Stellen mit Stecknadelreihen markieren, sodass mittig ein Quadrat mit Seitenlängen von 36 cm entsteht. Diese Markierung durch beide Stofflagen heften und dann absteppen. Die Heftung entfernen.

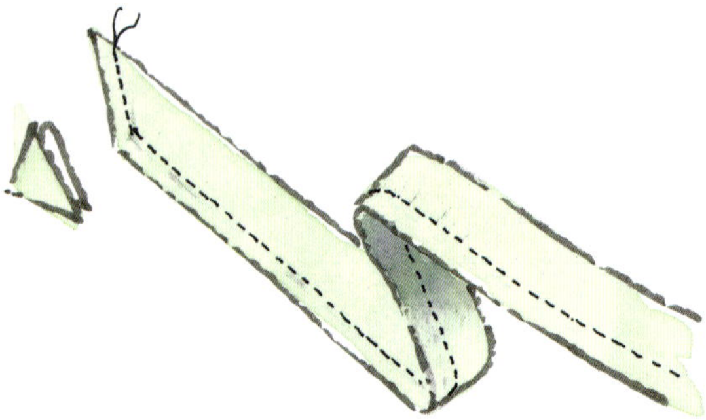

6 Aus dem kontrastierenden Stoff für die Schlaufen zwei Streifen à 9,5 x 76 cm zuschneiden. Die Streifen jeweils rechts auf rechts längs mittig falten. Die Enden vom Bruch zur offenen Kante hin diagonal schräg abschneiden. Die Schlaufen nun gemäß Methode 2 (siehe S. 203) nähen.

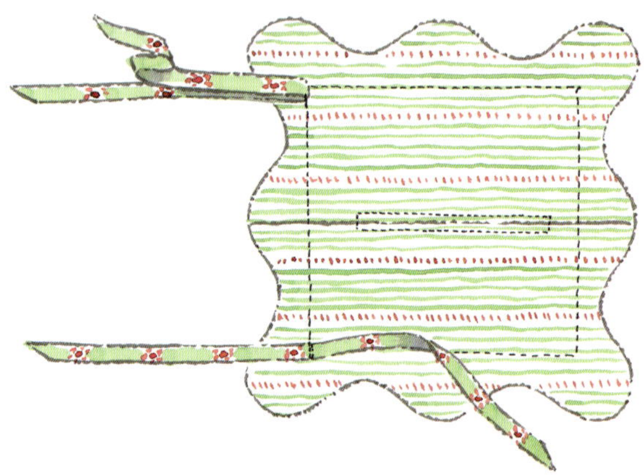

7 Den Bezug mit dem Unterteil nach oben auf die Sitzfläche legen. Entsprechend der Lehnenpositionen mit Stecknadeln an der hinteren Naht des inneren Quadrates den Sitz der Schlaufen markieren. Die Schlaufen aufeinanderfalten und die Mitte mit einer Stecknadel markieren. Die Schlaufen wieder auffalten und an den markierten Stellen auf dem Bezug feststecken. Mittig quer über jede Schlaufe steppen, durch alle Stofflagen hindurch; die Schlaufenkanten mit Rückstichen verriegeln. Zum Schluss das Inlett in den Bezug stecken.

Maßgeschneiderte Nackenrolle

Aus Französischem Matratzenstoff in zurückhaltenden Beige- und Weißtönen ist diese klassische, schlichte Nackenrolle genäht. Ich verwende sie, damit ich es in meinem Gartenstuhl aus Metall bequemer habe. Die Streifen verlaufen rundum und betonen die Form der Rolle, während die Enden einen geraden Kontrast bilden.

Sie brauchen

- Dekorationsstoff (z. B. French Ticking – Mushroom), Maße siehe unten
- Mitteldicke Kordel für den Keder, Maße siehe unten
- Nähgarn, farblich passend,
- Inlett
- Reißverschluss, Länge der Nackenrolle minus 10 cm
- Papier für Schnittmuster

Maßnehmen

- Die Länge, den Umfang und den Durchmesser der Rolle ausmessen.
- Gemäß Schritt 1 ein Schnittmuster anfertigen. Stoff für ein Basisteil und zwei Kopfteile berücksichtigen. Außerdem Stoff als Hülle für den Keder (siehe S. 194) einplanen.
- Für die Länge der Kordel zweimal den Umfang der Rolle plus 10 cm berechnen.

TIPP

Als Alternative für einen selbstgenähten Keder kann auch eine dekorative Vorhangkordel an die fertige Nackenrolle genäht werden.

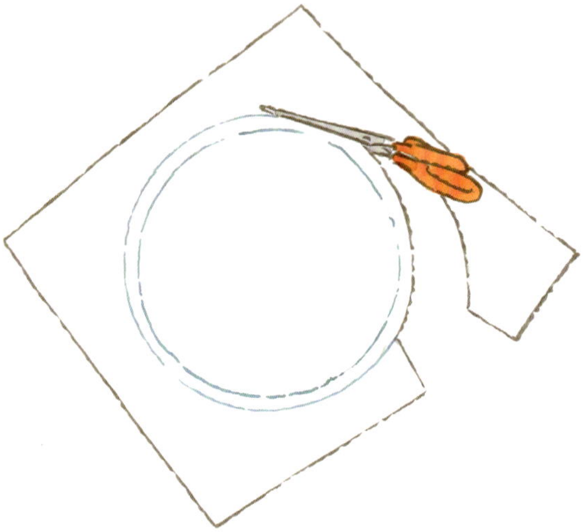

1 Auf Papier die Form für das Basisteil zeichnen: Die Breite dem Umfang und die Länge der Länge der Rolle entsprechend plus rundum 1,5 cm Nahtzugabe. Für die Kopfteile mithilfe eines Zirkels einen Kreis ziehen, dem Durchmesser der Rolle entsprechend, plus rundum 1,5 cm Nahtzugabe. Die Schnittmuster ausschneiden. Aus dem Stoff entsprechend ein Basisteil, zwei Kopfteile und Schrägstreifen für den Keder zuschneiden.

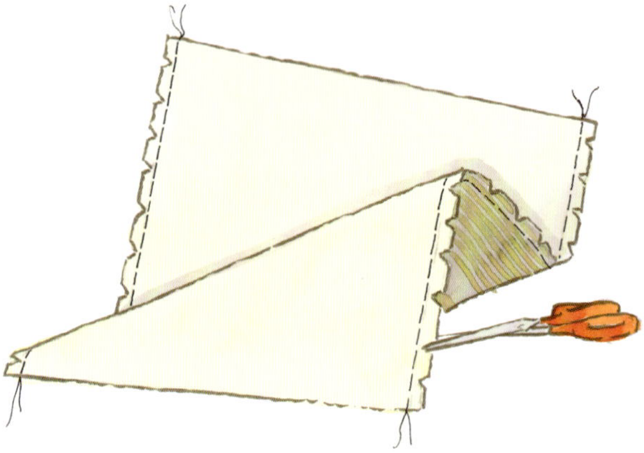

2 Eine Reihe Verstärkungsstiche (siehe S. 183) mit 1 cm Abstand entlang der Längskanten des Basisteils nähen und die Nahtzugabe in regelmäßigen Abständen nicht näher als 3 mm zur Naht einknipsen (siehe S. 190).

3 Das Basisteil mittig quer rechts auf rechts legen. Die Schmalseiten liegen bündig, sodass eine zylindrische Form entsteht. Stecken und heften Sie die Schmalkanten mit 1,5 cm Nahtzugabe zusammen.

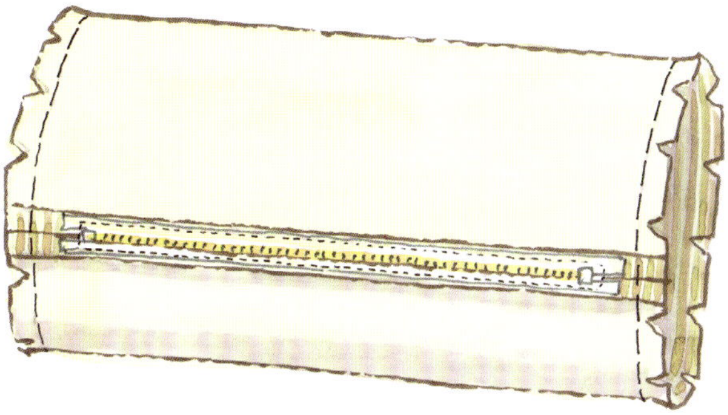

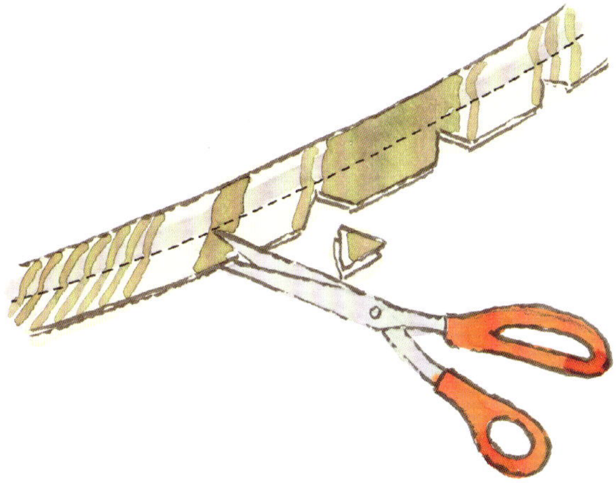

4 Die Heftnaht an jeder Seite 5 cm weit feststeppen, der Bereich dazwischen bleibt geheftet. Die Nahtzugaben auseinanderbügeln und dann den Reißverschluss (siehe S. 201) einnähen. Falls Sie damit wegen der zylindrischen Form Schwierigkeiten haben, setzen Sie die eine Naht so weit wie möglich von der Mitte weg, nehmen den Stoffzylinder aus der Maschine, drehen ihn um und nähen von der anderen Seite zur Mitte hin. Dann die Heftung entfernen.

5 Den Keder (siehe S. 196) nähen. Die Nahtzugabe in regelmäßigen Abständen einknipsen, aber nicht näher als 3 mm zur Naht. Dies sorgt für eine bessere Passform des Keders an den runden Kopfteilen.

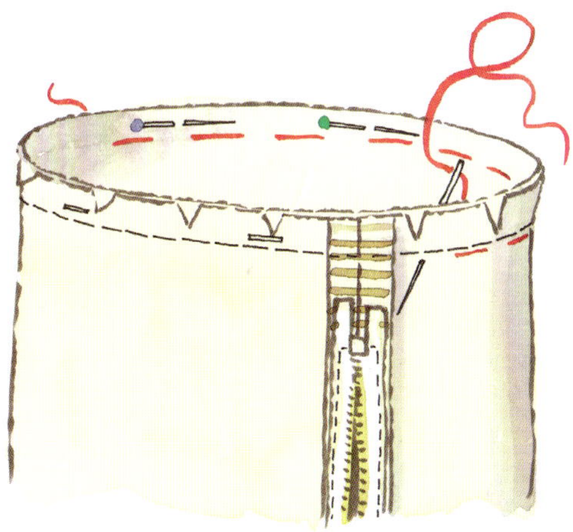

6 Den Keder in zwei gleich lange Stücke schneiden und diese jeweils auf die rechte Seite der runden Kopfteile stecken und heften. Die Enden des Keders zusammennähen und anschließend den Keder rundum aufsteppen (siehe S. 197).

7 Den Reißverschluss öffnen und die Kedernähte rechts auf rechts an die eingeknipsten Nähte des Basisteils stecken und heften. Mit einem Reißverschlussfuß und den Kedernähten nach oben zeigend die Teile so nah an den Kedern wie möglich zusammensteppen. Die Heftung entfernen, den Bezug auf rechts wenden, das Inlett durch die Öffnung stecken und den Reißverschluss schließen.

Kissen mit Kedernaht

Dieses klassische Kissen ist eine ideale Ergänzung in Ihrem Repertoire. Mit Kedernaht und Reißverschluss versehen, eignet sich diese Art von Kissen für jeden Stoff und für jedes Zimmer in Ihrem Zuhause. In diesem rustikalen Leinenstoff mit dem fantasivollen Feder-und Ei-Print ist es einer meiner Favoriten.

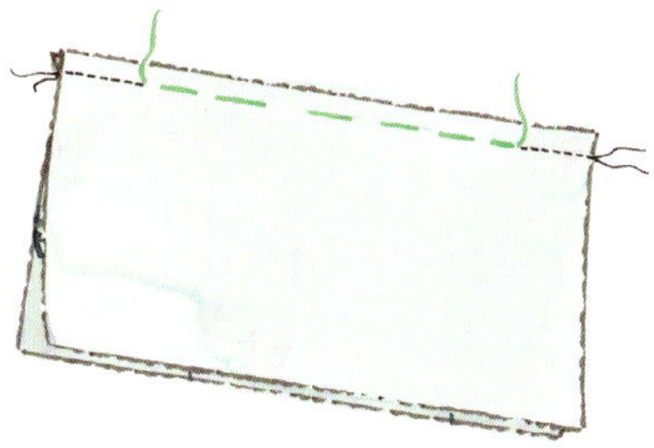

1 Aus dem Stoff das Oberteil, die zwei Unterteile sowie die Schrägstreifen für den Keder zuschneiden. Die zwei Unterteile an einer der Längskanten rechts auf rechts legen, stecken und mit 1,5 cm Nahtzugabe zusammenheften. Die Naht an jeder Seite 5 cm steppen, die Heftnaht dazwischen bleibt intakt. Die Nahtzugaben auseinanderbügeln, dann den Reißverschluss einnähen (siehe S. 201). Die Heftung entfernen.

2 Die Schrägstreifen in der benötigten Länge zusammennähen und die Kordel damit umhüllen (siehe S. 196). Den Keder rundum auf die rechte Seite des Oberteils stecken und heften, die Schnittkanten und die Keder-Nahtzugabe liegen jeweils bündig. An jeder Ecke schneiden Sie die Keder-Nahtzugabe rechtwinklig ein; so passt er sich der Rundung an. Die Enden des Keders zusammennähen, dann das Ganze rundherum feststeppen (siehe S. 197).

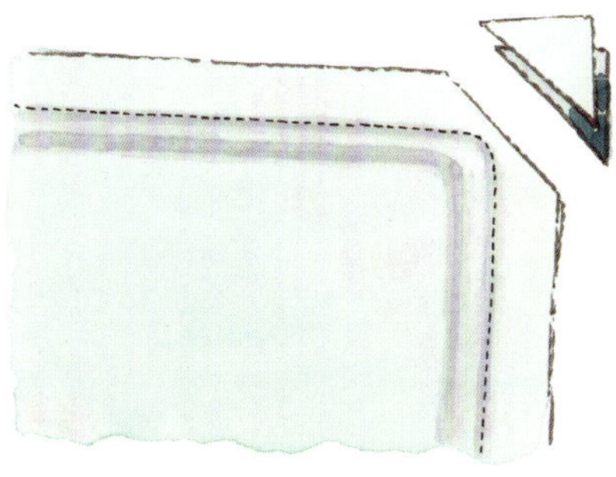

3 Ober- und Unterteil rechts auf rechts zusammenstecken. Der Keder liegt dazwischen. Den Reißverschluss öffnen, dann eine 1,5 cm breite Naht an allen vier Kanten entlang heften. Mit einem Reißverschlussfuß, das Oberteil oben liegend, Ober- und Unterteil zusammensteppen. Die Heftung entfernen, die Nahtzugaben an den Ecken abschrägen und den Bezug auf rechts wenden. Das Inlett durch die Öffnung stecken, den Reißverschluss schließen.

Sie brauchen

- Dekorationsstoff (z. B. Feather and Egg – Duck Egg and Denim), Maße siehe unten
- Mitteldicke Kordel für den Keder, Maße siehe unten
- Nähgarn, farblich passend
- Inlett, quadratisch oder rechteckig
- Reißverschluss, Breite des Inletts minus 10 cm

Maßnehmen

- Breite und Länge des Inletts ausmessen.
- Der Stoff für das Oberteil hat die Seitenmaße des Inletts plus 1,5 cm Nahtzugabe rundum.
- Der Stoff für das Unterteil hat die Maße des Inletts, wird aber in zwei Hälften geteilt, außerdem 1,5 cm Nahtzugabe je Hälfte dazugeben.
- Für die Kordel die Summe der Seitenlängen des Kissens plus 10 cm einplanen.
- Für die Stoffhülle der Kordel den Umfang der Kordel plus 3 cm Nahtzugabe berücksichtigen. Der Kordellänge entsprechend ausreichend Schrägstreifen zuschneiden.

Kissen aus drei Stoffbahnen

Stoffreste sollten Sie nicht wegwerfen, denn aus ihnen lassen sich hübsche Kissenbezüge nähen. Es kann ein origineller Blickfang sein, wenn sich Stoffe, die irgendwo im Raum schon einmal verwendet wurden, in einem Kissen für Bett, Sofa oder Sessel wiederholen. Hier sind frische Farben von Gelb, hellen Blautönen und Beige miteinander kombiniert. Der Keder wurde aus einem kleingemusterten Stoff optisch nochmals extra abgesetzt und bildet ein pfiffiges Detail.

Sie brauchen

- Dekorationsstoffe in vier abgestimmten Designs (z. B. Four Season – Speedwell, Denim and Straw; Wild Rose – Buttercup, Clay and Charcoal; Up in the Air – Duck Egg, Speedwell and Cornflower; Little Leaf – Forget-me-not and Denim), Maße siehe unten
- Nähgarn, farblich passend
- Inlett, 50 x 30 cm
- Reißverschluss, 20 cm
- Mitteldicke Kordel für den Keder, 1,80 m

Maßnehmen

- Vom ersten Stoff das mittlere Oberteil 33 cm lang und 23 cm breit.
- Vom zweiten und dritten Stoff zwei seitliche Oberteile je 33 cm lang und 18,5 cm breit.
- Vom vierten Stoff zwei Unterteile je 33 cm lang und 28,5 cm breit. Zwei Schrägstreifen je 33 cm lang und 4,5 cm breit. Genügend Schrägstreifen für die Hülle der Kordel (siehe S. 194).

TIPP

Die Bahnen auf dem Oberteil werden mit schmalen Streifen voneinander abgesetzt, die gefaltet und zwischen die Säume genäht wurden. Wünschen Sie es etwas einfacher, nähen Sie die Bahnen ohne die Streifen aneinander und verzichten Sie auf den Keder.

1 Die Stoffe entsprechend für Ober- und Unterteile zuschneiden, außerdem zwei Schrägstreifen als Absetzung zwischen den Oberteilen und weitere für die Kordelumhüllung des umlaufenden Keders. Die zwei Absetzungsstreifen jeweils mittig längs falten und den Bruch bügeln. Die Streifen mit den Schnittkanten außen bündig an die Längskanten des mittleren Oberteils stecken und heften.

2 Ein seitliches Oberteil mit der Längskante rechts auf rechts an eine Längskante des mittleren Oberteils legen. Der gefaltete Schrägstreifen liegt dazwischen. Die Lagen mit 1,5 cm Nahtzugabe zusammensteppen. Für das zweite Seitenteil auf der anderen Seite genauso verfahren. Die Nahtzugaben Richtung Kissenbezugmitte bügeln und alle Heftungen entfernen.

3 Die Kordel mit den Schrägstreifen umhüllen und den Keder an den Außenkanten des Oberteils aufsteppen (siehe S. 196–197).

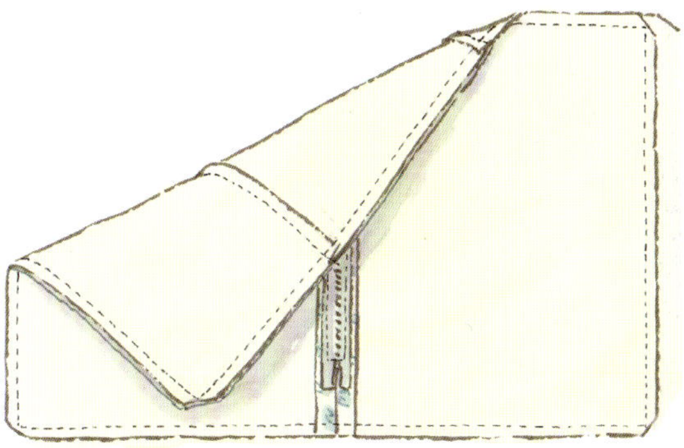

4 Die zwei Unterteile rechts auf rechts an einer Längskante entlang stecken und mit 1,5 cm Nahtzugabe zusammenheften. Die Naht an jeder Seite 5 cm feststeppen, die Heftnaht dazwischen bleibt intakt. Die Nahtzugaben auseinanderbügeln und dann den Reißverschluss einnähen (siehe S. 201). Die Heftung entfernen und das Kissen, wie beim Kissen mit Keder, Schritt 3, beschrieben, fertigstellen.

Kissen mit Plisseefalten

Dies ist ein maßgeschneidertes Kissen, das einfacher zu nähen ist, als es aussieht. Die Grundform des Bezugs ist mit hellem, paisleygemusterten Stoff genäht, ein einfaches Rechteck mit einem eingearbeiteten Reißverschluss auf der Rückseite. Das spezielle Detail sind die Plisseefalten an den Seiten aus einer farblich passenden Kontrastborte. Das ist ein perfektes Kissen für einen modernen Armlehnstuhl wie meinen Ohrensessel.

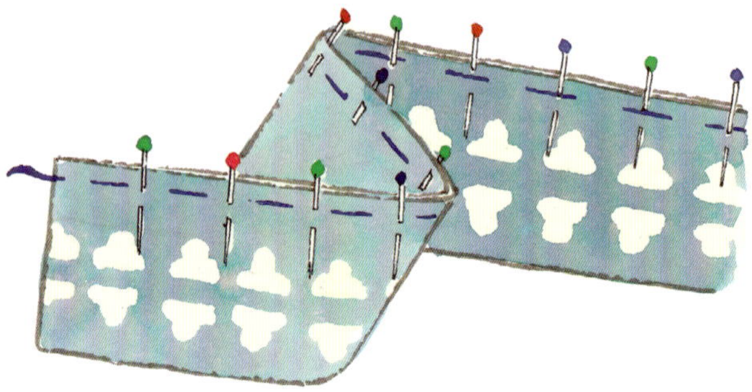

1 Die Stoffe für die Kissenteile und die Plisseefalten zuschneiden. Die Streifen für die Plisseefalten jeweils mittig längs rechts auf rechts falten. Die kurzen Seiten mit 1,5 cm Nahtzugabe zusammenstecken und steppen. Die Streifen auf rechts wenden und die Ecken vorsichtig herausdrücken. Die offenen Kanten bündig legen und heften. Markieren Sie nun die Streifen an der Heftnaht in 2,5 cm breiten Abständen mit Stecknadeln.

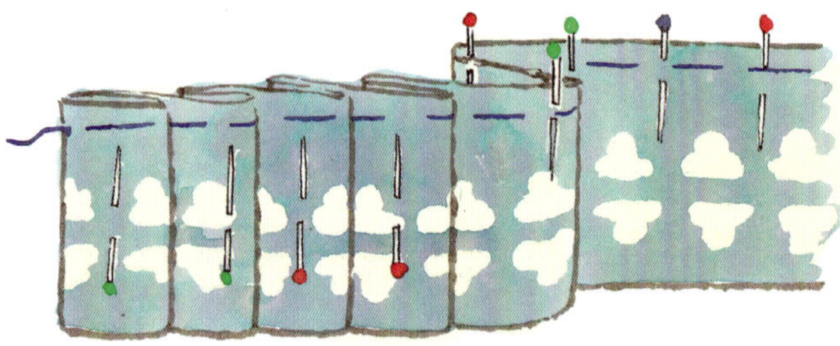

2 Legen Sie die Streifen in Falten, indem Sie die erste Stecknadel mit der dritten auf eine Linie bringen. Die zweite Stecknadel liegt dabei in der Falte dazwischen. Die vierte Nadel auf eine Linie mit der sechsten stecken. Die fünfte Stecknadel liegt in Falte dazwischen. So fortfahren bis zwölf Falten abgesteckt sind. Der fertig gesteckte Streifen ist 30 cm lang. Die Falten mit Heftstichen fixieren und flach bügeln.

Sie brauchen

- Dekorationsstoff (z. B. Life and Eternity Detail – Teal), Maße siehe unten
- Kontrastierenden Dekorationsstoff (z. B. Simple Ticking Ground – Teal), Maße siehe unten
- Nähgarn, farblich passend
- Inlett, rechteckig, 50 x 30 cm
- Reißverschluss, 20 cm

Maßnehmen

- Für den Dekorationsstoff ein Oberteil, 54 x 33 cm, und zwei Unterteile, je 33 x 28,5 cm, ausmessen.
- Für die zwei Plisseefalten-Borten aus kontrastierendem Dekorationsstoff 93 x 11 cm einplanen.

TIPP

Dieses Kissen können Sie in vielen Variationen nähen, sodass es einen ganz anderen Stil bekommt. Kräuseln Sie z. B. die Falten anstatt sie zu plätten, wenn Sie eher den Country Style mögen. Eine fertige Perlenborte erzeugt einen leicht exotischen Look. Oder Sie verwenden ein Ripsband für einen rustikaleren Effekt.

3 Die Falten-Borten bündig mit den Schnittkanten rechts auf rechts jeweils an eine kurze Seite des Oberteils stecken und heften, genau mittig zwischen oberen und unteren Rand.

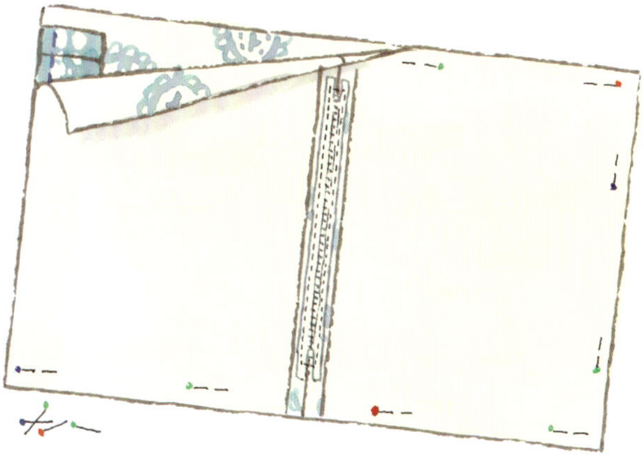

4 Die beiden Unterteile an einer der Längsseiten rechts auf rechts stecken und mit 1,5 cm Nahtzugabe zusammenheften. Die Naht an jeder Seite 5 cm steppen, die Heftnaht dazwischen bleibt intakt. Die Nahtzugaben auseinanderbügeln und dann den Reißverschluss einnähen (siehe S. 201). Alle Heftungen entfernen. Das Kissen, wie beim Kissen mit Keder, Schritt 3, beschrieben, fertigstellen. Achten Sie darauf, die Kanten der Plisseefalten an den Kissenlängsseiten nicht versehentlich mitzufassen.

Kissen mit Knopfleiste

Kissen und Polster haben die unterschiedlichsten Formen und Formate und lassen sich mit Reißverschlüssen, Schlaufen oder Knöpfen schließen. Sie sind so einfach zu nähen, dass man gleich ein ganzes Set fertigen möchte, um sie in Gruppen auf einem Sofa, einem Bett oder in einer Fensterbank zu arrangieren. Spielen Sie mit Farben und Mustern! Die Designs meiner Kollektionen sind darauf abgestimmt, dass sie sich prima untereinander kombinieren lassen. Dieses geknöpfte Kissen ist aus dem Stoff »Simple Spot« in Olivegrün und Pink genäht, ein Stoff, der hervorragend zu meinen anderen Streifen- und Punktedesigns passt.

Sie brauchen

- Dekorationsstoff (z. B. Simple Spot – Olive and Sea Pink), Maße siehe unten
- Nähgarn, farblich passend
- Inlett
- Knöpfe, 2,5 cm

Maßnehmen

- Für das Hauptteil die doppelte Länge des Inletts plus 10,5 cm, bei der Breite des Inletts plus 2,5 cm berechnen.
- Für den Besatz die gleiche Breite wie für das Hauptteil berechnen, bei 5 cm Länge.
- Für die Knopfschlaufen einen Streifen in den Maßen 30,5 x 4 cm einplanen.

1 Das Hauptteil, den Besatz und den Streifen für die Knopfschlaufen zuschneiden. Eine kurze Kante des Hauptteils im Zickzackstich versäubern, o. a. mit der Overlockmaschine. Den Saum 1,2 cm breit nach links umbügeln und dicht an der versäuberten Kante feststeppen.

2 Den Streifen für die Knopfschlaufen nach Methode 1 (siehe S. 202) nähen, jedoch ohne die Enden zu versäubern, und in drei gleich lange Stücke schneiden. An der kurzen unversäuberten Kante des Hauptteils auf der rechten Stoffseite die Positionen für die Knopfschlaufen mit Stecknadeln markieren: Eine Schlaufe kommt mittig, die anderen beiden sitzen jeweils im Abstand von 10 cm. Die Schlaufen zur Hälfte falten und mit den unversäuberten Enden bündig an den Markierungen auf die rechte Stoffseite des Hauptteils stecken und heften.

3 Eine Längskante des Besatzes im Zickzackstich versäubern, o. a. mit der Overlockmaschine. Die andere Längskante des Besatzes rechts auf rechts auf die mit den Schlaufen bestückte kurze Kante des Hauptteils stecken. Die Schlaufen liegen dazwischen. Die Lagen mit 1,2 cm Nahtzugabe zusammensteppen. Bei den Schlaufen mehrmals hin und zurück nähen, um sie fest zu fixieren. Die Heftung entfernen und die Naht zum Besatz hin bügeln.

4 Den Besatz zur linken Seite des Hauptteils umfalten, sodass die Naht die Kante bildet. Die Naht schön flach bügeln, die Schlaufen weisen von ihr weg. Nun den Besatz auf dem Oberteil feststecken, heften und mit 2,5 cm Abstand von der Nahtkante feststeppen. Die Heftungen entfernen.

5 Das Hauptteil mit der rechten Seite nach oben ausbreiten. Die Kante mit den Schlaufen und dem Besatz rechts auf rechts 8 cm weit umfalten und die Lagen dieses kurzen Stücks entlang der Längskanten heften.

6 Nun die gesäumte kurze Kante des Hauptteils bündig mit der Bruchkante des Besatzes rechts auf rechts legen (der Besatz mit den Schlaufen ist bedeckt). Die Längskanten stecken, heften und mit 1,2 cm Nahtzugabe zusammensteppen. Alle Heftungen entfernen.

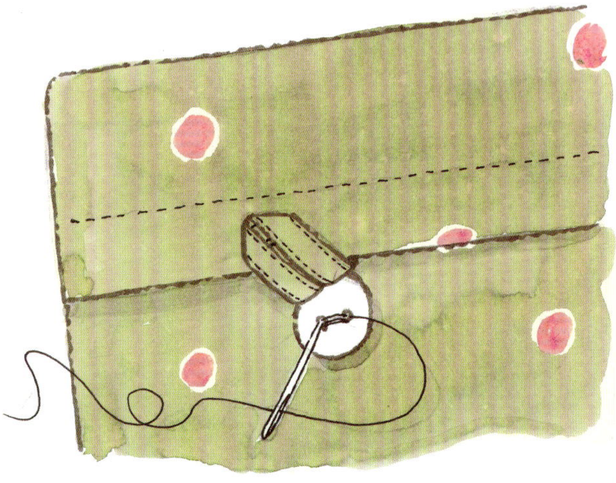

7 Wenden Sie den Bezug auf rechts, und nähen Sie die Knöpfe per Hand vorne auf den Bezug, den Positionen der Schlaufen entsprechend. Das Kissen unter der Besatzklappe in den Bezug stecken und ihn mit den Knöpfen schließen.

Als Variante zu den selbst genähten Schlaufen bieten sich kurze Kordeln oder Bänder an. Diese können dann farblich passend abgestimmt oder auch kontrastierend gewählt werden, um einen zusätzlichen Effekt zu erzielen.

Kissenhülle mit Schlaufen

Es hat mir sehr viel Freude bereitet, die Federn zu zeichnen, die ich beim Sammeln der Eier fand. Die Motive und Muster sind so graphisch und eignen sich hervorragend, um Prints zu entwerfen. Das Stoffdesign »Feather and Egg« sieht in allen Farben gut aus, aber in Himbeerrot wirkt es besonders kräftig und lebhaft.

Sie brauchen

- Dekorationsstoff (z. B. Feather and Egg – Raspberry), Maße siehe unten
- Nähgarn, farblich passend
- Inlett, quadratisch oder rechteckig

Maßnehmen

- Länge und Breite des Inletts ausmessen.
- Für das Oberteil zwei Teile Stoff, jeweils in der Länge des Inletts plus 3 cm, bei der halben Breite plus 9 cm berechnen.
- Für das Unterteil ein Stoffteil in der Größe des Inletts plus 1,5 cm Nahtzugabe rundum einplanen.
- Für die vier Schlaufen jeweils mit den Maßen 4 x 35,5 cm zuschneiden.

TIPP

Es ist wichtig, dass Sie auf den Musterrapport des Stoffs achten, wenn Sie die beiden Teile für die Vorderseite ausschneiden. Diese überlappen einander, berücksichtigen Sie dies also entsprechend. Daher ist es auch ratsam, zuerst das überlappende Teil auszuschneiden und dies über den Stoff zu legen, bevor Sie den zweiten Teil zuschneiden. Vergessen Sie außerdem nicht, dass die Öffnung gesäumt wird. Der Stoff hier eignet sich aufgrund der Abstände im Muster sehr gut für dieses Kissen.

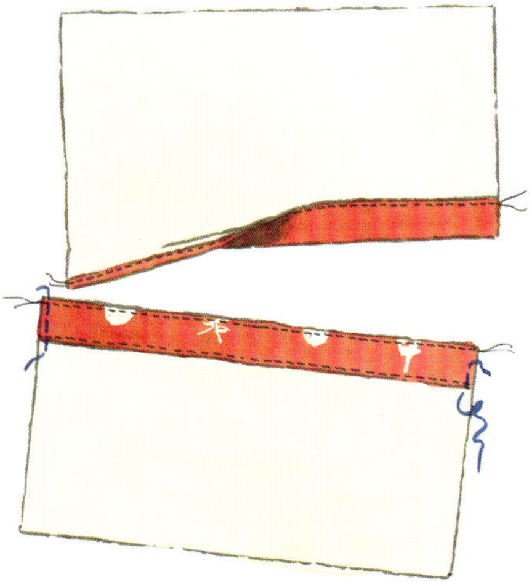

1 Die zwei Frontteile und das Rückteil sowie vier Streifen für die Schlaufen zuschneiden. An der unteren Längsseite eines der Frontteile und an der oberen Längsseite des anderen Frontteils einen einfachen 1,5 cm breiten Saum umbügeln und feststeppen. Den Saum nun nochmals 4 cm nach links umbügeln, sodass eine Blende entsteht. Die kurzen Kanten jeder Blende mit Heftstichen fixieren, dann die langen Kanten jeweils knappkantig entlang des Bügelbruchs absteppen.

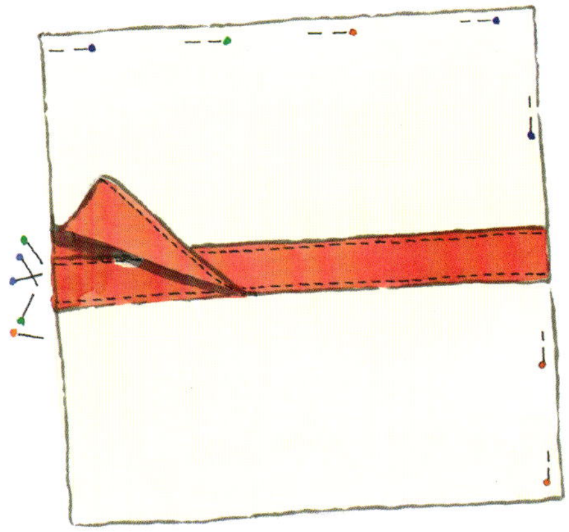

2 Das Rückteil und ein Frontteil mit den Seitenkanten bündig rechts auf rechts legen. Das andere Frontteil ebenso positionieren, sodass seine Blende über die des ersten Frontteils reicht. Die Lagen entlang der Außenkanten feststecken und mit 1,5 cm Nahtzugabe zusammensteppen. Die Ecken der Nahtzugabe abschrägen und die Heftungen entfernen. Den Bezug auf rechts wenden und bügeln.

3 Vier Schlaufen nach Methode 1 (siehe S. 202) anfertigen. Den Bezug flach ausbreiten und mit Stecknadeln den Rand der oberen Blende auf der darunter liegenden Blende markieren. Außerdem die Positionen der Schlaufen auf der oberen Blende und entsprechend die Positionen der Schlaufen auf der unteren Blende kennzeichnen, beidseitig rund ein Viertel der gesamten Breite der Blende von der Seitenkante entfernt.

4 Die Schlaufen den Markierungen entsprechend an die Unterseite der oberen Blende und an die Oberseite der unteren Blende stecken, sodass sie gerade an den Kanten sitzen. Dann alle vier per Hand festnähen, wie in der Abbildung zu sehen. Das Inlett in den Bezug stecken und die Schlaufen zu Schleifen binden.

Sitzkissen mit Kedernaht

Unser Haus hat dicke Steinmauern, die genügend Tiefe für eine Fensterbank bieten. Das eckige rotkarierte Sitzkissen macht die Fensterbank zu einem bequemen Sitzplatz. Der Bezug hat einen Reißverschluss, sodass man die Kissenhülle zum Waschen einfach abziehen kann. Pumpkin und Pickle, unsere Katzen, lieben diesen Platz.

Sie brauchen

- Dekorationsstoff (z. B. Plain Check – Damson), Maße siehe unten
- Mitteldicke Kordel für den Keder, Maße siehe unten
- Nähgarn, farblich passend
- Inlett
- Reißverschluss, 7,5 cm kürzer als der hintere Steg, Längenmaße für den Steg siehe unten
- Papier für Schnittmuster

Maßnehmen

- Länge, Breite und Höhe des Inletts ausmessen.
- Auf ein Papier die Umrisse der Ober- und Unterseite des Inletts plus rundum 1,5 cm Nahtzugabe zeichnen und das Schnittmuster ausschneiden.
- Für die Seitenstreifen bzw. Stege das Schnittmuster für die Höhe des Inletts entsprechend zeichnen, bei der Summe der Länge des vorderen Stegs und der seitlichen Stege des Inletts, minus 15 cm. Rundum für den Streifen 1,5 cm Nahtzugabe dazugeben und dann das Schnittmuster ausschneiden.
- Für den hinteren Steg einen Streifen aufzeichnen, der die Hälfte der Höhe des Inletts, bei der Breite bzw. Länge des hinteren Stegs beträgt. 15 cm zur Länge dazuaddieren (um den Steg über die hinteren Ecken führen zu können). Außerdem rundum für den Streifen 1,5 cm Nahtzugabe dazugeben und dann das Schnittmuster ausschneiden.
- Für die Länge der Kordel zweimal die Summe der Seitenlängen rundum berechnen (für oben und unten), plus 10 cm.
- Für die Stoffhülle des Keders als Breite den Umfang der Kordel ermitteln, plus 3 cm Nahtzugabe. Zusätzlich genügend Schrägstreifen für die benötigte Länge einplanen.

1 Anhand der Schnittmuster den Stoff zuschneiden: ein Oberteil, ein Unterteil, einen Front- und Seitensteg und zwei hintere Stege, außerdem die Schrägstreifen für die Umhüllung der Kordel (siehe S. 194). Die beiden hinteren Stege längs rechts auf rechts legen und bei 1,5 cm Nahtzugabe stecken und entlang einer Längskante zusammenheften. Die Naht an jeder Seite 4 cm feststeppen, die Heftnaht dazwischen bleibt intakt. Die Nahtzugaben auseinanderbügeln und dann den Reißverschluss einnähen (siehe S. 201). Die Heftung entfernen.

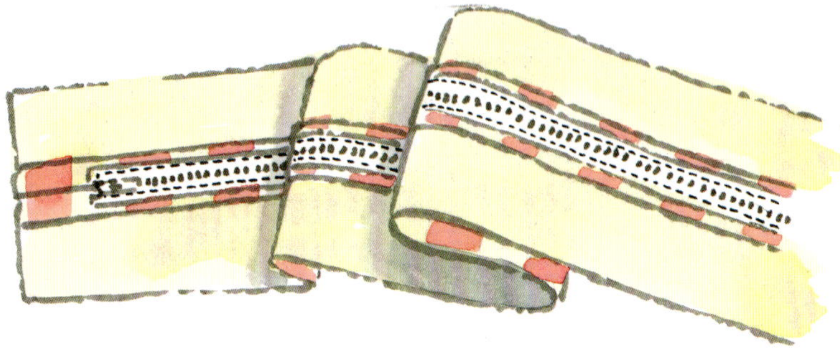

2 Die kurzen Seiten des hinteren Stegs rechts auf rechts auf die kurzen Seiten des Front- und Seitenstegs stecken und bei 1,5 cm Nahtzugabe zusammenheften. Überprüfen Sie die Länge, indem Sie die aneinandergehefteten Stege um das Inlett legen. Ggf. die Länge anpassen, dann alle Nähte steppen.

3 Eine Durchschlagschlaufe (siehe S. 187) jeweils vorne und hinten in der Mitte der aneinandergenähten Stege arbeiten. Die Stellen entsprechend an der Außen- und Innenseite in der Mitte des Ober- und Unterteils markieren.

4 Die Schrägstreifen bis zur benötigten Länge aneinandernähen und um die Kordeln nähen (siehe S. 196). Die zwei Keder rundum jeweils auf die rechte Seite des Ober- und Unterteils stecken und heften, die offenen Kanten liegen bündig. An den Ecken die Nahtzugaben der Keder rechtwinklig einschneiden. Dadurch legen sie sich besser um die Ecken. Die Enden der Keder zusammennähen. Dann alles rundum so knappkantig wie möglich an der Kordel entlang aufsteppen (siehe S. 197).

5 Eine Längskante des Stegs rechts auf rechts bündig um das mit dem Keder eingefasste Oberteil stecken und heften, dabei an den Durchschlagschlaufen ausrichten, und den Steg an den Ecken der Nahtzugabe einschneiden. Mit dem Oberteil oben liegend die Teile mit einem Reißverschlussfuß möglichst dicht am Keder entlang zusammensteppen.

6 Öffnen Sie nun den Reißverschluss und stecken, heften und nähen Sie das Unterteil an die noch offene Seitenkante des Stegs, wie in Schritt 5 beschrieben. Anschließend alle Heftnähte entfernen. Den Bezug wenden, das Inlett hineinstecken und den Reißverschluss wieder schließen.

Nackenrolle mit Knöpfen

Die Raffungen an den beiden Enden dieser Nackenrolle werden von einem stoffbezogenen Knopf gehalten und mit Kedern eingefasst. Der Stoff wurde passend zum Sofa ausgewählt.

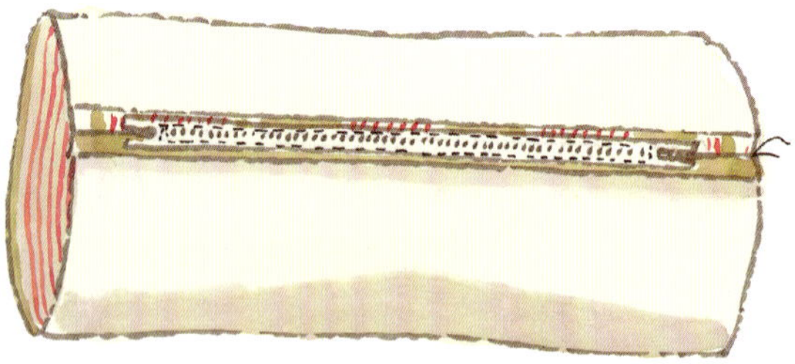

1 Das Schnittmuster der Länge und dem Umfang der Nackenrolle entsprechend zeichnen. Rundum 1,5 cm Nahtzugabe dazugeben. Für die Kopfteile ein Rechteck zeichnen, dessen Länge dem Umfang und dessen Breite dem halben Durchmesser der Rolle entspricht; rundum ebenfalls 1,5 cm Nahtzugabe dazugeben. Die zwei Schnittmuster ausschneiden und damit ein Basisteil und zwei Kopfteile aus Stoff zuschneiden. Das Basisteil mittig längs rechts auf rechts falten. Die Längskanten stecken und mit 1,5 cm Nahtzugabe zusammenheften Die Heftnaht an jeder Seite 6,5 cm feststeppen. Dazwischen bleibt die Heftnaht intakt. Die Nahtzugaben auseinanderbügeln, dann den Reißverschluss (siehe S. 201) einnähen. Die Heftung entfernen.

2 Eine der Längskanten eines Kopfteils im Zickzackstich versäubern, o. a. mit einer Overlockmaschine. Das Teil mittig rechts auf rechts legen, mit den kurzen Kanten bündig. Stecken, heften und mit 1,5 cm Nahtzugabe zusammensteppen, die Naht 3,5 cm von der versäuberten Kante entfernt beginnen. Die Nahtzugabe auseinanderbügeln und anschließend die andere Längskante 1,5 cm breit nach links umbügeln. Gehen Sie mit dem zweiten Kopfteil ebenso vor.

Sie brauchen

- Dekorationsstoff (z. B. French Ticking – Rabbit and Damson), Maße siehe unten
- Mitteldicke Kordel für den Keder, Maße siehe unten
- Nähgarn, farblich passend
- Inlett
- Reißverschluss, Länge der Nackenrolle minus 10 cm
- Schmales Baumwollband, 30 cm
- Knöpfe zum Beziehen, 2,5 cm
- Papier für Schnittmuster
- Polster- oder Bogennadel

Maßnehmen

- Länge, Umfang und Durchmesser der Rolle ausmessen.
- Gemäß Schritt 1 ein Schnittmuster anfertigen. Stoff für ein Basisteil und zwei Kopfteile berücksichtigen.
- Für die Kordel zweimal den Umfang der Rolle plus 10 cm berechnen.
- Für die Stoffhülle des Keders den Umfang der Kordel plus 3 cm Nahtzugabe einplanen. Die Länge der Schrägstreifen richtet sich nach der Länge der Kordel (siehe S. 194).
- Für den Bezug der zwei Knöpfe Reste des Dekorationsstoffs verwenden.

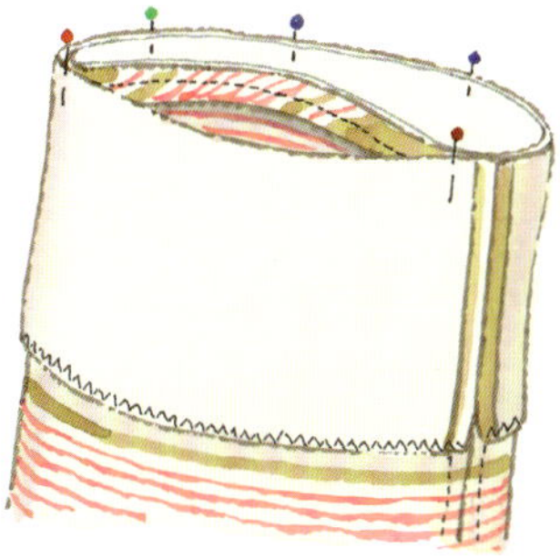

3 Die Schrägstreifen zuschneiden und beide Keder nähen (siehe S. 196). Die Keder jeweils rechts auf rechts an die Enden des Basisteils stecken und heften. Ein Kopfteil seitlich an das Basisteil setzen: rechts auf rechts, die offenen Kanten und Nähte bündig. Die Teile mit einem Reißverschlussfuß bei 1,5 cm Nahtzugabe möglichst dicht am Keder entlang zusammensteppen. An der anderen Seite mit dem zweiten Kopfteil wiederholen.

4 An den fertig angenähten Kopfteilen jeweils einen 2 cm breiten Saum nach links umbügeln und feststeppen, sodass ein Durchzug entsteht. Das Inlett in den Bezug schieben und bündig mit den Kedern abschließen lassen. Das Baumwollband halbieren und mit einer Nadel jeweils durch die Saumdurchzüge fädeln.

5 Die Bänder vorsichtig anziehen, um die Rollenenden zu raffen, verknoten und die Enden einkürzen. Die Bandreste dann nach innen schieben und so verstecken. Die Knöpfe gemäß Herstelleranweisung mit Stoff beziehen und mittig auf das geraffte Kopfende nähen.

Kapitel 4

Bezüge

Bezug für gepolsterten Esszimmerstuhl

Mit solch einem Bezug wirkt ein alter Esszimmerstuhl sofort wie neu. Er ist aus robustem, orangefarbenem Leinenstoff mit Blätterranken-Print genäht und passt exakt über die Polsterung des Stuhls. Ich fand den Stuhl in einem Laden und gab ihm einen blauen Anstrich, der wunderbar mit dem Orange harmoniert.

1 Das Schnittmuster aus Nesselstoff entspricht der Hälfte eines Bezugs. Für die Sitzfläche mit Stecknadeln zuerst eine Linie von der hinteren zur vorderen Mitte des Polsters markieren. Dann entlang dieser Linie die Distanz zwischen der unteren Kante vorne bis zur unteren Kante hinten plus 15 cm abmessen. Die Breite messen Sie von der Linie zur unteren Kante an einer der Seiten. Für die Schürze aus dem Nesselstoff ein Schnittmuster zuschneiden, das die gewünschte Tiefe (ab 15 cm bis Bodenlänge) hat, bei einer Länge, die dem Seitenumfang von der markierten vorderen Mitte zur hinteren Mitte plus 12,5 cm entspricht. Das Schnittmuster längs über eine Hälfte des Sitzes legen. Der übrige Stoff hängt hinten herunter. Den Nesselstoff vorne und seitlich an das Polster stecken, rundum (abgesehen von der Mittellinie) mit 1,5 cm Nahtzugabe. Polsternägel o. Ä. rechtwinklig in das Polster stecken. Ggf. um die Rückenlehne schneiden. An der vorderen Ecke einen Abnäher (siehe S. 197) abstecken.

2 An der Front und an den Seiten der Sitzfläche (jedoch nicht auf der Rückseite) rund 5 cm unterhalb der Oberseite mit Stecknadeln die Naht für die Schürze markieren. Den überstehenden Nesselstoff, mit 1,5 cm Nahtzugabe, unterhalb der Linie abschneiden. Auf der Rückseite den Nesselstoff um die Rückenlehne herum abschneiden, dabei wieder 1,5 cm Nahtzugabe an allen Kanten berücksichtigen (außer bei der hinteren Mittellinie).

Sie brauchen

- Dekorationsstoff (z. B. Up in the Garden – Pumpkin), Maße siehe unten
- Nähgarn, farblich passend
- Rest Baumwollband
- Klettband
- Nesselstoff und Papier für Schnittmuster
- Polsternägel (optional)
- Stift

Maßnehmen

- Die Schnittmuster anfertigen (siehe Schritt 1) und den Stoff für eine Sitzfläche und eine Schürze jeweils doppelt gemäß Vorlage berechnen.
- Außerdem für die Schlaufen vier Stoffstreifen, 4 x 35 cm, zuschneiden.

3 Das Schnittmuster der Schürze entlang der markierten Linie mit 1,5 Nahtzugabe an die Front-und Seitenkanten des Schnittmusters für den Sitz stecken. Die hinteren Überlängen der Schürze werden nicht festgesteckt, treffen aber in der hinteren Mitte zusammen und überlappen sich 5 cm. Die Länge des hinteren Sitzes so anpassen, dass die untere Kante auf gleicher Linie mit der Schürze liegt, auch hier 1,5 cm Nahtzugabe berücksichtigen. Schließlich mit einem Stift die Linien für Nähte und Abnäher auf den Nesselstoff zeichnen. Die Stecknadeln lösen und den Schnitt entlang der gezeichneten Linien ausschneiden. Die Schnittmusterteile glatt bügeln und die Konturen mit 1,5 cm Nahtzugabe (außer bei der Mittellinie) gerade auf Papier übertragen.

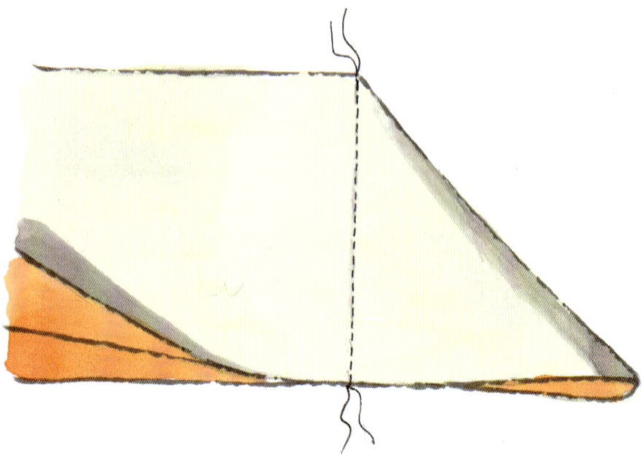

4 Den Dekorationsstoff mittig rechts auf rechts falten und die Mittellinie beider Schnittmusterteile exakt am Bruch platzieren. Ein Teil für den Sitz und ein Teil für die Schürze zuschneiden. Ggf. mehrere Stoffbahnen aneinandernähen (siehe S. 188), um die nötige Länge der Schürze zu erhalten. Die Markierungen für die Abnäher vorn auf den Stoff übertragen, stecken und absteppen (siehe S. 197).

5 An den eckigen Aussparungen auf der Rückseite des Sitzes Verstärkungsstiche nähen (siehe S. 183), mit 1,5 cm Abstand zur Schnittkante, jede Seite der Ecke 3 cm weit. Die Nahtzugabe der Ecke schräg einschneiden. Entlang der geraden hinteren Kante und an den Eckenaussparungen einen 7 mm breiten doppelten Saum nach links umbügeln. Stecken und feststeppen. Ein Stück Baumwollband auf die linke Seite der Eckenaussparung stecken. Die offenen Kanten verdecken, indem das Band im rechten Winkel gefaltet wird. Legen Sie die offenen Kanten um und steppen Sie das Band rundherum ab.

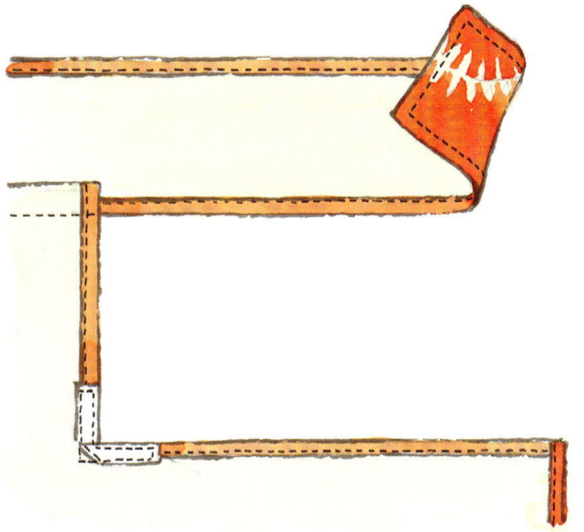

6 Die Teile von Sitz und Schürze rechts auf rechts legen, ausgerichtet an der vorderen Mitte. Den oberen Rand der Schürze um die unteren Vorder- und Seitenkanten des Sitzes stecken. Auf der Rückseite sollte die Schürze beidseitig gleich lang über die Eckenaussparungen reichen. Mit 1,5 cm Nahtzugabe zusammennähen. Die gerundete Nahtzugabe an den vorderen Ecken einknipsen. Außerdem die Nahtzugabe der Schürze am Anfang und Ende der Schürzennaht einknipsen, dort wo die Überlängen der hinteren Schürze beginnen. Dann einen 7 mm breiten doppelten Saum nach links umbügeln, entlang des oberen Randes der hinteren Überlängen der Schürze, an den kurzen Seiten hinunter und am unteren Rand. Stecken und feststeppen.

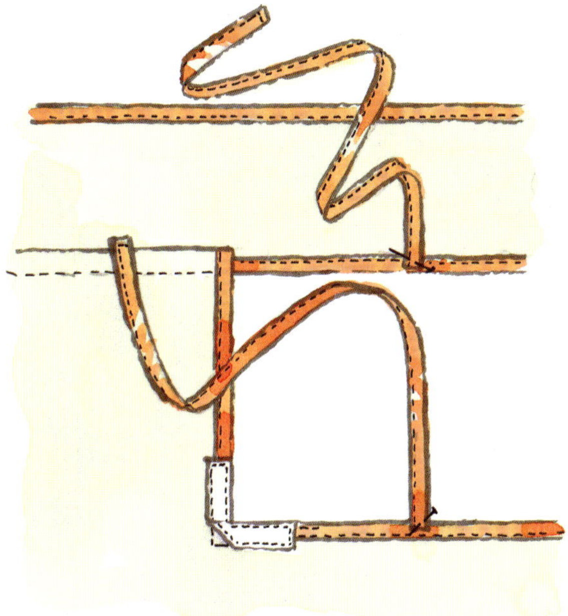

7 Ein kurzes Stück Klettband abschneiden. Die Haftseite auf die linke Seite der hinteren Überlänge der Schürze aufsteppen und die Hakenseite auf die rechte Seite der anderen hinteren Überlänge der Schürze. Die Überlängen sollten exakt aufeinanderliegen, wenn sie mit dem Klettband fixiert werden.

8 Vier schmale Schlaufen nach Methode 1 (siehe S. 202) nähen, beide Enden werden jeweils versäubert. Den Bezug über den Sitz stülpen und zusammenkletten. Den Überwurf des Sitzes hinten über die Überlängen der Schürze hängen lassen und mit Stecknadeln die Positionen der Schlaufen für die Rückenlehne markieren. Den Bezug abnehmen und die Schlaufen mit geraden Überwendlichstichen (siehe S. 186) entsprechend annähen. Stülpen Sie nun den Bezug wieder über den Sitz, schließen Sie das Klettband erneut, und binden Sie die Schlaufen zu Schleifen.

Husse mit Schleifen für Esszimmerstuhl

Esszimmerstühle mit hoher Rückenlehne sind sehr beliebt. Manche haben aber eventuell schon einmal bessere Tage gesehen, und dann sind sie mit einer Husse schnell wieder herausgeputzt. Die große Schleife an der Rückenlehne ist ein hübscher Blickfang. Ich habe diese Husse aus dem Stoff »Swallow Dive« in Rosatönen genäht.

1 Aus dem Stoff Vorderteil, Rückteil, die zwei Seitenteile und die Streifen für die Schleifen zuschneiden. Ein Seitenteil rechts auf rechts auf das Voderteil legen und stecken, die unteren Kanten und die linken Seitenkanten jeweils bündig. Mit 1,5 cm Nahtzugabe zusammensteppen, aber 1,5 cm vor der oberen Seitenkante enden.

2 Die Nahtzugabe des Vorderteils dort einschneiden, wo die Naht endet (siehe Abb.).

Sie brauchen

- Dekorationsstoff (z. B. Swallow Dive – Sea Pink), Maße siehe unten
- Nähgarn, farblich passend

Maßnehmen

- Für die Front der Husse den Stuhl vorne (von der Rückenlehne oben über die Sitzfläche) bis zum Boden ausmessen. 3,5 cm für Saum- und Nahtzugaben dazuaddieren. Bei der Stuhlbreite sind es 3 cm Nahtzugabe extra. Den Stoff in einem Stück zuschneiden.
- Für die Rückseite der Husse die Rückenlehne von oben bis unten auf den Boden abmessen. 3,5 cm für die Saum- und Nahtzugaben dazugeben. Zur Breite der Stuhllehne 81,5 cm für die Kellerfalte plus 3 cm Nahtzugabe dazuaddieren. Den Stoff in einem Stück zuschneiden.
- Für die Stuhlseiten die Höhe von der Sitzfläche bis zum Boden messen, plus 3,5 cm für Saum- und Nahtzugaben. Die Breite von Stuhlbein zu Stuhlbein messen, plus 3 cm Nahtzugabe. Hat Ihr Esszimmerstuhl eine besonders dicke Lehne, wie auf dem Foto, entwerfen Sie Seitenteile mit dem entsprechenden Lehnenbereich plus 3 cm Nahtzugabe an den Seiten sowie 1,5 cm an der Oberkante. Zwei Stoffteile in diesen Maßen zuschneiden.
- Für die Schleifen zwei Streifen Stoff à 16 x 70 cm zuschneiden.

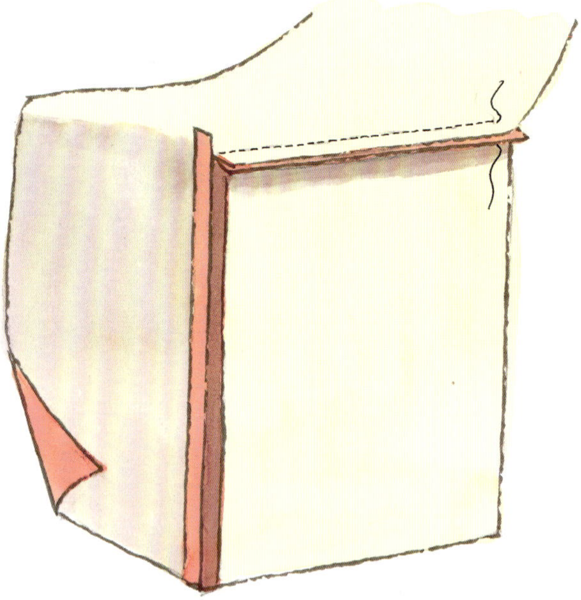

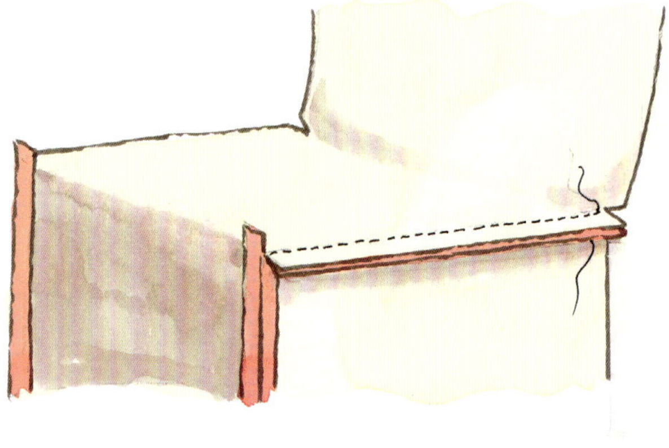

3 Das Frontteil am Einschnitt der Nahtzugabe umfalten und entlang der oberen Kante des Seitenteils an ihm feststecken. Die Naht mit 1,5 cm Nahtzugabe steppen, aber 1,5 cm vor der vorderen Seitenteilkante enden. Wiederholen Sie Schritt 1–3 für das andere Seitenteil.

4 Die Nahtzugabe des Vorderteils beidseitig dort einschneiden, wo die Naht oben vorne endet (siehe Abb.). Bei einer dicken Lehne (siehe S. 112 Maßnehmen) die Längsseiten der beiden Seitenteile rechts auf rechts an die Seitenränder des Vorderteils mit 1,5 cm Nahtzugabe steppen.

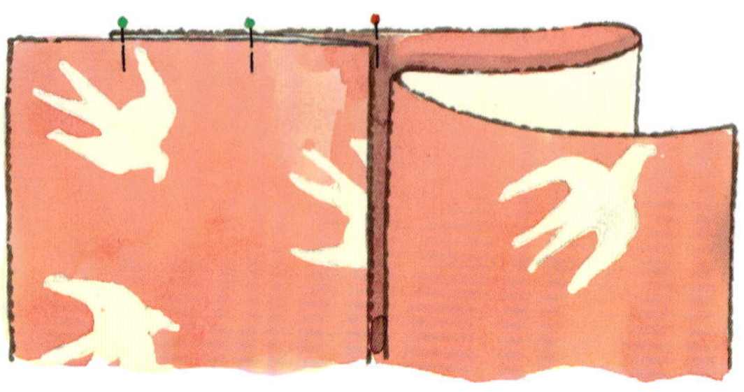

5 Beim Rückteil jeweils die Mitte am oberen und unteren Rand mit Stecknadeln markieren. Mittig in das Rückteil eine 40,5 cm lange Kellerfalte legen (siehe S. 200) und diese am oberen Rand durch alle Stofflagen hindurch festheften.

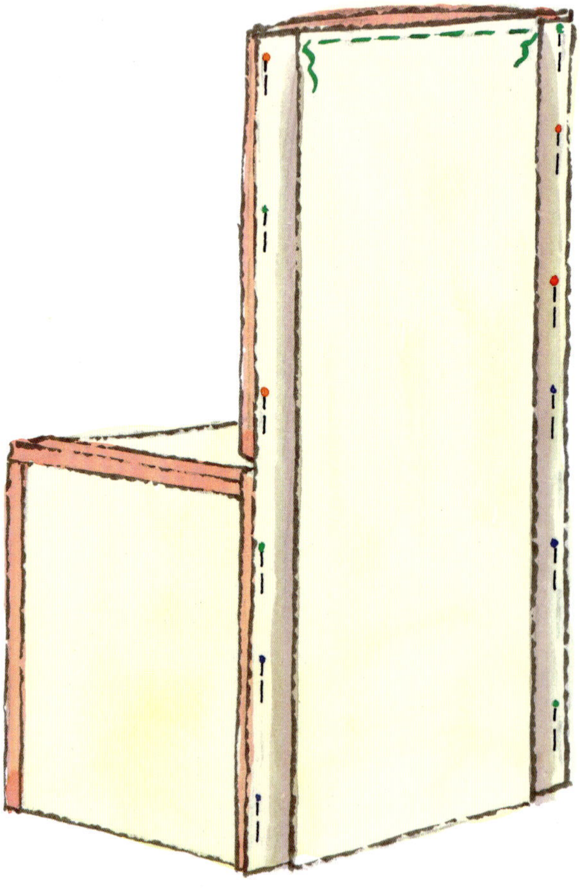

6 Die zusammengenähten Vorder- und Seitenteile rechts auf rechts an den Seitenkanten mit dem Rückteil zusammenstecken.

7 Die oberen Kanten ebenfalls zusammenstecken, dabei die Ecken leicht abrunden für eine bessere Passform an der Lehne. Mit 1,5 cm Nahtzugabe entlang der oberen Kante und den Seitenrändern zusammennähen. Die Heftung entfernen. Die Nahtzugabe an den abgerundeten Ecken einknipsen, aber nicht weiter als 3 mm bis zur Naht.

8 Den unteren Rand 1 cm breit doppelt nach links umbügeln, stecken und feststeppen. Die Husse auf rechts wenden und alle genähten Kanten bügeln. Markieren Sie nun die Kellerfalte beidseitig, mittig zwischen oberem und unterem Rand. Dann die beiden Schlaufen nach Methode 2 (siehe S. 203) nähen. Anstatt in der Mitte verläuft die Naht jedoch am Rand! Ein Schlaufenende zusammennähen, das unversäuberte Ende 2,5 cm breit umbügeln und an der Markierung der Kellerfalte auf die rechte Stoffseite stecken. Aufsteppen, wie in der Abbildung zu sehen. Stülpen Sie die Husse über den Stuhl, und binden Sie die Schleife.

Die tief eingelegte Kellerfalte auf der Rückseite wird von einer breiten Schleife aus dem gleichen Stoff zusammengehalten.

Bezug für Regiestuhl

Ein abgenutzter Regiestuhl lässt sich mit neuen Stoffbezügen ganz leicht aufmöbeln. Die alten Stoffeinsätze dienen als Vorlage. Ich habe hier zwei verschiedene Stoffdesigns verwendet: einen frechen Streifenstoff in Grün, Petrol und Weiß sowie für die Sitzfläche ein witziges Punktemuster in Hellbraun, Petrol und Weiß.

Sie brauchen

- 1 m Baumwollstoff, z. B. Canvas, (z. B. Stockholm Stripe – Lime, Teal and Winter und Pretty Maids – Mushroom, Teal and Winter)
- Nähgarn, farblich passend
- Reißzwecken oder Heftnieten (optional)

Maßnehmen

- Nach Schritt 1 anhand des alten Bezuges Maße nehmen. Das Maß für jeden Seitendurchzug addieren, plus 1,2 cm für jeden Seitensaum und 2,5 cm für jeden oberen bzw. unteren Saum.
- Stoff für ein Rückteil und eine Sitzfläche einplanen.

TIPP

Um die Nähte zu verstärken, nähen Sie jede Naht doppelt und verriegeln Sie außerdem Anfang und Ende jeder Naht zwei- bis dreimal im Rückstich. Dies erhöht die Strapazierfähigkeit. Vor allem bei der Sitzfläche ist das wichtig.

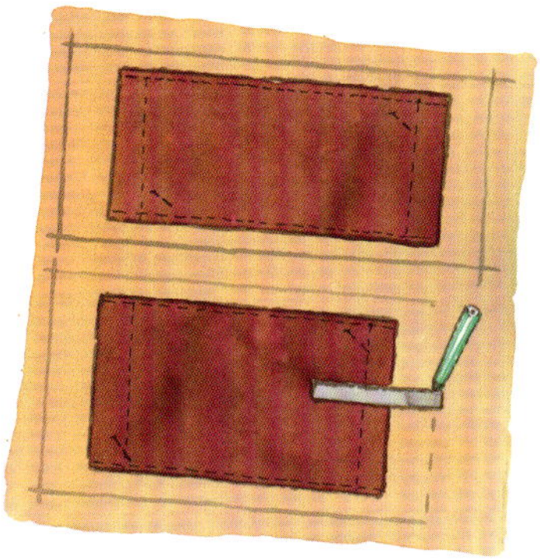

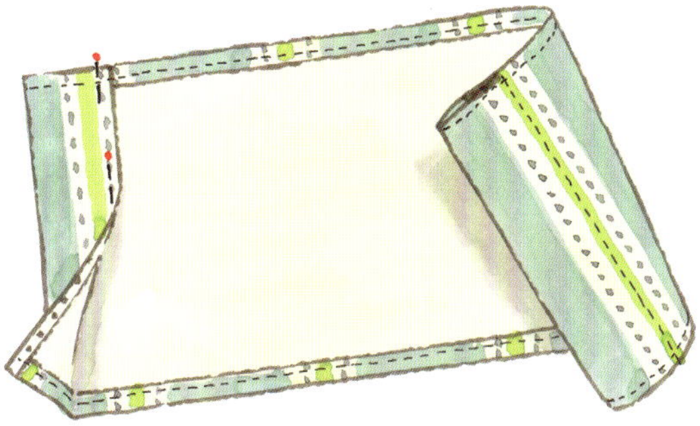

1 Ziehen Sie den alten Bezug von den Rückstreben und verwenden Sie ihn als Vorlage für den neuen. Das Maß für die Seitendurchzüge plus beidseitig 1,2 cm für jeden Seitensaum und je 2,5 cm für den oberen bzw. unteren Saum dazugeben. Um den alten Sitzbezug zu entfernen, den Stuhl etwas zusammenklappen und die Plastik- oder Holzleisten aus der Sitzhalterung lösen. Wird der Bezug von Reißzwecken oder Heftnieten gehalten, diese entfernen. Ggf. das Maß für die Seitendurchzüge dazugeben plus der gleichen Nahtzugaben wie für das Rückteil. Rück- und Sitzteil zuschneiden.

2 Beim Rückteil an der oberen und unteren Kante jeweils einen 1,2 cm breiten Saum doppelt nach links umbügeln und knappkantig absteppen. Die kurzen Seitenkanten jeweils 1,2 cm breit nach links umbügeln und dann zur Durchzugtiefe umfalten, dabei am alten Bezug orientieren. Stecken, heften und knappkantig feststeppen.

3 Beim Sitzteil jeweils an der oberen und unteren Kante einen 1,2 cm breiten Saum doppelt nach links umbügeln und knappkantig feststeppen. Wird der Sitzbezug von Leisten gehalten, die Seitenkanten jeweils 1,2 cm breit nach links umbügeln und gemäß altem Bezug zur Durchzugtiefe umfalten. Dann stecken, heften und knappkantig feststeppen. Ziehen Sie den Bezug auf die Leisten. (Wird der Bezug lediglich festgesteckt bzw. getackert, müssen Sie keinen Durchzug nähen!)

4 Den Stuhl wieder etwas zusammenklappen, um die Leisten mit dem neuen Bezug in die Stuhlhalterung zu bringen oder den Bezug an der Unterseite des Stuhlrahmens feststecken bzw. tackern. Die alten Löcher dienen als Vorlage. Zum Schluss den neuen Rückbezug über die Rückleisten stülpen.

Einfache Tischdecke

Ein sonniger Tag im Garten, der Tisch ist für den Nachmittagstee gedeckt. Was gibt es Schöneres? Dazu passt diese karierte Tischdecke im Stoffdesign »Chicken Check« in Himbeerrot, die den alten Metalltisch verdeckt. Gewichte an den Ecken sorgen dafür, dass ein Windzug der Decke so schnell nichts anhaben kann.

Sie brauchen

- Stoff (z.B. Chicken Check – Raspberry), Maße siehe unten
- Nähgarn, farblich passend
- Vier Vorhanggewichte
- Papier für Schnittmuster
- Geodreieck o. Ä.

Maßnehmen

- Breite und Länge der Tischplatte messen, Tiefe des Überhangs festlegen.
- Die Überhangtiefe jeweils zum Breiten- bzw. Längenmaß dazuaddieren, plus rundum 3 cm Nahtzugabe.

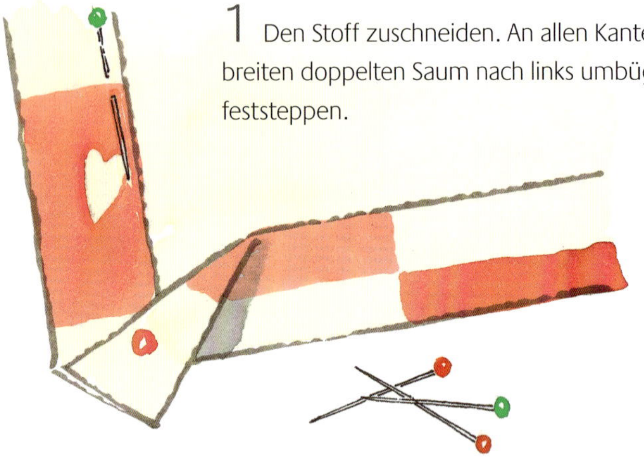

1 Den Stoff zuschneiden. An allen Kanten einen 1,5 cm breiten doppelten Saum nach links umbügeln. Stecken und feststeppen.

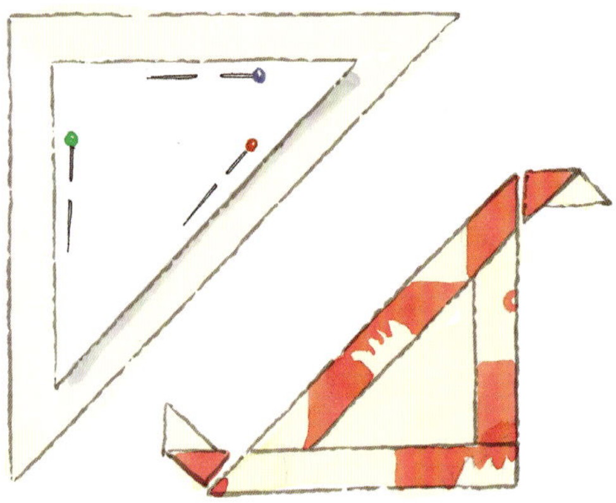

2 Mithilfe des Geodreiecks ein rechtwinkliges Dreieck mit je 7,5 cm Schenkellänge auf Papier zeichnen. Das Schnittmuster ausschneiden, auf einen Stoffrest stecken und mit 1 cm Nahtzugabe ausschneiden. Einen 1 cm breiten Saum an allen Seiten nach links umbügeln und die überstehenden Ecken abschneiden.

TIPP

Ist die Tischplatte besonders groß, müssen Sie ggf. mehrere Stoffbahnen aneinandernähen. Verwenden Sie dann eine komplette Bahn in der Mitte, und nähen Sie jeweils eine halbe Bahn rechts und links mittels der Französischen Naht an (siehe S. 189).

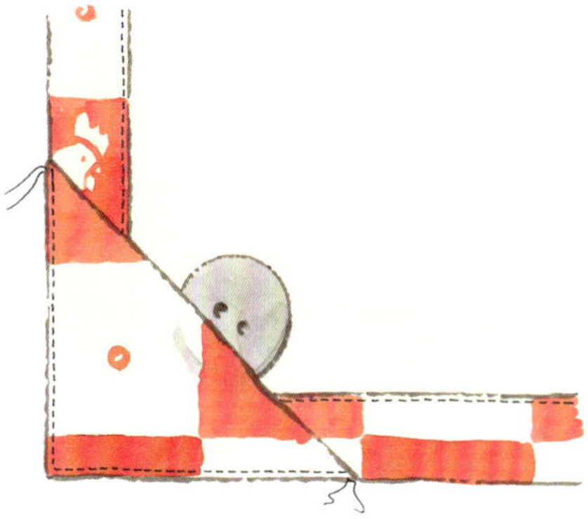

3 Platzieren Sie ein Stoffdreieck links auf links auf einer Ecke der Tischdecke, die Schenkel des Dreiecks liegen bündig mit den Rändern der Tischdecke. Knappkantig aufsteppen. An der offenen Diagonalen ein Saumgewicht einschieben.

4 Nun das Dreieck knappkantig zusteppen. Wiederholen Sie Schritt 3 und 4 an den übrigen Ecken der Tischdecke.

Runde Tischdecke

Gartentische verwittern mit der Zeit. Eine hübsche Tischdecke kann sie dann schnell zu neuem Leben erwecken. Das hier verwendete Stoffdesign harmoniert mit seinem Preiselbeerrot wunderbar mit den warmen Farben der Terracotta-Töpfe.

1 Schneiden Sie den Stoff quadratisch im ermittelten Maß zu. Ggf. mehrere Stoffbahnen mit Französischen Nähten (siehe S. 189) verbinden. Das Stoffquadrat zuerst halb und diese Hälfte nochmals quer falten, sodass ein kleineres Quadrat entsteht. Das Papier nur wenig größer als das gefaltete Quadrat zuschneiden und flach ausbreiten. Die Schnur 20 cm länger abschneiden, als eine Seitenlänge des gefalteten Quadrats beträgt. Ein Schnurende an einen Bleistift binden, das andere Ende mit einer Reißzwecke in einer Ecke des Papiers fixieren.

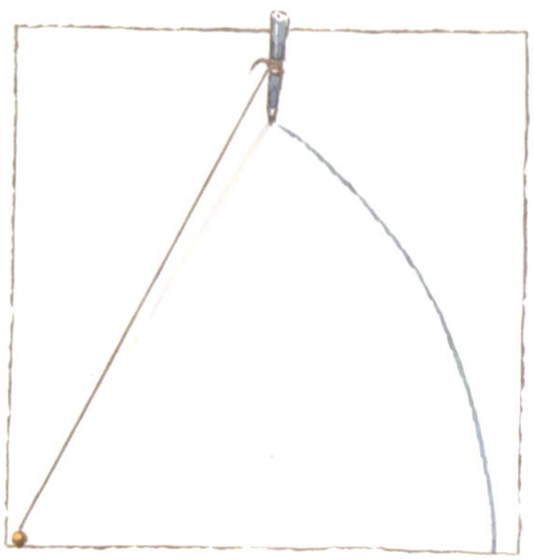

2 Die Schnur so oft um den Stift wickeln, bis die Schnur exakt die Länge einer Seitenkante des gefalteten Stoffquadrats beträgt. Die Schnur straff halten und mit dem Bleistift von einer Ecke des Papiers zur diagonal gegenüberliegenden Ecke einen Bogen ziehen. Das Schnittmuster entlang der Bogenlinie ausschneiden.

3 Das Schnittmuster auf dem gefalteten Stoff feststecken, die geraden Seitenkanten bündig mit den Stoffbrüchen und die Mittelpunkte übereinander. Den Stoff durch alle Lagen hindurch entlang der Bogenkante ausschneiden. Das Schnittmuster abnehmen und den Stoffkreis auffalten.

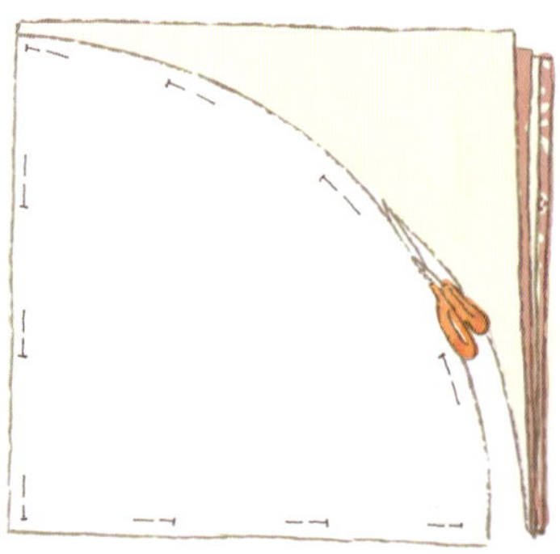

Sie brauchen

- Dekorationsstoff (z. B. Acorn and Leaf – Cranberry), Maße siehe unten
- Nähgarn, farblich passend
- Papier für Schnittmuster
- Schnur
- Reißzwecke und Bleistift

Maßnehmen

- Die Tischplatte von der Mitte aus bis zum Rand und von dort weiter bis zum gewünschten Überhang ausmessen, plus 1 cm Nahtzugabe.
- Das ermittelte Maß verdoppeln und als Seitenlänge für ein Stoffquadrat nehmen. Für eine große Tischplatte ggf. mehrere Stoffbahnen aneinandernähen (siehe S. 189). Dann eine komplette Bahn in der Mitte nehmen und jeweils eine halbe Bahn rechts und links annähen.

4 Mit farblich passendem Garn 1 cm von der Kante eine Reihe Verstärkungsstiche (siehe S. 183) rundum am Rand entlangnähen. Die Kante im Zickzackstich (oder mit Overlockstich) versäubern. Einen einfachen, 1 cm breiten Saum nach links umbügeln, sodass die Verstärkungsstichnaht noch innerhalb der Nahtzugabe liegt. Rundherum stecken und feststeppen.

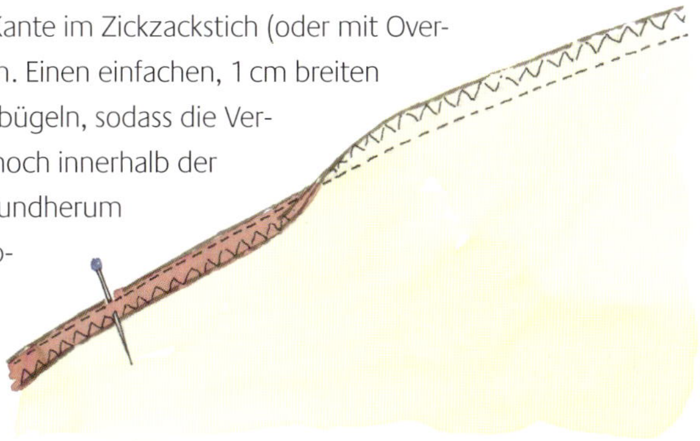

TIPP

Vielleicht möchten Sie auch noch ein paar Sitzkissen für Ihre Gartenstühle nähen? Auf den Seiten 78 und 82 finden Sie Ideen. Eventuell reichen hierfür sogar die Stoffreste von der runden Tischdecke.

Maßgeschneiderte Tischdecke

Wenn Sie einen schon etwas angeschlagenen Tisch kaschieren möchten, dann ist solch eine maßgeschneiderte Tischdecke genau das Richtige. Die hier gezeigte bodenlange Tischdecke mit einer kontrastierenden Borte ist aus Stoffen der »Life and Eternity Detail«-Serie genäht. Aus Stoffen mit »Simple Ticking«-Muster sind die Schleifen und die Unterfütterung der Kellerfalten. Das feine Grün und Weiß der Stoffe harmoniert hervorragend mit den pinkfarbenen Akzenten der Servietten (siehe S. 148). Platzieren Sie die Tischschlaufen recht hoch, damit der Stoff Bewegungsspielraum und die Gäste bequem Platz für die Füße haben. Das traditionelle Paisleymuster gehört in meine Kollektion handbedruckter Stoffe. Ich liebe die kleinen Unregelmäßigkeiten im Design, die für handbedruckte Muster charakteristisch sind, ganz im Gegensatz zu maschinell hergestellten Drucken. Zu handbedruckten Stoffen habe ich eine ganz besondere Affinität, seitdem ich vor 20 Jahren meine allerersten Stoffmuster entwarf.

Die kontrastierende Borte schließt die Tischdecke nach unten optisch ab. Wählen Sie einen dunkleren Ton, da die unteren Kanten leicht von Schuhen beschmutzt werden können.

Sie brauchen

- Dekorationsstoff (z. B. Life and Eternity Detail – Spinach), Maße siehe unten
- Kontrastierenden Dekorationsstoff für die Borte (z. B. Life and Eternity Ground – Spinach), Maße siehe unten
- Zweiten kontrastierenden Dekorationsstoff für die Falten-Unterfütterung (z. B. Simple Ticking Ground – Spinach), Maße siehe unten
- Dritten kontrastierenden Dekorationsstoff für die Schleifen (z. B. Simple Ticking – Spinach), 25 cm
- Nähgarn, farblich passend
- Papier für Schnittmuster

Maßnehmen

- Für die Tischdecke Länge und Breite der Tischplatte messen. Ein Schnittmuster in diesen Maßen zuschneiden, plus 1,5 cm Nahtzugabe rundum.
- Für den Überhang an den Längsseiten die Tischhöhe minus 8 cm für die untere Borte ausmessen. Ein Schnittmuster in dieser Tiefe zuschneiden, beim Maß der Tischlänge, plus 1,5 cm Nahtzugabe rundum.
- Für den Überhang an den Kopfenden ein Schnittmuster gleicher Tiefe wie für die Längsseiten zuschneiden, beim Maß der Tischbreite, plus 1,5 cm Nahtzugabe rundum.
- Für die Borte an den Längsseiten zwei Stoffstreifen in 15,5 cm Tiefe berechnen, beim Maß der Tischlänge, plus 1,5 cm Nahtzugabe rundum.
- Für die Borte an den Kopfenden zwei Stoffstreifen in 15,5 cm Tiefe berechnen, beim Maß der Tischbreite, plus 1,5 cm Nahtzugabe rundum.
- Für die Unterfütterung ein Schnittmuster im Maß der Tischhöhe zuschneiden, bei 30,5 cm Breite, plus 1,5 cm Nahtzugabe an der oberen Kante und den Längskanten, plus 9 cm Saumzugabe an der unteren Kante.
- Die Schnittmuster dienen zur Kalkulation, wieviel Stoff Sie jeweils benötigen.

1 Aus dem Hauptstoff ein Oberteil, zwei Kopfteile und zwei Längsseitenteile zuschneiden. Aus dem ersten Kontraststoff die Borte für die Kopf- und Längsseitenteile sowie aus dem zweiten Kontraststoff vier Unterfütterungen für die Kellerfalten zuschneiden. Vom dritten Kontraststoff benötigen Sie acht Streifen für die Schlaufen, je 56 x 6 cm. Die Bortenteile rechts auf rechts unten an die entsprechenden Kopf- und Seitenteile stecken und mit 1,5 cm Nahtzugabe feststeppen. Die Nahtzugaben zur Borte hin flach bügeln.

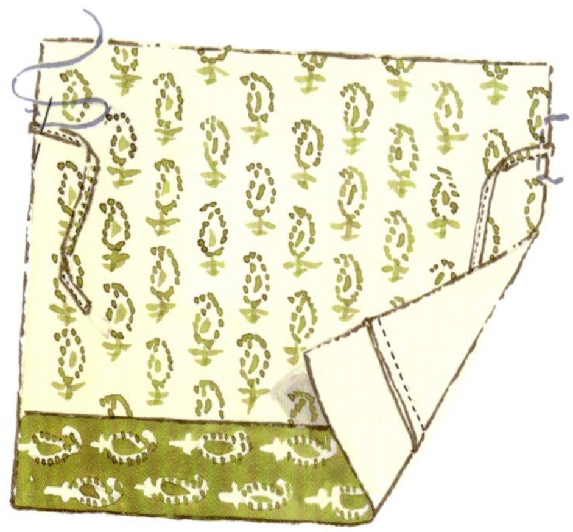

2 Die acht Schlaufen nach Methode 1 (siehe S. 202) nähen, je ein Schlaufenende versäubern. An den Kopf- und Seitenteilen entlang der Seitenkanten 15 cm von oben die Positionen der Schlaufen markieren. Die unversäuberten Kanten bündig jeweils eine Schlaufe auf die rechte Stoffseite eines markierten Teils heften.

3 Die Unterfütterungsteile jeweils rechts auf rechts zwischen die Seitenkanten eines Kopf- und eines Seitenteils legen; die Schlaufen werden mitgefasst. Stecken, heften und mit 1,5 cm Nahtzugabe zusammensteppen. Es entsteht ein großer »Ring«. Alle Heftungen entfernen und die Nahtzugaben im Zickzackstich zusammennähen. Die Zickzacknähte jeweils zu den Kopf- und Seitenteilen hin bügeln.

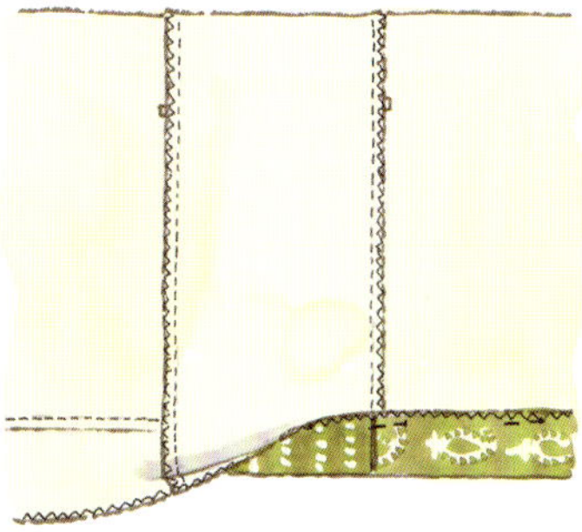

4 Die untere Kante der Borte im Zickzackstich versäubern und in den Überhangring rundum einen einfachen 9 cm breiten Saum nach links umbügeln. Stecken und per Hand im Hohlsaumstich festnähen (siehe S. 185).

5 Jetzt die Kellerfalten vorbereiten: Die Seitenteile entlang einer der Zickzacknähte links auf links falten, sodass die Naht in der Seitenkante liegt. Bügeln. Bei den restlichen Zickzacknähten ebenso vorgehen.

6 Jeweils die Mitte der Unterfütterungen oben und an der Saumkante markieren. Von einer Ecke ausgehend die zwei gebügelten Falten mittig zusammenbringen und oben und unten an der Unterfütterung feststecken. Die Kellerfalte entlang der oberen Kante mit Heftstichen fixieren.

7 Den Überhangring rechts auf rechts auf das Oberteil der Tischdecke stecken, heften und zusammensteppen. Dabei in den Ecken die Kellerfalten ausrichten. An jeder Ecke in die Nahtzugabe des Überhangs und der Unterfütterung einschneiden. So passt er an den Ecken perfekt. Die Heftungen entfernen. Im Zickzackstich die Nahtzugaben zusammennähen und jeweils gen Überhänge bügeln. Jetzt können Sie die fertige Tischdecke über den Tisch stülpen und die Schlaufen zu Schleifen zusammenbinden.

Gepolstertes Bettkopfteil

Ein attraktiv gepolstertes Bettkopfteil kann einen ganzen Raum verändern. Der Stoff »Wild Rose«, in hellem Braun, Rosa und Weiß gehalten, sieht umwerfend vor matt getönten Wänden und strahlend weißer Bettwäsche aus. Der pink-weiß karierte Keder und die farblich abgestimmten Kissen bringen zusätzlich einen warmen und femininen Touch in das Ambiente.

Sie brauchen

- Dekorationsstoff (z.B. Wild Rose – Rabbit and Damson), Maße siehe rechts
- Kontrastierenden Dekorationsstoff (z.B. Plain Check – Damson), Maße siehe rechts
- Nähgarn, farblich passend
- Mitteldicke Kordel für den Keder, Maße siehe rechts
- Klettband, Maße siehe rechts
- MDF-Platte oder Sperrholzbrett, 2 cm dick
- Volumenvlies, Maße siehe rechts
- Nesselstoff, Maße siehe rechts
- Tacker
- Zwei 89 cm lange (Kiefern-)Holzlatten (5 x 2,5 cm) mit 1 cm breiter Kerbe als mittige Unterteilung; die Länge der Kerbe variiert je nach Höhe der Fixierungsbolzen am Bett. Hat das Bett keine Befestigungsschrauben, sind die Latten unnötig.
- Holzschrauben, 3 cm (unnötig, wenn das Bett keine Befestigungsschrauben hat)

Maßnehmen

- Wenn Ihr Bett Fixierungsbolzen für das Kopfteil hat, für die Berechnung der Brettlänge von der Oberkante des Bettgestells bis zur gewünschten Höhe messen. Hat Ihr Bett keine Fixierungsbolzen, vom Boden bis zur gewünschten Höhe messen. Für die Brettbreite ist die Breite des Bettgestells maßgeblich.
- Polsterung/Volumenvlies flächendeckend berechnen, d.h. den Maßen des Brettes entsprechend, plus 5 cm rundum. Ggf. mehrere Bahnen aneinandernähen.
- Den Nesselstoff für das Frontteil in den gleichen Maßen wie das Volumenvlies berechnen und für das Rückteil in den gleichen Maßen wie für das Brett. Ggf. mehrere Bahnen aneinandernähen.
- Für Front- und Rückseite des Bettkopfteils: Für jeweils eine Stoffbahn vom Dekorations- und vom Kontraststoff die Höhenmaße berechnen (dabei nur bis 10 cm über das Bettgestell Maß nehmen, wenn das Brett unterhalb des Gestells nicht bedeckt wird), bei den Breitenmaßen, plus 1,5 cm Nahtzugabe rundum. Ggf. mehrere Bahnen aneinandernähen. Außerdem rundum 1 cm zusätzlich für die Dicke der Polsterung berechnen. (Das Kopfteil wird nach Schritt 1 erneut gemessen, um die perfekte Passform zu gewährleisten).
- Für die Kordel die Länge aus der Summe der Breite und der beiden Längsseiten des Kopfteils berechnen, plus 10 cm.
- Für die Hülle der Kordel zuerst die Breite des benötigten Kontraststoffes berechnen. Dafür den Kordelumfang messen, plus 3 cm Nahtzugabe (siehe S. 194). Für die ausreichende Länge die entsprechende Anzahl Stoffbahnen, jeweils in der errechneten Breite, dazuaddieren.
- Klettband in der Länge einer Seitenkante des Kopfteilbezugs minus 10 cm einplanen.

TIPP

Für ein Bettkopfteil im Country-Style können Sie oben (anstelle von Klettband) beide Seiten 10 cm offen lassen und die Ränder mit schlichtem Band fixieren. Nähen Sie beidseitig vier Sets schmaler Schlaufen (siehe S. 202) an, und binden Sie Front- und Rückteil mit Schleifen zusammen.

AUGUST 1995

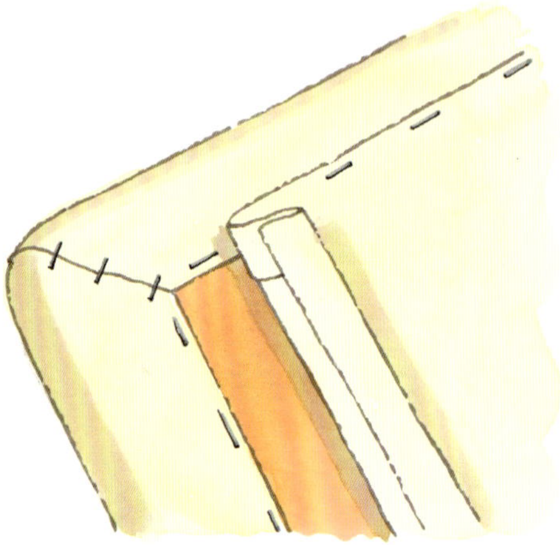

1 Volumenvlies und Nesselstoff zuschneiden. Ggf. mehrere Bahnen zusammennähen bzw. bei der Polsterung die Ränder überlappen lassen. Das Brett mittig auf das Volumenvlies legen und verkleiden. Das Vlies an den Ecken zu Briefecken falten (siehe S. 192) und alles auf der Brettrückseite festtackern. Das Brett mit der gepolsterten Seite nach unten auf die linke Seite des Nesselstoff-Frontteils legen und, wie eben beschrieben, als zweite Verkleidungsschicht anbringen. Den Nesselstoff dabei leicht spannen. Die Kanten des Nesselstoff-Rückteils rundum 2 cm breit zu einem Saum umbügeln und das Teil dann mittig über die Kanten des Frontteils auf die Brettrückseite tackern.

2 Das gepolsterte Kopfteil messen, um die exakten Maße für den Stoffbezug vorne und hinten zu ermitteln und den Stoff entsprechend zuschneiden. Ggf. mehrere Bahnen aneinandernähen (die komplette Stoffbahn wird mittig platziert), um die passende Größe zu erhalten. Aus dem Kontraststoff die Schrägstreifen für den Keder zuschneiden und ebenfalls zur benötigten Länge aneinandernähen (siehe S. 196). Den Keder rechts auf rechts an den oberen Rand und an die Seitenränder des Vorderteils aus Hauptstoff stecken und heften. Für eine gute Passform die Nahtzugabe des Keders an den Ecken einknipsen (siehe Abb.).

3 Die Kederenden rund 1,2 cm über den Hauptstoff stehen lassen. Jeweils am Rand ein kleines Stück der Heftnähte und der Kedernaht lösen und die innen liegende Kordel bündig zum Hauptstoff abschneiden. Die Stoffumhüllung jeweils um das Kordelende legen, stecken und mit einem Reißverschlussfuß so dicht wie möglich an der Kordel entlang feststeppen.

4 Nun das Rückteil rechts auf rechts auf das Frontteil legen, den Keder dazwischen, und die Teile an einer Längsseite sowie an der oberen Kante zusammenstecken. Auf der anderen Längsseite nur 10 cm stecken.

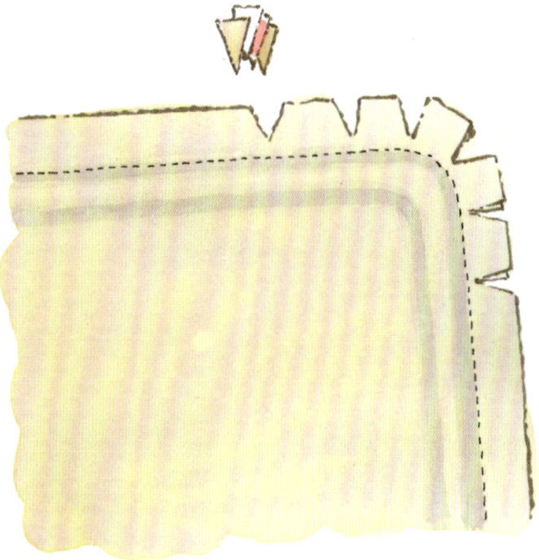

5 Mit einem Reißverschlussfuß die abgesteckte Naht so knappkantig wie möglich am Keder entlang steppen, dabei die fixierten Kordelenden nochmals mit Rückstichen sichern. Die Nahtzugabe an den Ecken einknipsen.

6 Die unteren Kanten von Vorder- und Rückteil im Zickzackstich oder mit der Overlockmaschine versäubern. Den Bezug auf rechts wenden, die Ecken nach außen drücken und bügeln.

7 Jetzt das Klettband feststeppen: Die Haftseite kommt auf die linke Seite der Öffnung des Vorderteils (bündig mit dem Keder) und die Hakenseite auf die rechte Seite der Öffnung des Rückteils.

8 Den Bezug über das Brett stülpen und straff ziehen. Die Öffnung zukletten. Ggf. die zwei Holzlatten an die Rückseite des Kopfteils schrauben, auf gleicher Höhe mit den Fixierungsbolzen, und das Kopfteil mittels der Bolzen am Bettgestell fixieren. Ansonsten das Kopfteil auf den Boden stellen und das Bett dagegenrücken, sodass der untere Rand des Bezug verdeckt ist.

Wendetagesdecke

In kalten Winternächten ist so eine Wende-Bettdecke sehr willkommen. Zudem bringt sie frische Farbe ins Schlafzimmer. Ich habe sie aus dem Stoff »Four Seasons« in Blau und Weiß für die Oberseite sowie aus »Wild Rose« in Gelb, Weiß und Grau für die Unterseite genäht. Das harmoniert hervorragend mit den anderen Stoffen in diesem Raum und der Wand, die in einem sanften Gelb gestrichen ist.

Sie brauchen

- Dekorationsstoff für die Oberseite (z. B. Four Seasons – Speedwell), Maße siehe rechts
- Kontrastierenden Dekorationsstoff für die Unterseite und den Keder (z. B. Wild Rose – Buttercup, Clay and Charcoal), Maße siehe rechts
- 5 mm dickes Volumenvlies, Maße siehe rechts
- Nähgarn, farblich passend
- Nicht einlaufende Kordel für den Keder, Maße siehe rechts
- 5 mm breites Quilt-Klebeband (rückstandsfrei wieder ablösbares Spezialtape zur Markierung von Quiltlinien)

Maßnehmen

- Festlegen, wie weit die Decke an den Seiten und am Fußende des Bettes überhängen soll. Länge und Breite inklusive Matratze und Bettzeug ermitteln, plus den gewünschten Überhang.
- Stoff für das Ober- und Unterteil berechnen. Beide Stoffbahnen haben das errechnete Längen- und Breitenmaß plus 1,5 cm Nahtzugabe rundum. Ggf. Stoffbahnen aneinandernähen, um die gewünschte Breite zu erhalten (siehe Schritt 1).
- Für die benötigte Kordellänge die ermittelten Maße für Länge und Breite der Decke addieren, die Summe verdoppeln und noch 20 cm dazugeben.
- Für die Hülle der Kordel Stoff für Schrägstreifen in ausreichender Länge (siehe S. 194) zuschneiden, die Breite ergibt sich aus dem Kordelumfang plus 3 cm.
- An Volumenvlies am besten ein komplettes Stück in den Maßen der Decke besorgen. Fachgeschäfte führen Wattierungen in den Maßen für Einzel-, Doppel-, und Kingsize-Decken.

Die Stoffe werden durch sämtliche Lagen hindurch zusammengesteppt, damit sie in sich nicht verrutschen können.

1 Die Stoffe für Ober- und Unterseite zuschneiden. Ggf. mehrere Stoffbahnen mit 1,5 cm Nahtzugabe längs aneinandernähen. Die komplette Stoffbreite wird mittig platziert. Außerdem Stoff für die Schrägstreifen zuschneiden (siehe S. 194).

2 Das Volumenvlies auf die gewünschte Größe der Decke zuschneiden, inklusive der Nahtzugabe rundum, und flach ausbreiten. Den Oberstoff mit der rechten Seite nach oben darauflegen und eventuell Falten glatt streichen. Beschweren Sie die Stoffkanten mit Gewichten, damit der Stoff straff bleibt. Die zwei Lagen an den Ecken und jeweils in der Mitte der Längskanten an den Seiten zusammenstecken.

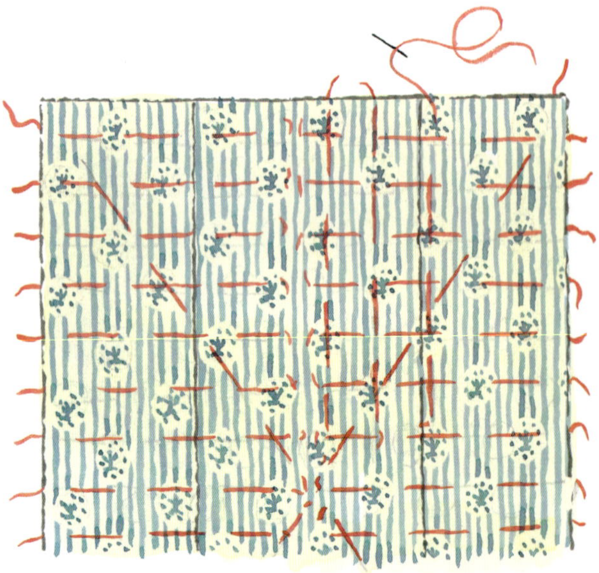

3 In der Stoffmitte beginnen und in 7,5 cm langen Stichen diagonal zu den Ecken hin heften. Dann, wieder von der Mitte ausgehend, horizontal und vertikal zu den Rändern heften, sodass über die komplette Fläche ein Raster mit ungefähr 10 cm großen Abständen entsteht.

4 Die Kordel mit Schrägstreifen umhüllen (siehe S. 196). Den Keder rechts auf rechts rundum an die Ränder der Oberseite stecken und heften. Dann die Unterseite rechts auf rechts obenauf stecken und heften. Mit einem Reißverschlussfuß Ober- und Unterseite der Decke so dicht am Keder wie möglich zusammensteppen, aber an einer Seite eine 30 cm große Wendeöffnung offen lassen. Die Heftung der Kedernaht entfernen.

5 Die Nahtzugaben des Volumenvlieses bis kurz vor die Naht einkürzen (nicht an der Wendeöffnung) und an den Ecken abschrägen, damit die Nähte an den Rändern und in den Ecken schön flach liegen. Den Bezug durch die Öffnung auf rechts wenden.

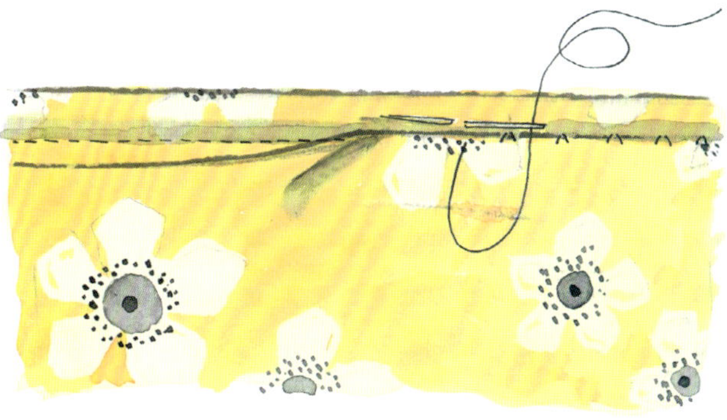

6 Die Nahtzugabe an der Öffnung nach links umbügeln, die Ränder der Öffnung zusammenstecken und per Hand im Staffierstich (siehe S. 185) dicht am Keder entlang schließen.

7 Den Bezug an der Kedernaht vorsichtig bügeln. Mit der Unterseite nach oben zeigend flach ausbreiten und eventuelle Falten glatt streichen. Dann durch alle Lagen heften wie in Schritt 3.

8 Mit der Oberseite nach oben zeigend die Quiltlinien messen und mit Quilt-Klebeband markieren, jeweils mit 23 cm Abstand zum Rand. Vorsichtig am Rand der Tape-Markierungen entlang durch alle Lagen steppen. Handelt es sich um ein Doppelbett, nochmals mit 23 cm Abstand zu dieser Naht wiederholen. Klebeband und Heftungen entfernen.

Steppdecke mit Faltenborte

Die alten Eiderdaunen-Decken, die wir als Kinder hatten, habe ich so geliebt, dass ich unbedingt einen eigenen Paisley-Stoff für eine Quiltdecke entwerfen und nähen wollte. Dieser hier in Apfelgrün ist an der Unterseite mit mit einem rot-weiß-karierten Stoff gefüttert und passt wundervoll zum geschwungenen Kopfteil und zur Betthusse auf S. 136.

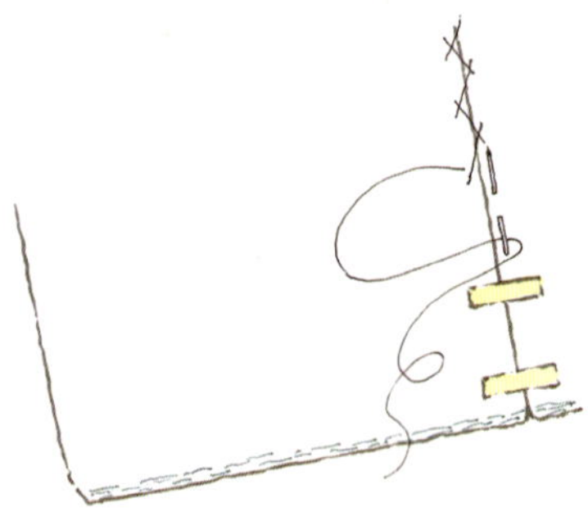

1 Die Stoffe für Ober- und Unterseite in den ermittelten Maßen zuschneiden. Ggf. mehrere Stoffbahnen mit 1,5 cm Nahtzugabe längs aneinandernähen (siehe S. 188). Die komplette Stoffbahn wird mittig platziert. Außerdem den Stoff für die Faltenborte zuschneiden und die Streifen bis zur benötigten Länge zusammennähen.

2 Die Wattierung auf die gewünschte Größe der Decke zuschneiden, inklusive der Nahtzugabe rundum. Falls Sie mehrere Bahnen verbinden müssen, legen Sie die Kanten bündig aneinander, um unschöne Ausbuchtungen zu vermeiden. Die Kanten vorübergehend mit ablösbarem Klebeband zusammenhalten und dann per Hand in großen Hexenstichen (siehe S. 187) aneinandernähen. Die Klebestreifen lösen. Die Wattierung auf den Oberstoff heften wie bei der Wendetagesdecke, Schritt 3 (siehe S. 132).

TIPP

Diese Steppdecke hat eine ordentliche Faltenborte, die der Decke eine feine Akkuratesse verleiht. Mögen Sie den Country Look lieber etwas legerer, nähen Sie in Schritt 3 einfach einen kleinen Volant (siehe Schritt 2, S. 141) anstelle der Faltenborte.

Sie brauchen

- Dekorationsstoff für die Oberseite (z. B. Paisley Ground – Apple Green), Maße siehe unten
- Kontrastierenden Dekorationsstoff für die Unterseite (z. B. Plain Check – Raspberry), Maße siehe unten
- 135 g Polyesterwattierung, Maße siehe unten
- Nähgarn, farblich passend
- wieder ablösbares Klebeband
- 5 mm breites Quilt-Klebeband (rückstandsfrei wieder ablösbares Spezialtape zur Markierung von Quiltlinien)

Maßnehmen

- Festlegen, wie weit die Decke an den Seiten und am Fußende des Bettes überhängen soll. Inklusive Matratze und Bettzeug Länge und Breite ausmessen, plus des gewünschten Überhangs.
- Dekorationsstoff für Ober- und Unterseite einplanen. Beide Stoffbahnen haben das errechnete Längen- und Breitenmaß, plus 1,5 cm Nahtzugabe rundum. Ggf. Stoffbahnen aneinandernähen, um die gewünschte Breite zu erhalten (siehe Schritt 1).
- Für die Faltenborte 13,5 cm Tiefe einplanen. Die Länge ist die Summe der ermittelten Maße für Länge und Breite der Decke, multipliziert mit 6, plus 3 cm für die Nahtzugabe. Für die benötigte Länge mehrere Stoffbahnen aneinandernähen (siehe S. 188).
- Polyesterwattierung ist für Einzel- und Doppelbetten erhältlich. Genügend Länge berechnen, inklusive des Überhangs.

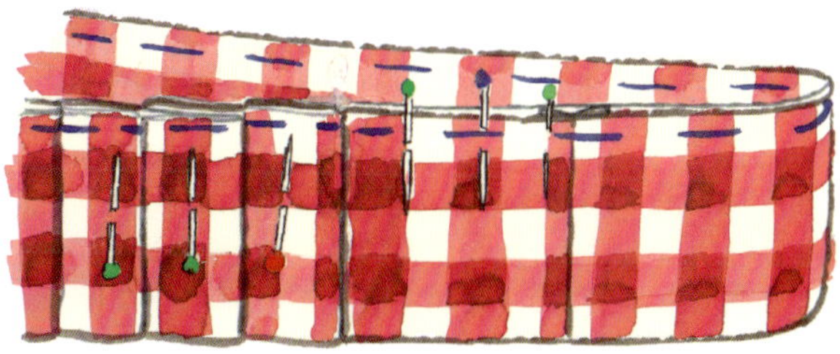

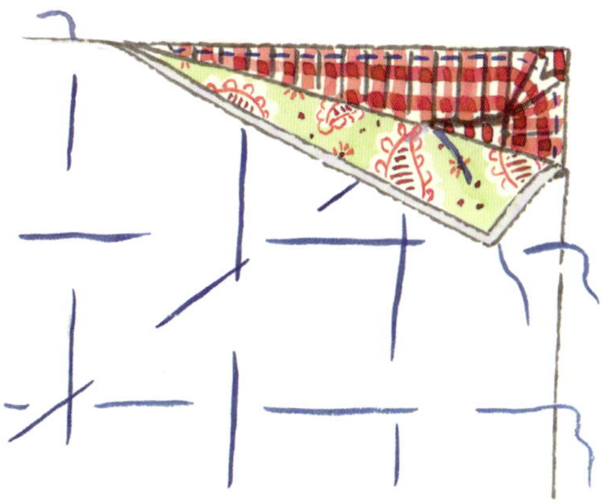

3 Die Enden des Faltenstreifens rechts auf rechts zu einem Ring zusammenstecken und mit 1,5 cm Nahtzugabe steppen. Den Streifen wenden und links auf links längs mittig bügeln und die offenen Kanten zusammenheften. An der Heftnaht mit Stecknadeln 2,5 cm breite Abstände für die Falten markieren. Legen Sie nun den kompletten Streifen in Falten wie beim Kissen mit Plisseefalten, Schritt 2 (S. 92).

4 Den plissierten Streifen rundum rechts auf rechts an die Ränder des Deckenoberteils stecken und heften, die offenen Kanten bündig. Ggf. einige Falten an unauffälliger Stelle in der Breite anpassen, damit die Borte exakt um die Decke passt. Die Borte mit 1,5 cm Nahtzugabe feststeppen, die Nahtzugabe der Faltenborte an den Ecken einknipsen. Nun Ober- und Unterteil rechts auf rechts stecken, heften und entlang der Faltenheftung zusammensteppen, an einer Seite jedoch 30 cm offen lassen. Alle Heftungen an den Seitenkanten entfernen. Die Decke fertig nähen wie in Schritt 5–8 bei der Wendetagesdecke beschrieben (siehe S. 133).

Maßgeschneiderte Betthusse

Ich mag es, Streifen und Karos mit anderen Mustern zu kombinieren. In jeder meiner Stoffserien gibt es eine breite Farbpalette, sodass Sie wunderbar kombinieren können, egal welches Design Sie gewählt haben. Insbesondere klassische Stoffe betonen Muster hervorragend. Lassen Sie beispielsweise eine Farbe aus dem Hauptstoff in anderen Stoffen im Raum wiederkehren, so wie bei dieser traditionellen Betthusse. Das Himbeerrot dieses Stoffs harmoniert wunderbar mit der Steppdecke (siehe S. 134).

Sie brauchen

- Dekorationsstoff (Oberstoff) (z. B. French Ticking – Raspberry), Maße siehe unten
- Unifarbenen Baumwollstoff (Deckstoff), Maße siehe unten
- Vorhang-Futterstoff (Futter), Maße siehe unten
- Nähgarn, farblich passend

Maßnehmen

- Für die Maße des Oberteils aus Deckstoff Breite und Länge des Bettgestells messen (ohne Matratze), plus rundum 1,5 cm für Saum- und Nahtzugabe.
- Für die Tiefe der Seitenteile und des Fußteils aus Oberstoff die Bettgestellhöhe von oben bis zum Boden messen (ohne Matratze), plus 4 cm für Saum- und Nahtzugabe.

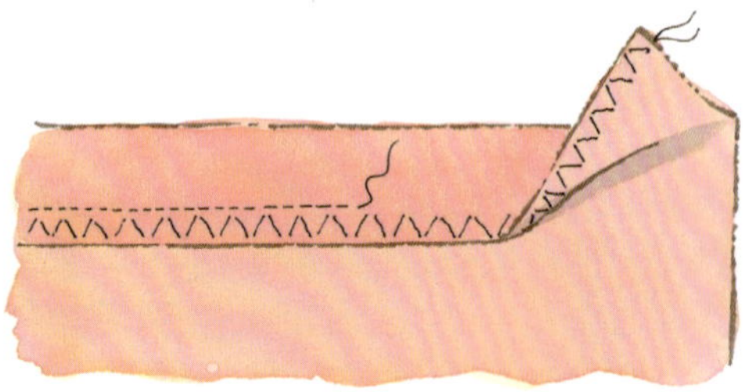

1 Aus Oberstoff und Futter die Seitenteile und das Fußteil sowie die Unterfütterung der Falten zuschneiden; aus dem Deckstoff das Oberteil. Die Kante am Kopfende des Oberteils im Zickzackstich oder mit einer Overlocknaht versäubern, die Kante 1,5 cm nach links umbügeln und den Saum feststeppen.

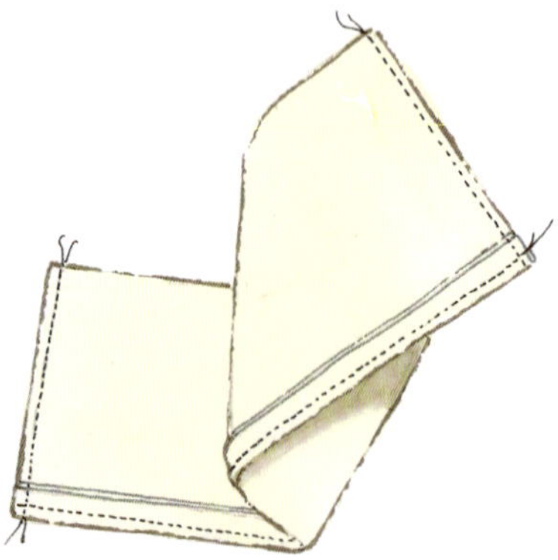

2 Ein Futterstoff-Seitenteil rechts auf rechts auf ein Oberstoff-Seitenteil stecken und den unteren langen Rand mit 1,5 cm Nahtzugabe zusammennähen. Die Nahtzugabe zur Futterseite hin umbügeln. Das Futter rechts auf rechts wieder so auf dem Oberstoff positionieren, dass obere und seitliche offene Kanten bündig liegen. Die umgebügelte Kante sachte bügeln, sodass ein schmaler Streifen des Oberstoffs entlang der unteren Kante des Futters hervorschaut. Jetzt die beiden kurzen Kanten mit 1,5 cm Nahtzugabe stecken und zusammensteppen. An den Ecken die Nahtzugabe abschrägen. Das Teil auf rechts wenden und die Kanten flach bügeln.

- Jede Seite wird aus zwei separaten Teilen genäht, um leichten Zugang unter das Bett zu haben. Für jedes der vier Seitenteile bei der errechneten Tiefe ein Stück Oberstoff in halber Bettlänge plus 18 cm für die Kellerfalten plus 3 cm Nahtzugabe einplanen.
- Für das Fußteil vom Oberstoff die Bettbreite plus 18 cm für die Kellerfalte und 3 cm Nahtzugabe berechnen, bei der errechneten Tiefe. (Falls die Betthusse für ein Doppelbett gedacht ist, berücksichtigen Sie, dass Sie für das Fußteil ggf. zwei Stoffbahnen benötigen: jedes in der halben Bettbreite, plus die Nahtzugaben wie für eine Stoffbreite eines Einzelbetts.)
- Für die Unterfütterung der Falten vom Oberstoff vier Teile (oder fünf, falls Sie zwei Fußbahnen haben) berechnen, mit jeweils 19,5 cm Breite bei der errechneten Tiefe.
- Das Futter für die vier Seitenteile, ein Fußteil (oder zwei beim Doppelbett) sowie für vier Unterfütterungen der Falten (oder fünf) berechnen, bei der gleichen Breite wie für den Oberstoff, minus 2 cm.

3 Schritt 2 bei den übrigen Seiten- bzw. Fußteilen und den Unterfütterungen der Falten wiederholen. Die beiden kurzen Seitenkanten der Seitenteile 9 cm breit zur Futterseite umbügeln für die Front der Falte. Die Falten jeweils an der oberen Kante feststecken.

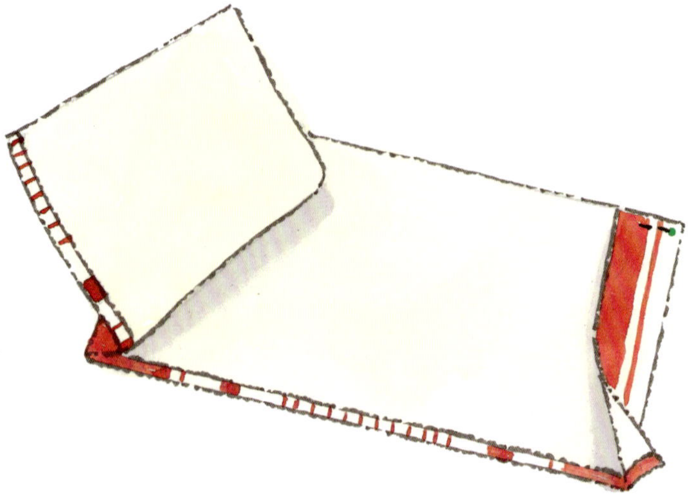

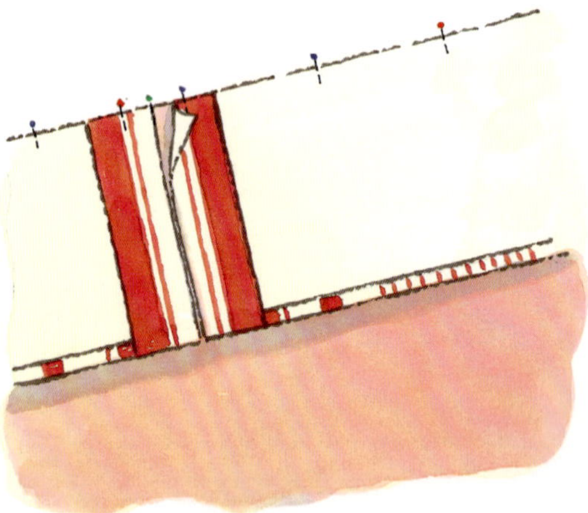

4 Das Oberteil aus Deckstoff mittig falten, sodass die versäuberte Kante vom Kopfende 1,5 cm von der offenen Kante am Fußende entfernt liegt. Den Bruch an beiden Seitenkanten mit Stecknadeln markieren. Das Deckteil auffalten, sodass es mit der rechten Stoffseite nach oben liegt. Zwei Seitenteile entlang einer Seitenkante des Deckstoffs platzieren, die offenen Kanten bündig und so, dass die in Falten gelegten Kanten am markierten Mittelpunkt zusammentreffen. Am Fußende des Deckstoffs endet die Faltenkante des Seitenteils 1,5 cm vor der offenen Kante. Am Kopfende des Deckstoffs liegt die Faltenkante des anderen Seitenteils bündig mit dem Saum des Deckstoffs. (Die »Faltenkante« zu beiden Seiten des Deckstoff-Kopfendes bildet keine echte Falte, sondern einfach eine abgeschlossene Kante.) Seitenteile und Deckteil mit 1,5 cm Nahtzugabe zusammensteppen. Mit den anderen Seitenteilen an den übrigen Seitenrändern des Deckstoffs wiederholen.

5 Am Fußende des Deckstoffs die Seitenteile beiseitefalten. Dann das Fußteil rechts auf rechts an den Deckstoff stecken. Die Faltenkanten sollten jeweils 1,5 cm Abstand zu den Seiten haben. Mit 1,5 cm Nahtzugabe feststeppen. Die Seitenteile zurückfalten.

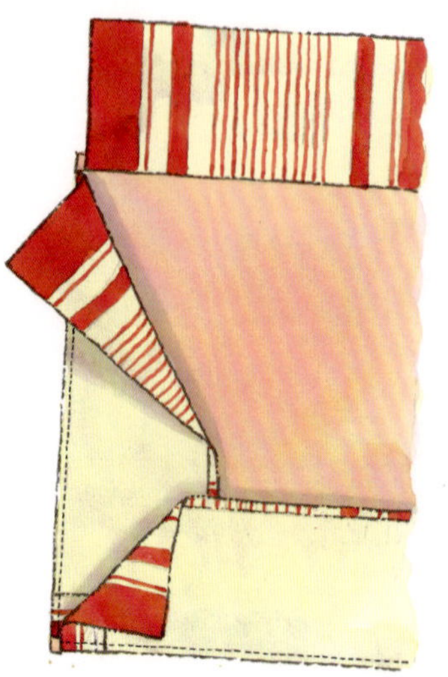

TIPP

Um zu gewährleisten, dass Seiten- und Fußteile exakt sitzen, falten und stecken Sie die Falten probeweise vorübergehend an die entsprechende Stelle. Passen Sie dies mit dem Deckstoff an. Ggf. legen Sie die Faltentiefe neu fest, bevor Sie die Falten endgültig nähen.

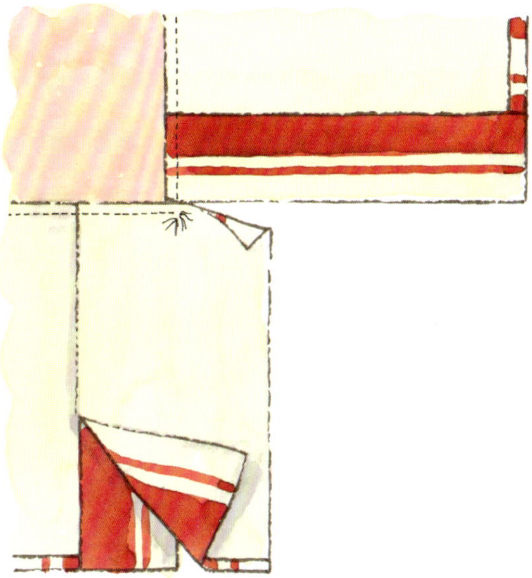

6 Die Faltenunterfütterung zur Hälfte falten und die Mitte der oberen, offenen Kante mit einer Durchschlagschlaufe (siehe S. 187) markieren. Das Teil wieder auseinanderfalten. Mit der Futterseite der Unterfütterung oben und den offenen Kanten bündig, eine Hälfte der Unterfütterung über die umgelegte Falte eines Seitenteils am Fußende legen und stecken. Die Durchschlagschlaufe liegt auf der Ecke, mit 1,5 cm Abstand zum Rand. Die Unterfütterung mit 1,5 cm Nahtzugabe und durch alle Stofflagen hindurch bis zur Durchschlagschlaufe feststeppen.

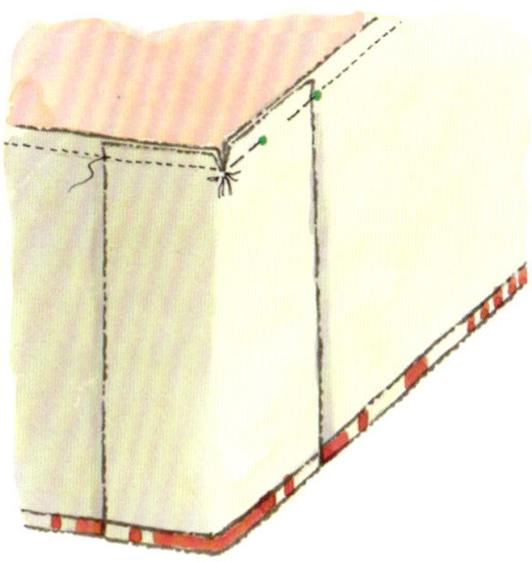

7 An der Durchschlagschlaufe in die Nahtzugabe der Unterfütterung einschneiden, so passt sie später exakt um die Ecken. Jetzt den verbliebenen oberen Rand der Unterfütterung feststeppen. Die Schritte 6 und 7 für die andere Ecke des Fußendes wiederholen.

8 Die Mitte einer weiteren Unterfütterung mittels Durchschlagschlaufe kennzeichnen und das Teil an einem Seitenteil über die mittig gelegten Falten platzieren. Die Durchschlagschlaufe liegt mit der Mitte gleich. Die Unterfütterung festnähen. Mit den Falten an der anderen Seite (und am Fußteil, falls Sie zwei Fußbahnen haben) wiederholen. Die Husse auf rechts wenden, bügeln und über das Bettgestell stülpen. Dann die Matratze wieder auflegen.

Bettrüschen

Blau-weißes Karomuster ist ein Klassiker. Es vermittelt die sommerliche Frische eines schwedischen Landhauses. Solch eine eingekräuselte Bettumrandung trifft genau den Ton der rauen, geweißten Holzdielen im Gästezimmer.

Sie brauchen

- Dekorationsstoff (z. B. Plain Check – Speedwell), Maße siehe unten
- Unifarbenen Baumwollstoff (Deckstoff), Maße siehe unten
- Nähgarn, farblich passend

Maßnehmen

- Für die Maße des Oberteils aus Deckstoff Breite und Länge des Bettgestells (ohne Matratze) ausmessen, plus rundum 1,5 cm für Saum- und Nahtzugabe.
- Für die Tiefe des Bettvolants die Bettgestellhöhe von oben bis zum Boden (ohne Matratze) messen, plus 4 cm für Saum- und Nahtzugabe.
- Für die Länge des Bettvolants Breite und Länge des Bettgestells messen. Bettbreite und doppelte Bettlänge dazuaddieren, plus 33 cm für Saumzugabe und Verlängerungen am Kopfende, und die Summe für den Faltenwurf verdoppeln.

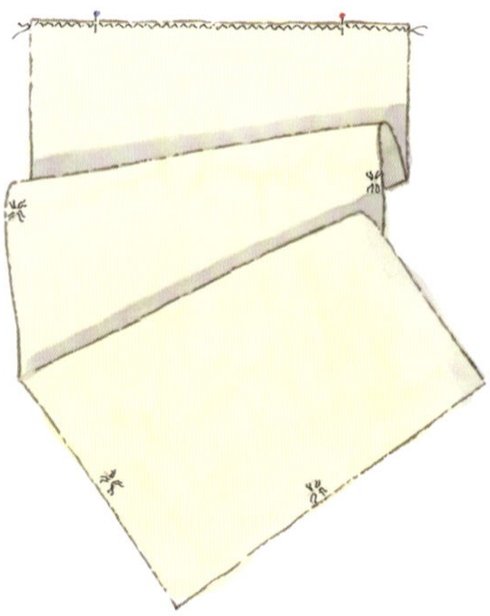

1 Aus dem Deckstoff das Oberteil zuschneiden. Die Kante am Kopfende im Zickzackstich oder mit der Overlockmaschine versäubern. An dieser Kante beidseitig 16 cm abmessen und die Stellen mit Stecknadeln markieren. Die Kante zwischen den Nadeln wird später gesäumt. Der Volant wird an die übrigen Kanten genäht. Messen Sie also rundum an den Kanten entlang die Distanz von der einen Stecknadel bis zur zweiten Nadel. Teilen Sie dieses Maß durch sechs und markieren Sie an den Kanten mit Durchschlagschlaufen (siehe S. 187) entsprechend sechs Abschnitte.

2 Aus dem Hauptstoff genügend Teile in der benötigten Tiefe zuschneiden und mit Französischer Naht (siehe S. 189) zusammennähen, bis der Volant die errechnete Länge hat. An der unteren langen Kante des Volants einen 1,2 cm breiten Saum doppelt nach links umbügeln, stecken und feststeppen. Genauso mit den kurzen Seitenkanten verfahren. Die offene Kante des Volants in sechs gleich große Abschnitte unterteilen und mit Stecknadeln markieren. Mit dem weitesten Geradstich zwei parallele Kräuselnähte innerhalb der 1,5 cm breiten Nahtzugabe nähen, und zwar jeweils zwischen den Stecknadeln hin und her (siehe Abb.).

3 Vorsichtig am Unterfaden ziehen und den Volant an der oberen Kante kräuseln. Das Deckstoffteil mit der rechten Seite nach oben flach ausbreiten. Den Volant mit der gekräuselten Seite bündig an das Deckstoffteil stecken. Die gesäumten kurzen Kanten des Volants liegen jeweils mit den Stecknadeln am Kopfende gleich und die Stecknadeln der Abschnitte am Volant mit den Markierungen am Deckteil. Den Volant gleichmäßig in Falten legen und entsprechend festheften. Dann das Teil mit 1,5 cm Nahtzugabe am Deckstoff festnähen. Die Kanten mit Zickzackstich versäubern. Die Heftnähte und Durchschlagschlaufen entfernen und die Fadenenden der Kräuselfäden abschneiden.

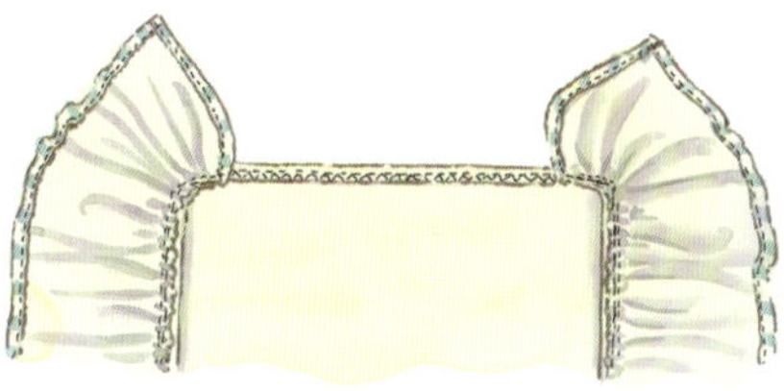

4 Am Kopfende des Deckteils an der Kante zwischen den Strecknadeln einen 1,5 cm breiten Saum nach links umbügeln und feststeppen.

Kapitel 5

Accessoires

Tischläufer

Wenn Sie einen schönen alten Holztisch haben, ist es schade, diesen unter einer Tischdecke zu verstecken. Aber den Tisch ganz ohne Tischtuch zu decken, wirkt etwas ungemütlich. Da ist ein Tischläufer praktisch. Ein vertikaler Musterverlauf eignet sich hierfür hervorragend. Dieser Läufer ist in den Farben Hellbraun und Rot gehalten und beidseitig mit einer cremefarbenen Borte eingefasst. Dazu passt das rote und weiße Porzellan mit den rotweiß gestreiften Servietten (Anleitung siehe S. 148).

Sie brauchen

- Dekorationsstoff (z. B. Song Bird – Mushroom and Raspberry), Maße siehe unten
- Kontrastierenden Dekorationsstoff (z. B. Plain Linen Union – Cream), Maße siehe unten
- Nähgarn, farblich passend

Maßnehmen

- Gewünschte Breite und Länge des Tischläufers festlegen. Zwei Teile aus Hauptstoff in der gewünschten Länge plus 3 cm einplanen, bei der gewünschten Breite minus 5 cm.
- Zwei Teile aus Kontraststoff in der gleichen Länge wie den Hauptstoff, bei 11 cm Breite berechnen.

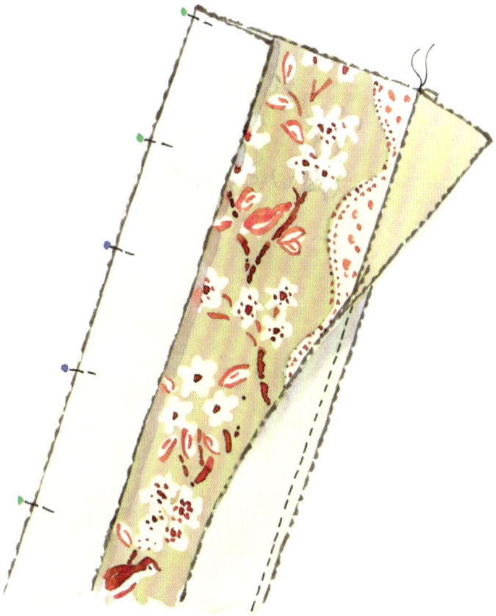

1 Die zwei Teile aus Hauptstoff sowie die zwei Streifen aus Kontraststoff in den benötigten Maßen zuschneiden. Einen Streifen rechts auf rechts an eine Längskante eines Hauptstoffteils stecken. Mit 1,5 cm Nahtzugabe zusammensteppen. Den zweiten Streifen an der gegenüberliegenden Längskante ebenso annähen. Die Nahtzugaben auseinanderbügeln.

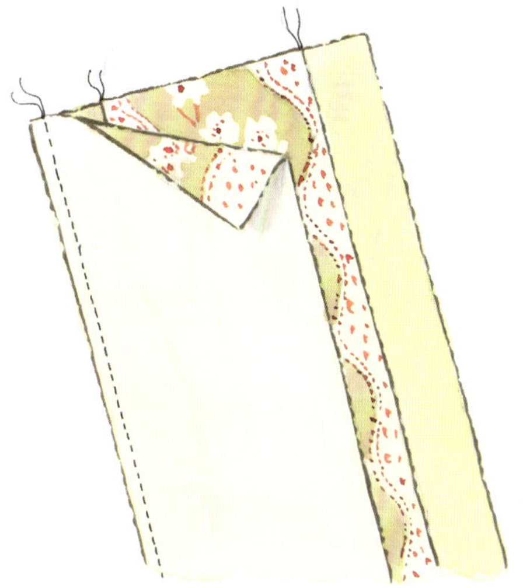

2 Das zweite Hauptstoffteil rechts auf rechts an die unversäuberte Längskante von einem der Streifen stecken und zusammennähen.

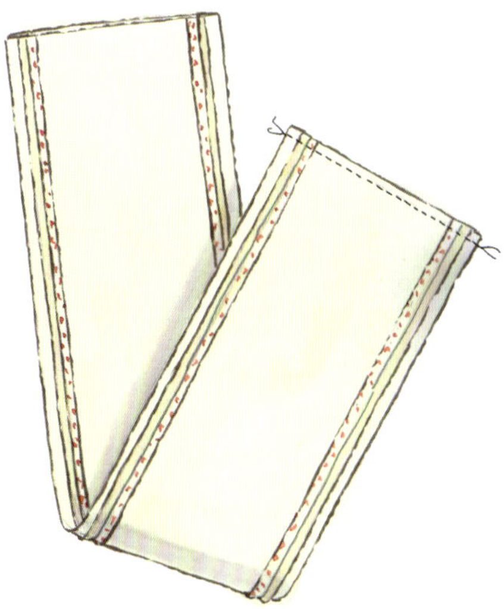

3 An der anderen Seite des Hauptstoffteils mit der anderen Streifenlängskante wiederholen, sodass ein Tunnel entsteht. Die Nahtzugaben auseinanderbügeln. Den Läufer rechts auf rechts und Naht auf Naht legen, sodass die Streifen eine Blende in beidseitig gleicher Breite ergeben. Dann eine Schmalseite des Läufers mit 1,5 cm Nahtzugabe zusammensteppen.

4 Den Läufer auf rechts wenden. An der offenen Schmalseite beide Kanten 1,5 cm breit nach links umbügeln und stecken. Die Öffnung per Hand im Staffierstich schließen (siehe S. 185) und den Läufer bügeln.

Platzset zum Wenden

Mit Platzsets lässt sich ein Tisch weniger formell decken, und dennoch schonen sie die Tischplatte und lassen den Tisch nicht so kahl wirken. Ich habe für die Sets zwei verschiedene Stoffe gewählt, sodass sie beidseitig verwendet werden können. Sie nähen dafür ganz einfach zwei Teile zusammen, wenden diese auf rechts und schließen die offene Naht im Staffierstich. Das ist ein perfektes Projekt für Anfänger und ein hübsches Geschenk für Freunde.

Sie brauchen

- Dekorationsstoff (z.B. Pie in the Sky – Clouds and Dark Clouds), Maße siehe unten
- Kontrastierenden Dekorationsstoff (z.B. Plain Check – Smoke), Maße siehe unten
- Nähgarn, farblich passend

Maßnehmen

- Gewünschte Größe pro Tischset festlegen, plus rundum 1 cm Nahtzugabe. Das hier gezeigte Tischset hat die Maße 29 x 48 cm.
- Jeweils ein Teil aus dem Dekorationsstoff (Oberteil) und ein Teil aus dem Kontraststoff (Unterteil) im gewünschten Maß zuschneiden.

TIPP

Verzieren Sie die Kanten der Sets dekorativ mit einer Zackenlitze. Sie wird an den Rändern entlang auf das Oberteil gesteckt und festgenäht, bevor Sie beide Set-Teile zusammennähen. Alternativ können Sie die Litze auch auf die Kanten des fertigen Sets aufsteppen.

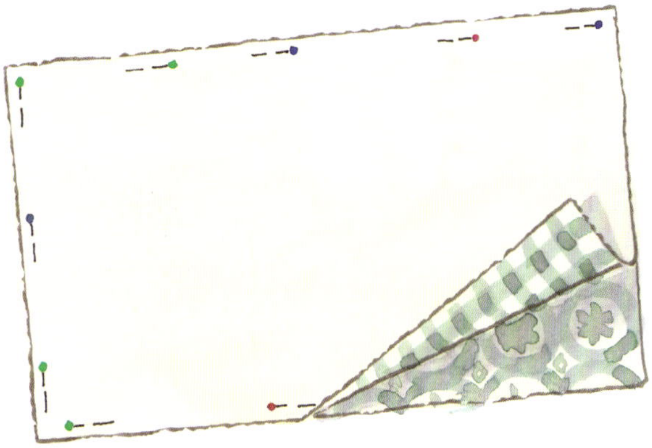

1 Ober- und Unterteil zuschneiden. Die Teile rechts auf rechts legen und an den Kanten entlang zusammenstecken. Mit 1 cm Nahtzugabe zusammennähen, dabei an einer kurzen Seite eine Wendeöffnung von 10 cm lassen. Die Ecken der Nahtzugabe abschrägen.

2 Das Set durch die Öffnung auf rechts wenden und die Nähte flach bügeln. Die Ränder an der Öffnung 1 cm breit nach links umbügeln und dann die Öffnung per Hand im Staffierstich schließen (siehe S. 185).

3 Zum Schluss die Nähmaschine mit kontrastfarbigem, zum Stoff passenden Nähgarn umfädeln und alle vier Kanten knappkantig absteppen.

Einfache Servietten

Was ist wohl einfacher, als ein Set Stoffservietten zu nähen?! Obendrein verleihen Sie einem Mittag- oder Abendessen sofort Farbe und eine besondere Note. Dank des einfachen Saums rundum sind sie schnell gemacht, und die Briefecken sorgen für ein perfektes Finish. Die hier gezeigten Servietten sind aus dem Stoff »Dandelion Trellis« gefertigt. Das passt ausgezeichnet zu dem gepunkteten Tischtuch.

Sie brauchen

- Dekorationsstoff (z. B. Dandelion Trellis – Stone and Forget-me-not), Maße siehe unten
- Nähgarn, farblich passend
- Papier für Schnittmuster
- Geodreieck oder rechtwinkligen Gegenstand als Schablone

Maßnehmen

- Gewünschte Größe der Serviette festlegen (quadratisch je ca. 46–51 cm), plus rundum 1 cm Nahtzugabe.
- Den Stoff pro Serviette in diesem Maß einplanen.

TIPP

Mit einem Rollsaumnähfuß können Sie einen ganz schmalen, doppelten Saum nähen.

1 Mit Lineal und Geodreieck o. Ä. ein Quadrat in der gewünschten Größe auf Papier aufzeichnen, inklusive 1 cm Nahtzugabe rundum. Das Papier ausschneiden und als Schnittmuster verwenden und den Stoff für die Serviette zuschneiden.

TIPP

Diese Servietten sind wirklich das Einfachste, was Sie aus diesem Buch nachnähen können, darum machen Sie am besten gleich zwei Sets und benutzen sie täglich. »Dandelion-Trellis« ist der einzige gemusterte Baumwollstoff unter meinen Kollektionen. Aufgrund des weichen Materials und der guten Wascheigenschaften eignet er sich ideal für Servietten. Er ist in zwei Farbvarianten erhältlich und beide Varianten lassen sich gut miteinander kombinieren.

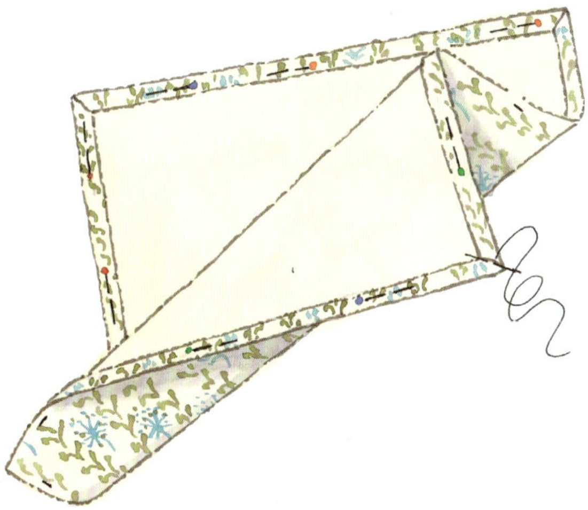

2 Alle Kanten 5 mm breit doppelt nach links umbügeln, feststecken und dort, wo die Kanten zusammentreffen, Briefecken arbeiten (siehe S. 192).

3 Den Saum entlang der gebügelten Kante feststeppen oder per Hand im Staffierstich (siehe S. 185) festnähen.

Teekannenwärmer

Ein Teekannenwärmer scheint in einer Welt mit Teebeuteln ein etwas altmodisches Utensil zu sein, aber frisch in einer Kanne aufgebrühter Tee schmeckt zweifellos besser. Nähen Sie also ruhig so eine gefütterte Kannenhülle, um Ihren Tee warm zu halten. Passend dazu haben wir die Wand über unserer Küchenzeile in leuchtendem Orange gestrichen. Das macht schon am frühen Morgen gute Laune, auch in Verbindung mit der Farbe der Stühle.

Sie brauchen

- Dekorationsstoff (z. B. Dawn Chorus – Duck Egg, Pumpkin and Winter), Maße siehe unten
- Kontrastierenden Dekorationsstoff für das Futter, Maße siehe unten
- Mitteldickes Volumenvlies, Maße siehe unten
- Nähgarn, farblich passend
- Papier für Schnittmuster
- Vorlage (siehe S. 220)

Maßnehmen

- Mithilfe des Schnittmusters (siehe Schritt 1) den benötigten Stoff ermitteln. Zwei Teile Dekorationsstoff, den Futterstoff und das Volumenvlies zuschneiden. Für die Schlaufe außerdem einen 3 x 8 cm langen Stoffstreifen einplanen.

1 Die Vorlage von S. 220 vergößern und ein Schnittmuster anfertigen. Bei der Vorlage sind 1,5 cm Nahtzugabe berücksichtigt. Der abgebildete Teekannenwärmer passt über eine große Kanne und hat die Maße 35,5 x 26,5 cm. Wenn Sie die Größe festgelegt haben, schneiden Sie mithilfe des Schnittmusters je zwei Teile aus Oberstoff (Front- und Rückteil), Futter und Volumenvlies zu.

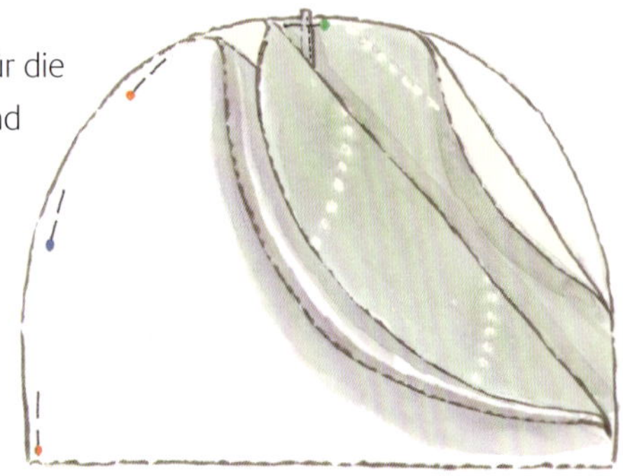

2 Aus dem Oberstoff ebenfalls für die Schlaufe 3 x 8 cm ausschneiden und diese nach Methode 2 nähen (siehe S. 202). Die Enden werden nicht versäubert. Ein Teil Volumenvlies flach hinlegen. Darauf kommt ein Oberstoffteil, mit der rechten Seite nach oben. Die Schlaufe mittig falten, die offenen Kanten bündig und oben in die Mitte heften. Das zweite Oberstoffteil, mit der rechten Seite nach unten, obenauf legen, und darauf wiederum die zweite Lage Volumenvlies. Den Rand rundum stecken und mit 1,5 cm Nahtzugabe durch sämtliche Lagen hindurch festnähen. Die Nahtzugabe vom Volumenvlies wegschneiden und die Nahtzugabe des Stoffes entlang der Rundung einknipsen. Das Teil auf rechts wenden.

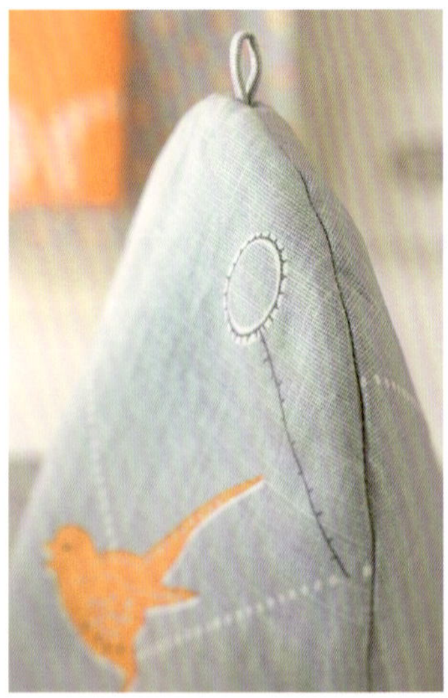

3 Nun die Futterteile rechts auf rechts legen, stecken und mit 1,5 cm Nahtzugabe zusammensteppen, bis auf 20 cm am oberen Rand. Bügeln. Mit der linken Seite des Futters außen das Teil über den Kannenwärmer stülpen, sodass Futter und Oberstoff rechts auf rechts aufeinanderliegen. Den unteren Rand rundum zusammenstecken, mit 1,5 cm Nahtzugabe festnähen. Die Nahtzugabe vom Volumenvlies wegschneiden.

4 Das Futter durch die Öffnung auf rechts wenden und die Öffnung per Hand im Staffierstich (siehe S. 185) schließen. Zum Schluss das Futter in den Kannenwärmer stülpen.

Lampenschirm

Eine alte Lampe erhält eine Verjüngungskur. Der Lampenschirm mit Kräuselrand wird über das Original gestülpt, und auf diese Weise ist es ganz einfach, einen verschlissenen oder altmodischen Schirm zu ersetzen. Lassen Sie den alten Schirm auf dem Lampenfuß, so kann er den Falten des neuen Halt geben. Ich habe als Material einen weichen Baumwollstoff verwendet, der schön locker fällt. Ist der Stoff fertig genäht, zupfen Sie ihn einfach an der unteren Kante in gleichmäßig aufliegende Falten.

Sie brauchen

- Dekorationsstoff aus Baumwolle (z.B. Dandelion Trellis – Cranberry and Stone), Maße siehe unten
- Nähgarn, farblich passend
- schmales, zweizugiges Gardinenkräuselband, Maße siehe unten
- glatten, schlichten Lampenschirm

Maßnehmen

- Die Tiefe des Lampenschirms (vom oberen bis zum unteren Rand) ausmessen, und mit dem Bandmaß den Umfang am unteren Rand.
- Den Stoff der Tiefe des Lampenschirms entsprechend berechnen, plus 15 cm Nahtzugabe, beim Maß des Umfangs, multipliziert mit 1,5. Ggf. die Stoffmaße etwas angleichen, damit der Musterverlauf an der Naht passt. (Durch die Anpassung kann der Schirm enger oder lockerer sitzen.)
- Die Länge des Gardinenbands dem errechneten Umfang entsprechend berechnen, plus 10 cm.

TIPP

Wenn Sie den Bezug über den alten Schirm stülpen, halten Sie ihn am oberen Rand fest, und ziehen Sie die Falten am unteren Rand gleichmäßig zurecht. So bleibt er in der Form liegen, wie Sie ihn arrangiert haben.

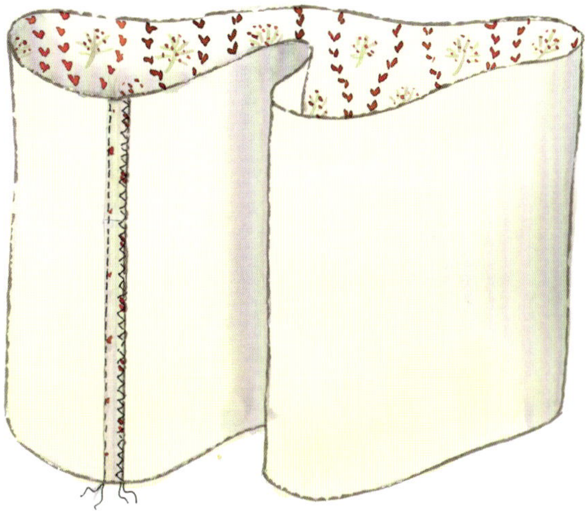

1 Die Schmalseiten des Stoffs rechts auf rechts stecken und mit 1,5 cm Nahtzugabe zusammennähen, sodass ein Ring entsteht. Die Nahtzugaben zu einer Seite hin bügeln und im Zickzackstich versäubern.

2 Zum Säumen den unteren Rand des Rings zuerst 1 cm und dann nochmals 4 cm breit nach links umbügeln. Knappkantig entlang der ersten Bügelkante absteppen. Den oberen Rand einfach 4 cm nach links umbügeln.

3 Das Gardinenband auf den oberen Saum stecken, sodass die offene Saumkante verdeckt wird, damit an der kurzen Seitennaht beginnen und enden. Je näher Sie das Band an den oberen Rand nähen, umso weniger Kräuseleffekt entsteht. Das Gardinenband entlang seiner Längskanten aufsteppen.

4 Die Schnüre leicht anziehen und den Stoff am oberen Rand auf Schirmumfang zusammenschieben. Die Schnurenden verknoten. Das Teil auf rechts wenden und auf den alten Lampenschirm setzen.

Bügelbrettbezug

Bügeln ist nicht gerade die beliebteste Hausarbeit, also machen Sie sich die Arbeit so angenehm wie möglich, z. B. mit diesem hübschen Bügelbrettbezug. Für den perfekten Sitz über dem Bügelbrett hat der Bezug am Rand einen Kordeldurchzug. Ziehen Sie ihn über das gepolsterte Brett, damit Sie eine weiche Bügelauflage haben.

Sie brauchen

- Leinen oder Leinenmischgewebe (z. B. Paisley Ground – Limestone and Raspberry), Maße siehe unten
- Nähgarn, farblich passend
- dünne Baumwollwattierung
- konfektioniertes Schrägband, 3 m Länge, 5 cm Breite
- Baumwollband, 4 m Länge, 5 mm Breite
- Papier für Schnittmuster
- Polster- oder Fädelnadel
- Sicherheitsnadel

Maßnehmen

- Mithilfe des angefertigten Schnittmusters (siehe Schritt 1) die benötigte Stoffmenge ermitteln. Ein Stoffteil und eine Wattierung in diesen Maßen zuschneiden.

1 Fertigen Sie ein Schnittmuster, indem Sie die Umrisse des Bügelbretts auf Papier übertragen, plus 3,5 cm Nahtzugabe rundum. Das Papier ausschneiden. Dem Schnittmuster entsprechend Stoff und Wattierung zuschneiden. Den Stoff glatt auslegen, mit der linken Seite nach oben. Die Wattierung kommt obenauf, die Kanten liegen bündig. Stecken und heften Sie beide Teile rundum zusammen.

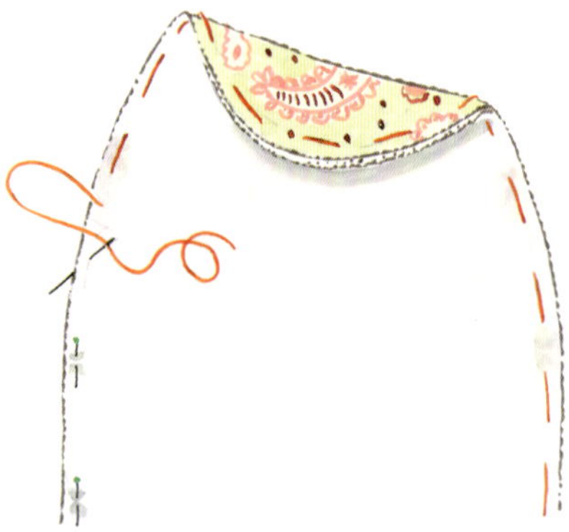

2 Das Schrägband an einem Ende auffalten und das Ende 1 cm nach links umbügeln. Das Schrägband mit der rechten Seite auf die Wattierung legen und, mittig am geraden, kurzen Ende des Bezugs beginnend, rundum aufstecken. Falten Sie es dabei nach und nach auseinander und stecken Sie den aufgefalteten Bruch mit 2,5 cm Abstand zum Rand auf den Bezug. Das Schrägband am Ende mit 1 cm Nahtzugabe abschneiden. Diese 1 cm nach links umfalten. Dann beide Enden des Schrägbands zusammenstecken.

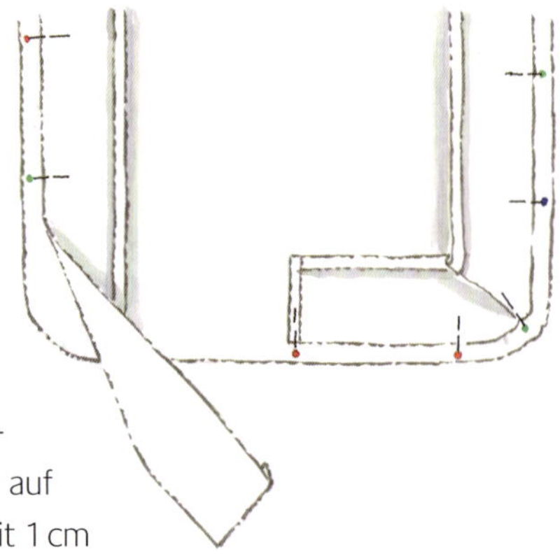

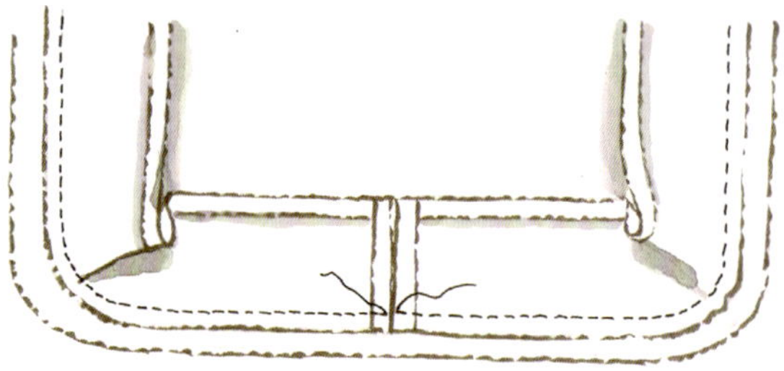

3 Das Schrägband rundum am aufgefalteten Bruch entlang feststeppen.

4 Das Schrägband zur rechten Seite des Bezugs umlegen, der Bruch des Schrägbands liegt bündig mit der Naht. Dann an der Nahtlinie entlang auf die rechte Bezugseite stecken und heften.

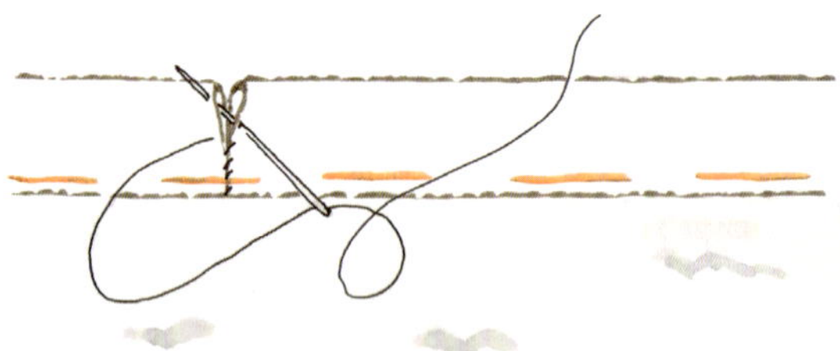

5 Von der linken Bezugseite aus die Enden des Schrägbands im geraden Überwendlichstich (siehe S. 186) schließen, aber nur bis zum Randbruch, auf der rechten Bezugsseite bleibt eine Öffnung. Das Schrägband entlang der Heftung feststeppen und dann die Heftnaht entfernen.

6 Ein Ende des Baumwollbands mithilfe einer Polster- oder Fädelnadel durch die Öffnung im Schrägband, den Durchzug und wieder zur Öffnung zurück fädeln. Das freie Bandende vorab mit einer Sicherheitsnadel fixieren. Die Bandenden ca. 20 cm lang lose hängen lassen. Den Bezug über das Bügelbrett stülpen und die Bandenden straff ziehen, sodass sich der Bezug passgenau um das Brett legt. Verknoten Sie die Bandenden, und stecken Sie sie auf der Brettunterseite unter den Bezug.

Waschbeckenvorhang

Mit dieser Stoffkombination aus meiner Skandinavischen Kollektion bin ich besonders glücklich. Dieser gestreifte Waschbeckenvorhang mit gepunkteter Rüschenborte verbirgt nicht nur das hässliche Abflussrohr, sondern bietet auch Stauraum für Putzmittelvorräte und Handtücher. In unserem Haus ist das Fensterbrett über dem Waschbecken außerdem ein hübscher Platz für Blumentöpfe, die Duft und Farbe in den Raum bringen.

Sie brauchen

- Dekorationsstoff (z. B. Stockholm Stripe – Clay and Sweet Pea), Maße siehe unten
- Kontrastierenden Dekorationsstoff (z. B. Pretty Maids – Sweet Pea), Maße siehe unten
- Nähgarn, farblich passend
- Vinylbezogenen Draht, Haken und Ösen
- Drahtzange

Maßnehmen

- Für die Länge des Vorhangs vom Boden bis zur benötigten Höhe am Waschbeckenrand messen, plus 6,5 cm für Saum- und Nahtzugaben.
- Für die Breite des Vorhangs das Waschbecken von der Rückwand an einer Seite rundum nach vorne bis zur Rückwand an der anderen Seite messen und dieses Maß doppelt nehmen. Ggf. mehrere Bahnen für die erforderliche Breite aneinandernähen (siehe S. 188).
- Für die Rüschenborte vom Kontraststoff die gleiche Breite wie vom Dekorationsstoff berechnen, bei 16,5 cm Länge. Das ergibt schließlich eine Rüsche von 6,5 cm Länge. Ggf. mehrere Bahnen für die erforderliche Breite aneinandernähen (siehe S. 188).

TIPP

Bevor Sie die Haken an der Wand anbringen, müssen Sie ggf. kleine Holzblöcke für zusätzlichen Halt montieren.

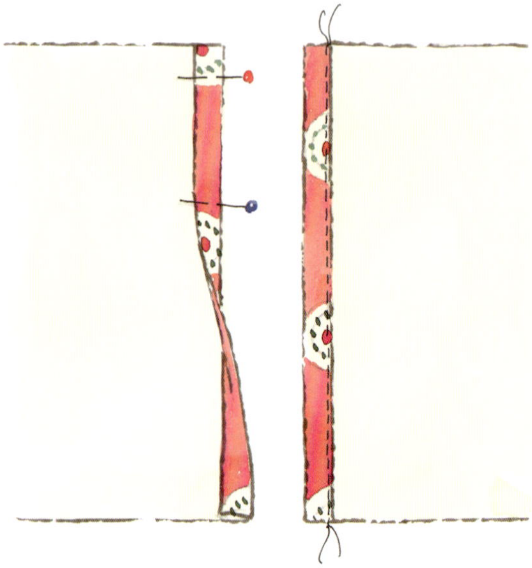

1 Die Stoffe im errechneten Maß zuschneiden. Ggf. mehrere Bahnen aneinandernähen (siehe S. 188), um die benötigte Stoffbreite zu erhalten. Die kurzen Seiten des Kontraststoffs jeweils 1 cm breit doppelt nach links umbügeln stecken und feststeppen. Ebenso an den kurzen Seiten des Hauptstoffs vorgehen.

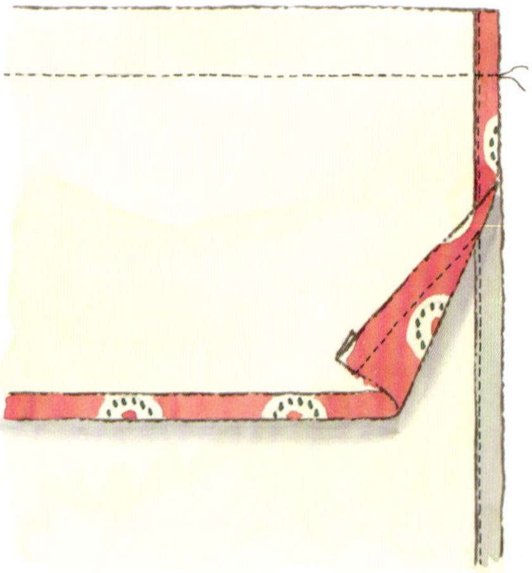

2 Eine Längskante des Kontraststoffs ebenfalls 1 cm nach links umbügeln. Die rechte Seite des Kontraststoffs auf die linke Seite des Hauptstoffs legen und die andere Längskante des Kontraststoffs an die obere Kante des Hauptstoffs stecken. Die offenen Kanten liegen bündig und die Säume an den Seiten gleich. Mit 2,5 cm Nahtzugabe festnähen.

TIPP

Wenn der Rand Ihres Waschbeckens bzw. der Spüle nach unten gerundet ist, hat der Vorhang vielleicht nicht genug Halt. Dann bringen Sie zusätzlich zur Halterung mit Draht und Ösen etwas selbstklebendes Klettband an. Die Hakenseite des Tapes kleben Sie auf die Vorderseite des Waschbeckens, und die Haftseite nähen Sie per Hand auf die linke Vorhangseite. Drücken Sie dann die beiden Klettbandteile aufeinander.

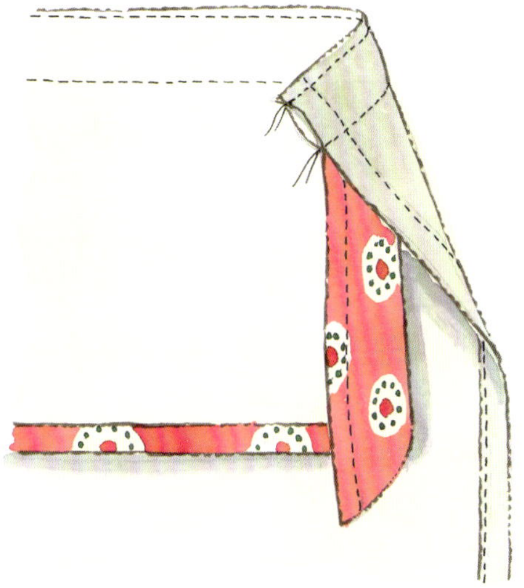

3 Nun die offenen Kanten nochmals mit 5 mm Nahtzugabe zusteppen. So entsteht ein 2 cm breiter Durchzug innerhalb des Saums.

4 Den Kontraststoff zur rechten Seite des Hauptstoffs umfalten. Seine Saumkante bündig zur Saumnaht des Hauptstoffs feststecken, wie gezeigt, und auf der rechten Seite per Hand im Staffierstich (siehe S. 185) fixieren. Den umgefalteten Bruch bügeln. Außerdem die Endkanten des Kontraststoffs bis dicht über dem Durchzug per Hand im Staffierstich zusammennähen.

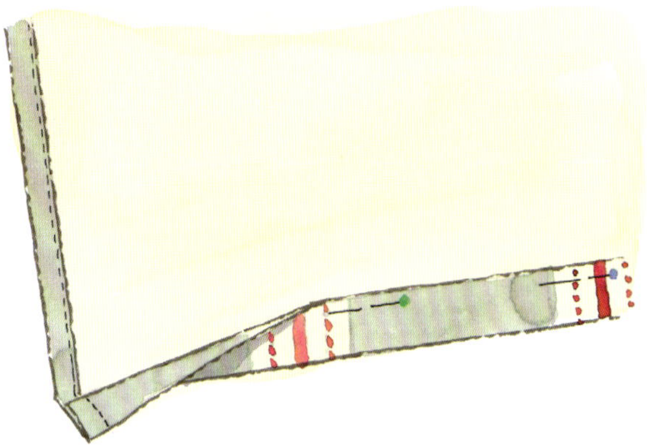

5 Die untere Längskante des Hauptstoffs 2 cm breit doppelt nach links umbügeln, stecken und festnähen.

6 Auf beiden Seiten des Waschbeckens in der passenden Höhe die Haken an der Wand anbringen. Ein Drahtende mit einer Ringöse verbinden und diese an einem der Haken einhängen. Ziehen Sie den Draht dann straff um den Waschbeckenrand bis zum anderen Haken. Den Draht einkürzen und eine zweite Ringöse an diesem Drahtende fixieren. Den Draht nun durch den Vorhangdurchzug fädeln. Raffen Sie den Vorhang gleichmäßig, und hängen Sie die zweite Öse im Haken ein.

Beutel mit Zugband

Meine Skandinavische Kollektion hat wegen ihrer schönen Farben und Muster etwas sehr Erfrischendes und eignet sich ideal zur Kreation von kleineren Projekten, wie beispielsweise diesen Beuteln. Sie sorgen mit Leichtigkeit für Ordnung im Badezimmer, denn jedes Familienmitglied hat ein Exemplar für seinen Krimskrams.

Sie brauchen

- Dekorationsstoff (z. B. Stockholm Stripe Reihe), Maße siehe unten
- Nähgarn, farblich passend
- Baumwollkordel, 120 cm

Maßnehmen

- Für den Dekorationsstoff ein Front- und ein Rückteil berechnen, jeweils 41 x 61 cm, plus einen Stoffstreifen für den Durchzug, 78 cm Länge, bei 5 cm Breite.

TIPP

Um die Kordel durch den Durchzug zu fädeln, binden Sie ein Kordelende an eine Sicherheitsnadel. Schieben Sie die geschlossene Nadel durch die Öffnung im Durchzug. Raffen Sie den Stoff Stück für Stück in der Hand, schieben Sie die Nadel nach, und ziehen Sie den Stoff hinter der Nadel wieder glatt. Wiederholen Sie dies, bis die Nadel wieder an der Öffnung zum Vorschein kommt. Ziehen Sie die Kordelenden gleich lang aus der Öffnung und knoten Sie die Enden zusammen.

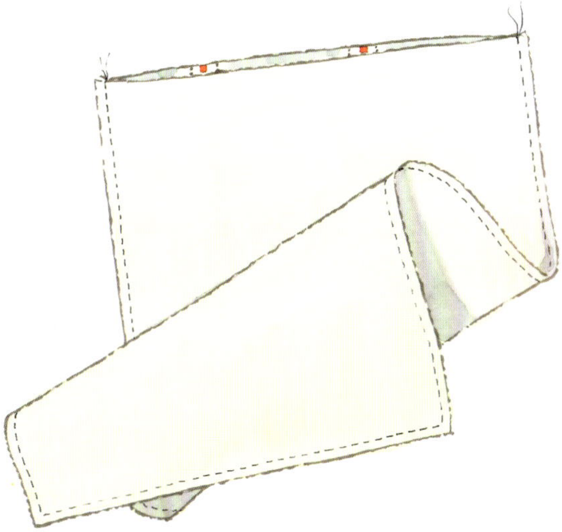

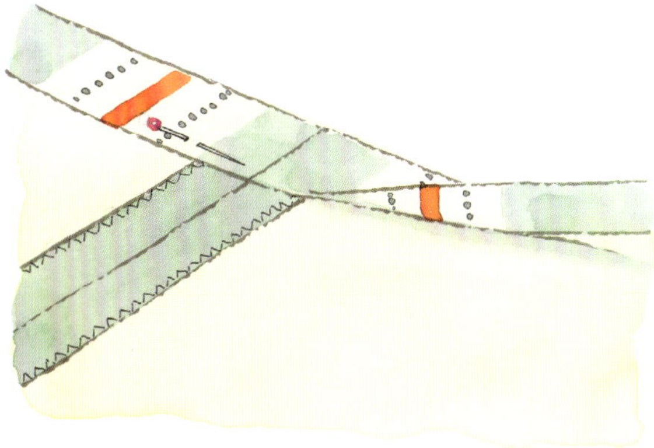

1 Den Stoff zuschneiden. Front- und Rückteil rechts auf rechts entlang der Seitenkanten und am unteren Rand zusammenstecken und mit 1,5 cm Nahtzugabe steppen. Die Kanten der Nahtzugabe einzeln im Zickzackstich versäubern. Die Nahtzugaben auseinanderbügeln und das Teil auf rechts wenden.

2 Die obere Kante des Beutels zuerst 1 cm und dann nochmals 2,5 cm breit nach links umbügeln. Stecken und knappkantig an der Saumkante entlangsteppen.

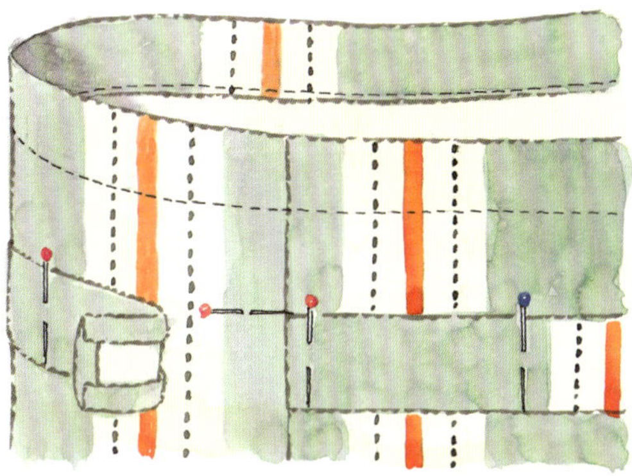

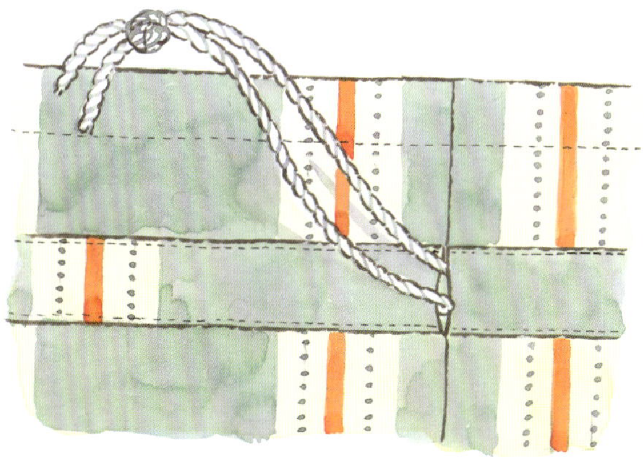

3 Mit Stecknadeln rundum eine Linie 5 cm parallel zum oberen Rand markieren. Zuerst die beiden Schmalseiten des Streifens 1 cm breit nach links umbügeln und dann die beiden Längskanten. Die linke Seite des Streifens entlang der Stecknadelmarkierung auf die rechte Seite des Beutels stecken. Damit an einer der Seitenkanten beginnen und enden. Den Streifen längs rundherum aufsteppen. Die Enden bleiben offen.

4 Mithilfe einer Sicherheitsnadel die Kordel durch den Durchzug fädeln. Die Kordelenden werden zusammengeknotet.

Wäscheklammerbeutel

Bei gutem Wetter lasse ich meine Wäsche stets draußen auf der Leine trocknen. Das spart nicht nur Kosten für den Trockner, sondern schont auch die Umwelt. Zudem duftet die Wäsche herrlich frisch und Leinenwäsche trocknet fast knitterfrei. Dieser Wäscheklammerbeutel aus dem Stoff »Out and About« leistet mir dabei übrigens sehr praktische Dienste.

Sie brauchen

- Dekorationsstoff (z.B. Out and About – Forget-me-not and Denim), Maße siehe unten
- Nähgarn, farblich passend
- Kinderkleiderbügel aus Holz
- Papier für Schnittmuster
- Vorlage (siehe S. 221)

Maßnehmen

- Mithilfe des Schnittmusters (siehe Schritt 1) die benötigte Stoffmenge für je zwei Ober-, Unter- und Rückteile berechnen.
- Außerdem einen Stoffstreifen als Hülle für den Bügelhaken à 15 x 4 cm (schräg zum Fadenlauf) und einen Stoffstreifen für die Schleife à 48 x 2,5 cm (im Fadenlauf) zuschneiden.

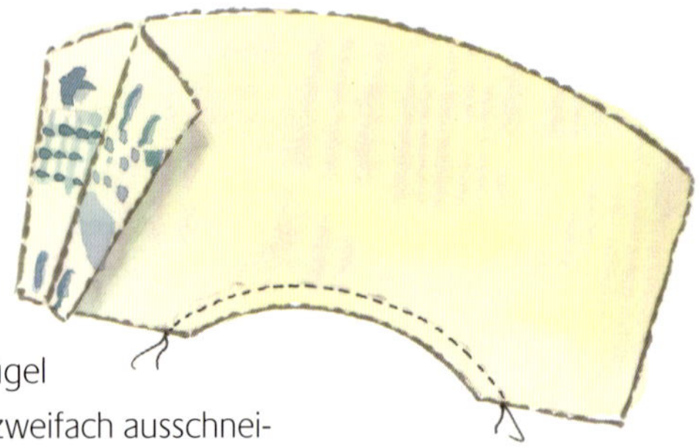

1 Vergrößern Sie die Vorlage von S. 221, um das Schnittmuster für die einzelnen Stoffteile anzufertigen. 1,5 cm Nahtzugabe ist bereits berücksichtigt, aber ggf. müssen Sie das Maß an Ihren Bügel anpassen. Die drei Stoffteile je zweifach ausschneiden (ein Teil fungiert jeweils als Futter). Zwei Front-Oberteile rechts auf rechts am geschwungenen, unteren Rand stecken und mit 1,5 cm Nahtzugabe zusammennähen. Die Nahtzugabe zurückschneiden, das Teil auf rechts wenden und bügeln.

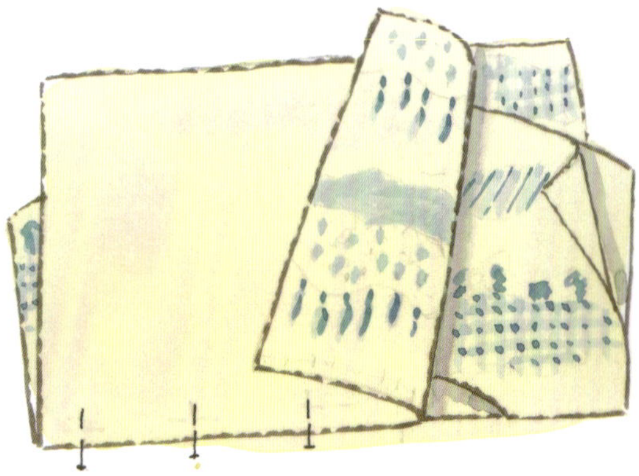

2 Ein Front-Unterteil (es wird das Futter) mit der rechten Seite nach oben flach hinlegen, darauf das eben zusammengenähte Front-Oberteil mit der rechten Seite nach oben und darüber das zweite Front-Unterteil mit der linken Seite nach oben. Die Kanten (siehe Abb.) unten zusammenstecken und mit 1,5 cm Nahtzugabe durch alle Lagen steppen.

3 Die Frontseite auf rechts wenden und bügeln. Das Teil mit dem Futter nach unten hinlegen und ein Rückteil, ebenfalls mit der linken Seite nach unten, obenauf. Das andere Rückteil (fürs Futter) kommt mit der rechten Seite nach oben darauf. Die Kanten rundum stecken und mit 1,5 cm Nahtzugabe festnähen. In der oberen Mitte lassen Sie eine 2 cm große Öffnung für den Bügelhaken.

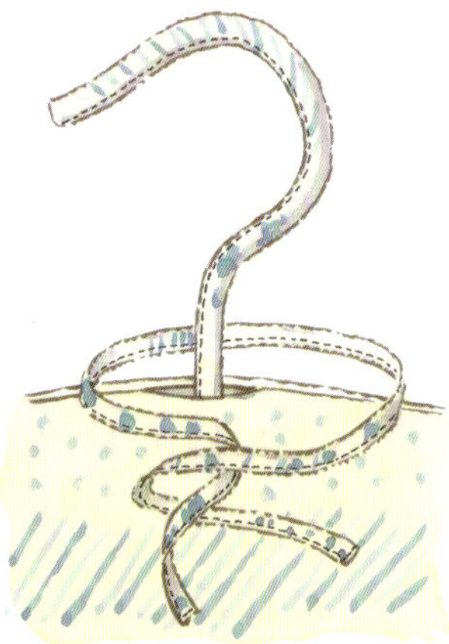

4 Das Teil durch die vordere Öffnung auf rechts wenden. Den Schrägstreifen zuschneiden und wie beim Gefütterten Kleiderbügelbezug, Schritt 3 (siehe S. 169), eine Hülle für den Bügelhaken nähen. Den Beutel duch die obere Öffnung über den Kleiderbügel ziehen. Den anderen Stoffstreifen zuschneiden und nach Methode 1 (siehe S. 202) ein Schleifenband nähen. Beide Enden versäubern. Das Band um den stoffbezogenen Haken binden.

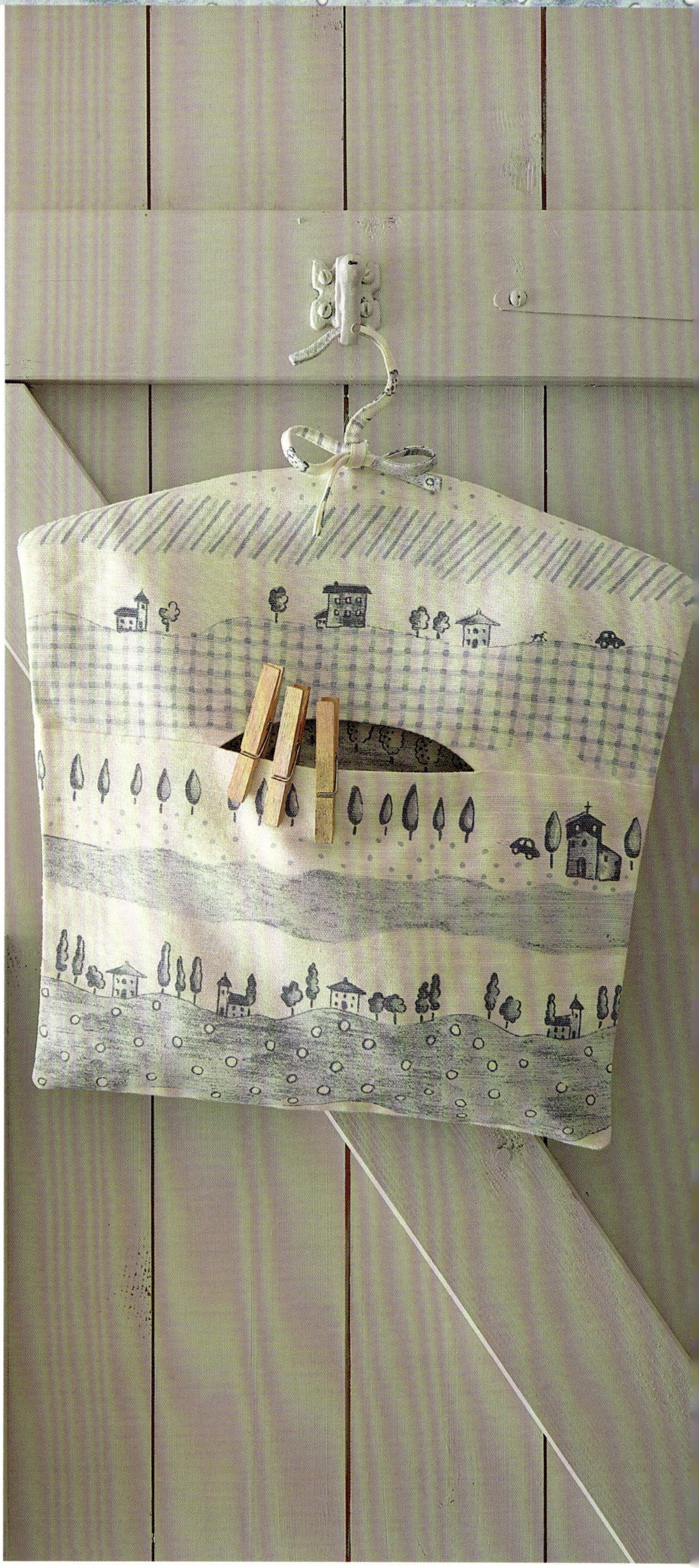

Wärmflaschenhülle

Trotz Zentralheizung ist es angenehm, eine Wärmflasche zur Hand zu haben, wenn es kalt ist oder wir uns nicht wohlfühlen. Der Stoff mit dem fröhlichen Punktemuster ist eine hübsche Wahl für eine Wärmflaschenhülle. Ein besonderer Effekt entsteht, wenn sich der Print in einer Kontrastfarbe für das Futter wiederholt, so wie hier: Der Oberstoff ist in Grün und das Futter in Weiß gehalten.

Sie brauchen

- Dekorationsstoff (z. B. Pretty Maids – Lime, Teal and Winter), Maße siehe unten
- Kontrastierenden Dekorationsstoff (z.B. Pretty Maids – Winter), Maße siehe unten
- Nähgarn, farblich passend
- Papier für Schnittmuster

Maßnehmen

- Für den Oberstoff ein Schnittmuster nach Schritt 1 anfertigen. Stoff für zwei Teile einplanen. Außerdem vier Stoffstreifen zuschneiden, je 4 x 25 cm.
- Für den Futterstoff zwei Teile im gleichen Maß wie für den Hauptstoff kalkulieren.

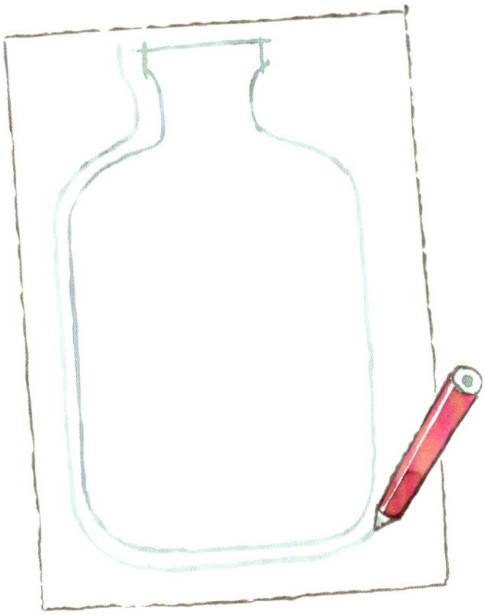

1 Für das Schnittmuster die Konturen der Wärmflasche auf Papier zeichnen, plus rundum 2 cm Nahtzugabe. Aufgrund der Dicke des Stopfens oben zusätzlich 5 mm dazugeben. Das Papier mittig falten und ausschneiden; so entsteht eine absolut symmetrische Vorlage. Das Papier wieder auseinanderfalten und die Größe überprüfen. Wenn alles passt, damit zwei Teile aus Oberstoff und zwei Teile aus Futterstoff zuschneiden.

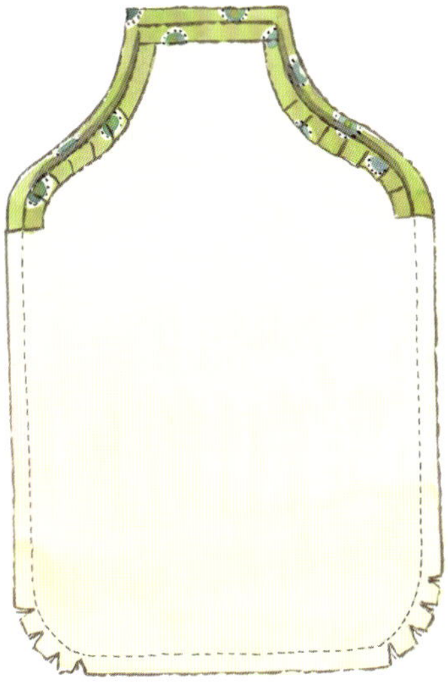

2 Die beiden Oberstoffteile an den Seiten und dem unteren Rand rechts auf rechts stecken und mit 1 cm Nahtzugabe zusammensteppen. Die oberen, runden Kanten bleiben offen. Die Nahtzugaben an den unteren, gerundeten Ecken einknipsen (siehe S. 190). Die oberen, offenen Kanten 1 cm breit umbügeln und ebenfalls einknipsen. Achten Sie darauf, nicht in den Bügelbruch zu schneiden. Das Ganze für die Futterteile wiederholen.

3 Die Außenhülle auf rechts wenden, das Futter bleibt auf links. Das Futter in die Außenhülle schieben, sodass jeweils die linken Seiten beider Hüllen aufeinanderliegen und die Seitennähte und die oberen Kanten gleich liegen. Jetzt jeweils ein Oberstoffteil und ein Futterteil oben zusammenstecken.

4 Aus Oberstoff die vier Schlaufen zuschneiden und nach Methode 1 (siehe S. 202) nähen, dabei jeweils ein Schlaufenende versäubern. Das jeweils andere Schlaufenende an die oberen, gesteckten Kanten zwischen Ober- und Futterstoff heften, sodass beidseitig des »Halses« je eine Schlaufe vorne und hinten gegenüberliegend sitzt. Die Kanten per Hand mit Staffierstichen schließen (siehe S. 185) und die Schlaufen dabei mitfassen. Die Heftung entfernen.

Lavendel-Herz

Diese hübschen und nützlichen Lavendelsäckchen können aus kleinen Stoffresten genäht werden; die Motive habe ich jeweils mittig auf der Herzform platziert. Man kann sie in eine Kommode legen, sodass die Wäsche gut duftet. Oder sie bekommen eine Schlaufe zum Aufhängen an einen Kleiderbügel, siehe S. 168. Vielleicht haben Sie einen Lavendelstrauch in Ihrem Garten. Dann ernten Sie die Zweige an einem warmen Tag und trocknen sie kopfüber in einer Papiertüte. Danach schütteln Sie die getrockneten Blüten einfach aus.

1 Legen Sie die gewünschte Größe für das Herz fest. Idealerweise ist das Herz etwas breiter als hoch, sodass es schön rund geformt ist. Das Papier viereckig so zuschneiden, dass es 1 cm kleiner als die gewünschte Breite und Höhe ist. Vertikal mittig falten und, das Papier voll ausfüllend, eine halbe Herzform aufzeichnen. Das Papier entlang der Linie durch beide Lagen ausschneiden. Das Herz auffalten und als Schnittmuster für die zwei Teile aus dem Futterstoff verwenden.

2 Die Teile dann rechts auf rechts stecken und mit 1 cm Nahtzugabe zusammennähen. Lassen Sie eine Seite 10 cm weit offen. Die Nahtzugabe an der Spitze abschrägen und an den Rundungen einknipsen (siehe S. 190), dann das Teil auf rechts wenden. Stopfen Sie es mit Füllmaterial Ihrer Wahl. Ggf. ist ein Löffelstiel o. Ä. dabei hilfreich. Die Lavendelblüten mithilfe eines Trichters einfüllen. Die offenen Kanten an der Öffnung nach innen umfalten und per Hand im Staffierstich (siehe S. 185) schließen.

Sie brauchen

- Oberstoff (z. B. Four Seasons – Sea Pink and Olive oder Lazy Daisy – Cranberry and Sea Pink), Maße siehe unten
- Futterstoff, Maße siehe unten
- Nähgarn, farblich passend
- Papier für Schnittmuster
- Getrocknete Lavendelblüten, Federn oder Füllwatte
- Druckknöpfe

Maßnehmen

- Für das Vorderteil und die beiden Rückteile Schnittmuster anfertigen (siehe Schritte 1 und 3). Ein Teil aus Oberstoff rundum 1,5 cm größer berechnen als die Schnittmuster für jedes der drei Teile.
- Für das Futter den Stoff für zwei Teile im gleichen Maß wie für das Vorderteil berechnen.

3 Mithilfe des Schnittmusters ein Teil aus dem Oberstoff rundum 1,5 cm größer als das Muster ausschneiden. Auf dem Schnittmuster eine Linie anzeichnen, 2,5 cm parallel zum Mittelbruch. Das Schnittmuster an dieser Linie falten und zwei Rückteile aus dem Oberstoff zuschneiden, ebenfalls jeweils rundum 1,5 cm größer als das Schnittmuster.

4 Bei beiden Teilen jeweils die gerade Kante ganz schmal doppelt umbügeln und knappkantig feststeppen. Die Rückteile rechts auf rechts an das Vorderteil stecken. Die geraden Kanten überlappen einander. An den Außenkanten rundum mit 1 cm Nahtzugabe zusammennähen. Die Nahtzugabe an der Spitze abschschrägen und an den Rundungen einknipsen. Das Teil auf rechts wenden. An der Öffnung fixieren Sie Druckknöpfe und stecken das Futterherz hinein.

TIPP

Sie können das Schnittmuster erheblich vergrößern und ein Kissen für Ihr Bett nähen. Füllen Sie es mit getrocknetem Lavendel und Hopfen. Beidem wird nämlich eine schlaffördernde Wirkung nachgesagt.

Gefütterter Kleiderbügelüberzug

Hier zeige ich eine weitere Alternative für die Verwendung von Stoffresten. Ein verregneter Nachmittag kommt gerade recht, um z. B. einen Kleiderbügelbezug zu nähen. So etwas ist praktisch, wenn man feine Wäsche mit dünnen Trägern hat, die ansonsten von den konventionellen Bügeln rutscht.

Sie brauchen

- Dekorationsstoff (z. B. Pretty Maids – Clay and Sweet Pea oder Pretty Maids – Sweet Pea), Maße siehe unten
- Volumenvlies
- Nähgarn, farblich passend
- Kleiderbügel aus Holz
- Papier für Schnittmuster
- Vorlage (siehe S. 222)

Maßnehmen

- Mithilfe des Schnittmusters (siehe Schritt 1) die benötigte Stoffmenge ermitteln. Gebraucht wird ein Teil je Bügel.
- Außerdem einen Stoffstreifen, 15 x 4 cm (schräg zum Fadenlauf) für den Bügelhaken zuschneiden.

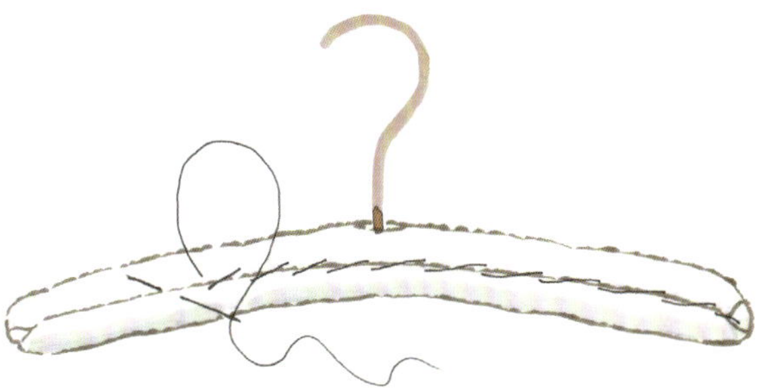

1 Den Bügel mit dem Volumenvlies umhüllen und es vorsichtig per Hand festnähen. Überstehende Teile wegschneiden. Vergrößern Sie die Vorlage von S. 222, um ein Schnittmuster für den Bezugstoff anzufertigen. 1cm Nahtzugabe ist bei der Vorlage bereits rundum berücksichtigt, aber ggf. müssen Sie Ihr Schnittmuster anpassen. Mithilfe des Schnittmusters dann ein Teil aus Stoff zuschneiden.

2 Den Stoff rundum 1 cm breit nach links umbügeln. An den Rundungen die Nahtzugabe einschneiden. Den gepolsterten Bügel auf die obere Stoffhälfte legen und die untere Stoffhälfte nach oben über den Bügel falten. Die Kanten zusammenstecken.

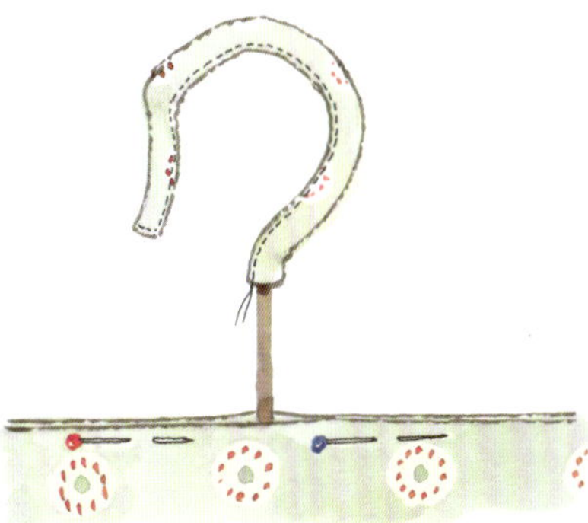

3 Den Schrägstreifen zuschneiden. Den Streifen als Schlaufe nach Methode 1 nähen (siehe S. 202), aber nur ein Ende versäubern. Den Streifen am offenen Ende über den Bügelhaken stülpen und die offenen Kanten in den oberen Rand des Bezugs schieben.

4 Mit doppeltem Faden eine Reihe großer Heftstiche (siehe S. 186) an der oberen Kante des Bezuges entlang nähen. Beginnen Sie in der Mitte, fassen Sie die offenen Kanten des Bezugs am Bügelhaken mit, und nähen Sie zu einer Seite hin. Dabei den Stoff leicht kräuseln. Den Faden sichern und das Ganze zur anderen Seite hin wiederholen.

Henkelbeutel

Dieser Shopper lässt sich ganz schnell nähen. Er ist nicht nur praktisch und bei Bedarf waschbar, sondern ist auch noch ein toller Ersatz für Plastiktüten, die der Umwelt schaden. Er gefällt mir im Stoffdesign »Butterfly Dance« ausgesprochen gut. Das ist übrigens wieder ein ganz einfaches Projekt für Nähanfänger. Da können Sie gleich noch einen Beutel, z. B. für eine Freundin, machen!

Sie brauchen

- Dekorationsstoff (z. B. Butterfly Dance – Pigeon and Teal), Maße siehe unten
- Nähgarn, farblich passend

Maßnehmen

- Die Größe des Beutels festlegen, plus 3 cm Nahtzugabe in der Breite und 6,5 cm Saum- und Nahtzugabe in der Höhe. Den Stoff für zwei gleiche Teile, Vorder- und Rückseite, zuschneiden.
- Außerdem Stoff für die zwei Henkel, je 68,5 x 8 cm, einplanen.

TIPP

Die Nähte sind bei schweren Einkäufen starker Belastung ausgesetzt. Verstärken Sie sie daher eventuell mit doppelten Nähten.

1 Vorder- und Rückteil sowie die beiden Streifen für die Henkel zuschneiden. Vorder- und Rückteil rechts auf rechts stecken und die Längsseiten sowie den unteren Rand mit 1,5 cm Nahtzugabe zusammennähen. Die Nahtzugaben im Zickzackstich versäubern. Den Beutel auf rechts wenden, die oberen Kanten 2,5 cm doppelt nach links umbügeln und den Saum stecken.

2 Für die Henkel die Streifen jeweils längs mittig rechts auf rechts falten. Die Längskanten (jedoch nicht die Schmalseiten) mit 1 cm Nahtzugabe zusammennähen. Die Nahtzugabe an den Längsseiten auf 5 mm einkürzen und die Streifen jeweils auf rechts an der Naht wenden. Die Streifen bügeln, sodass die Naht exakt entlang der Bruchkante führt. Die beiden Längsseiten jedes Streifens knappkantig absteppen.

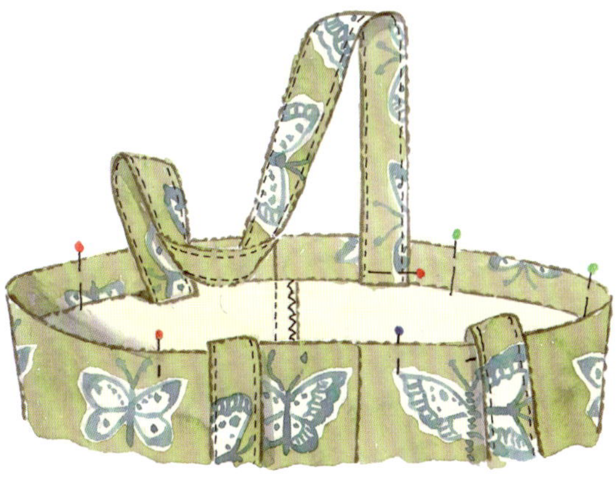

3 Mit Stecknadeln die Positionen der Henkel am oberen Rand des Beutels markieren, jeweils beidseitig mit 7,5 cm Abstand zu den Seitennähten, sowohl am Vorder- als auch am Rückteil. Alle Henkelenden jeweils 1,5 cm nach links umbügeln. Dann die Enden eines Henkels jeweils an den markierten Stellen unter den losen Saum des Vorderteils schieben; der Bügelbruch liegt exakt bündig mit der Saumkante des Beutels. Feststecken. Den anderen Henkel spiegelverkehrt genauso am Rückteil anbringen. Achten Sie darauf, dass die Henkel nicht in sich verdreht sind. Jetzt den unteren Saumrand des Beutels rundum knappkantig feststeppen, die Henkel werden dabei mitgefasst.

4 Die Henkel nach oben ausrichten und abschließend den Beutel rundum an der oberen Saumkante entlang knappkantig absteppen.

Küchenschürze

Eine Küchenschürze ist nicht nur praktisch, sie ist auch optisch ein fröhlicher Farbtupfer, vor allem, wenn Sie die Schürze aus dem blumenrankenverzierten Stoff »Up The Garden Path« in leuchtendem Beerenrot nähen. Das Leinen ist robust und in den aufgesetzten Taschen sind die Kochlöffel stets zur Hand. Die Schürze hängt griffbereit und als hübscher Eyecatcher einfach am Küchenschrank.

1 Verwenden Sie als Vorlage für das Schnittmuster Ihre Lieblingsschürze. Damit das Schnittmuster absolut symmetrisch wird, die Vorlagenschürze sowie das Papier vertikal mittig falten. Der Bruch von Schürze und Papier liegt jeweils bündig. Beim Übertragen des Umrisses rundum 2 cm als Nahtzugabe dazugeben. Das Papier an den Konturen durch beide Lagen hindurch ausschneiden und wieder auseinanderfalten. Beim Schnittmuster für die aufgesetzten Taschen ebenso vorgehen, plus 3 cm in der Tiefe und 2 cm in der Breite für die Nahtzugaben. Anhand der Schnittmuster die Schürze aus dem Hauptstoff und die Taschen aus dem Kontraststoff zuschneiden.

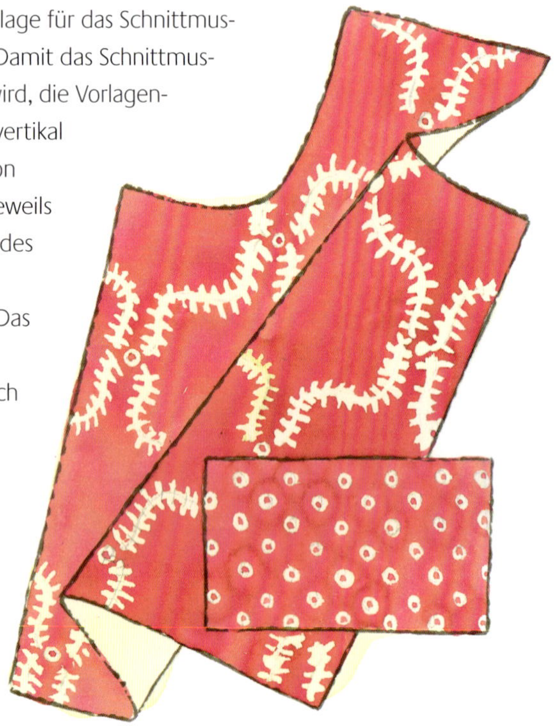

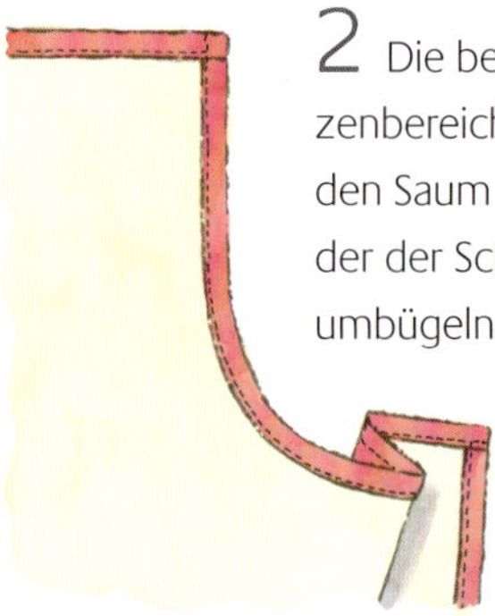

2 Die beiden gerundeten Seitenränder im oberen Schürzenbereich 1 cm breit doppelt nach links umbügeln und den Saum knappkantig absteppen. Die übrigen Seitenränder der Schürze ebenfalls 1 cm breit doppelt nach links umbügeln und ebenso festnähen.

Sie brauchen

- Baumwollleinen, bedruckt (z. B. Up the Garden Path – Sweet Pea), Maße siehe unten
- Kontrastierendes Baumwollleinen (z. B. Pretty Maids – Sweet Pea) Maße siehe unten
- Nähgarn, farblich passend
- Baumwollwebband, weiß, 2,5 x 4 cm
- Papier für Schnittmuster

Maßnehmen

- Mithilfe des Schnittmusters (siehe Schritt 1) den benötigten Hauptstoff berechnen. Für eine Schürze den Schürzenteil aus dem Hauptstoff und den Taschenteil im Kontraststoff einplanen.

3 Den oberen Rand der Tasche 1 cm breit doppelt nach links umbügeln, stecken und den Saum feststeppen. Dann die übrigen drei Seiten 1 cm nach links umbügeln.

4 Die Tasche links auf rechts mittig zwischen den Seitenkanten der Schürze und parallel zum unteren Rand positionieren, auf gleicher Höhe wie bei der Originalschürze. Stecken und an den Seitenkanten und dem unteren Rand knappkantig aufsteppen. Dann eine zweite Naht 5 mm nach innen parallel zur ersten Naht nähen. Um die Tasche in zwei Fächer zu unterteilen, werden zudem mittig vertikal zwei parallele Nähte mit jeweils 5 mm Abstand zueinander gesteppt.

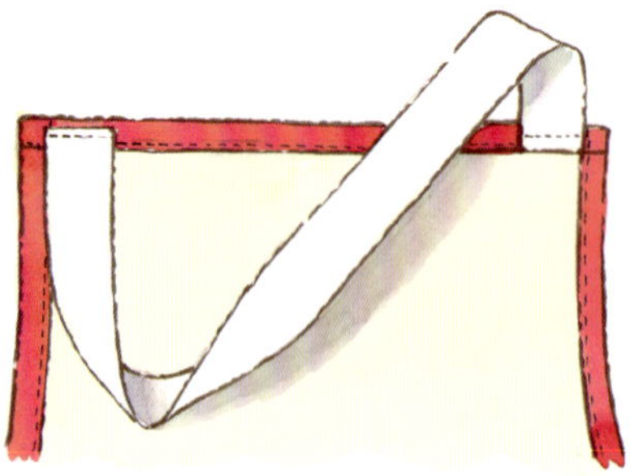

5 Für das Nackenband ein Stück des Webbands von 57 cm Länge zuschneiden. Auf der linken Schürzenseite ein Bandende bündig mit der oberen Saumkante (und mit 1 cm Abstand zum Seitenrand) feststecken. Entlang der Saumnaht aufsteppen. Das Band dann nach oben legen, über den oberen Schürzenrand hinweg, und erneut feststeppen, diesmal knappkantig am oberen Schürzenrand entlang. An der anderen Seite mit dem anderen Bandende wiederholen. Achten Sie darauf, dass das Band nicht in sich verdreht ist.

6 Für die Taillenbänder das restliche Webband in zwei gleich lange Stücke schneiden. Beidseitig jeweils eines der Enden an die geraden Seitenkanten der Schürze nähen, genauso wie für das Nackenband in Schritt 5 beschrieben.

Sitzpuff

So ein Sitzpuff ist vor allem bei Kindern und Teenagern sehr beliebt. Darauf lässt es sich z. B. vor dem Kamin herrlich relaxen. Der graue Leinenstoff hält dank seiner Robustheit einiges aus, und die Farbe ist schmutzunempfindlich. Ein Sitzpuff wird häufig auf dem Boden hin und her geschoben. Aufgrund dieser Beanspruchung ist es ratsam, die Nähte doppelt zu arbeiten, um Verschleiß zu vermeiden.

Sie brauchen

- Dekorationsstoff (z. B. Plain Linen Union – Charcoal), Maße siehe unten
- Nesselstoff in gleichem Maß wie der Dekorationsstoff
- Nähgarn, farblich passend
- Reißverschluss, 8 cm kürzer als der Durchmesser des Basisteils
- Polystyrol-Pellets
- Papier für Schnittmuster
- Bindfaden
- Zeichenstift oder Reißzwecke

Maßnehmen

- Durchmesser und Höhe des Sitzpuffs festlegen.
- Für das Oberteil ein Stoffquadrat berechnen, dessen Seitenlängen dem Maß des Durchmessers entsprechen, plus rundum 1,5 cm Nahtzugabe.
- Für das Bodenteil zwei halbkreisförmige Stoffteile berechnen, jeweils der Hälfte des Oberteils entsprechend, plus 1,5 cm Nahtzugabe an der geraden Kante.
- Für das Seitenteil den Umfang des oberen Schnittmusters ausmessen. Demgemäß ein Stoffrechteck mit Längskanten im Maß des Umfangs plus 3 cm Nahtzugaben berechnen, bei der gewünschten Höhe, plus 3 cm für Nahtzugaben.

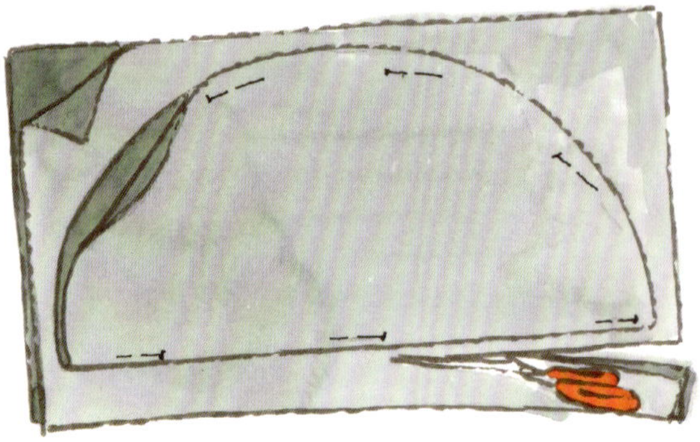

1 Aus Papier ein Schnittmuster für das Oberteil anfertigen und den Stoff entsprechend zuschneiden (Vorgehen wie für die runde Tischdecke, siehe S. 120, Schritt 1–3 beschrieben, jedoch mit 1,5 cm Nahtzugabe rundum). Dann das Oberteil mittig falten und diese Form verwenden, um zwei halbkreisförmige Bodenteile aus dem Dekorationsstoff zuzuschneiden. Beide Teile haben die gleichen Maße wie das gefaltete Oberteil plus 1,5 cm Nahtzugabe an der geraden Kante. Nun das Seitenteil in den errechneten Maßen aus dem Stoff zuschneiden. Alle Teile in den selben Maßen auch aus dem Nesselstoff zuschneiden.

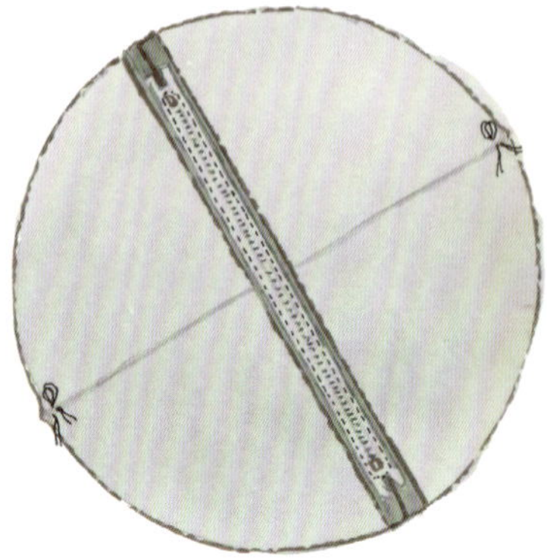

2 Die Bodenteile aus Oberstoff an der geraden Kante mit 1,5 cm Nahtzugabe rechts auf rechts zusammenstecken und heften. Die Naht an beiden Seitenenden nur jeweils 4 cm zusammensteppen. Die Mitte bleibt geheftet. Die Nahtzugaben auseinanderbügeln und den Reißverschluss einnähen (siehe S. 201). Die Heftung entfernen. Das Bodenteil mittig quer zum Reißverschluss falten, die Kanten liegen jeweils bündig. Den Bruch beidseitig am Rand mit Durchschlagschlaufen markieren (siehe S. 187).

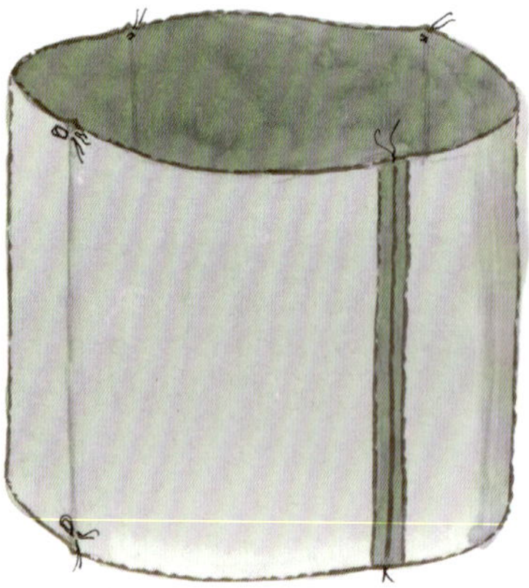

3 Das Seitenteil aus Oberstoff an den Schmalkanten rechts auf rechts zusammenstecken. Die Naht mit 1,5 cm Nahtzugabe schließen. Die Nahtzugaben auseinanderbügeln. Das Seitenteil flach hinlegen, sodass die Naht eine seitliche Kante bildet. Die gegenüberliegende Bruchfalte wird am oberen und unteren Rand mit Durchschlagschlaufen markiert. Das Seitenteil nun so falten, dass Naht und Markierungen auf einer Linie liegen. Die zwei neuen Bruchfalten ebenfalls jeweils am oberen und unteren Rand mit Durchschlagschlaufen markieren.

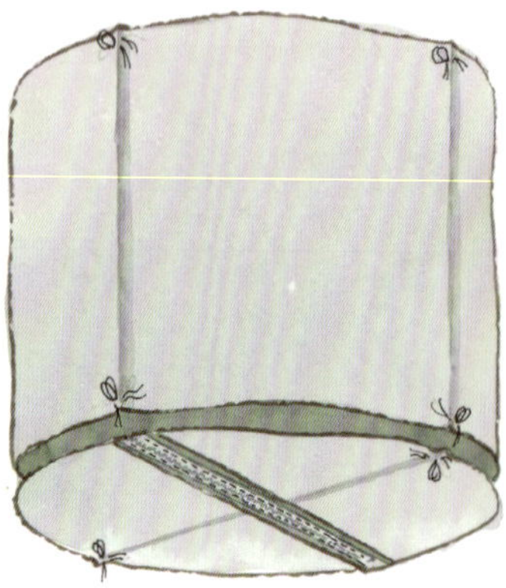

4 Den Saum des Bodenteils rechts auf rechts am unteren Saum des Seitenteils positionieren. Dabei die Naht des Seitenteils an der Reißverschlussnaht des Bodenteils ausrichten und beim Anpassen ebenfalls jeweils die Markierungen der Durchschlagschlaufen berücksichtigen.

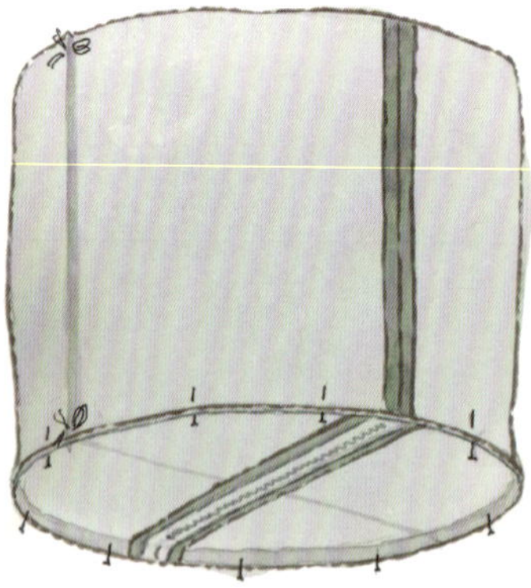

5 Die Teile rundum zusammenstecken, die Nadeln rechtwinklig, und den Stoff dabei nicht zu straff ziehen. Heften und dann mit 1,5 cm Nahtzugabe zusammennähen.

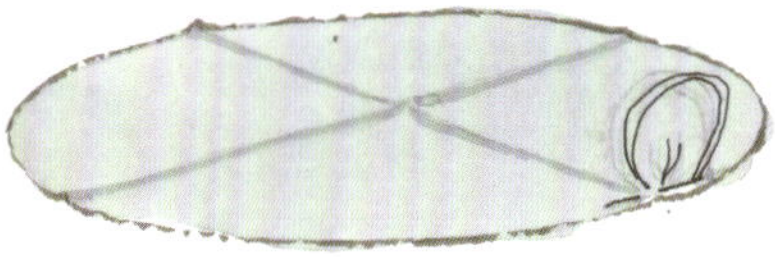

6 Das Oberteil mittig falten und jeweils am Rand die Bruchfalte mit Durchschlagschlaufen markieren. Das Oberteil zur anderen Seite mittig quer falten und ebenso markieren.

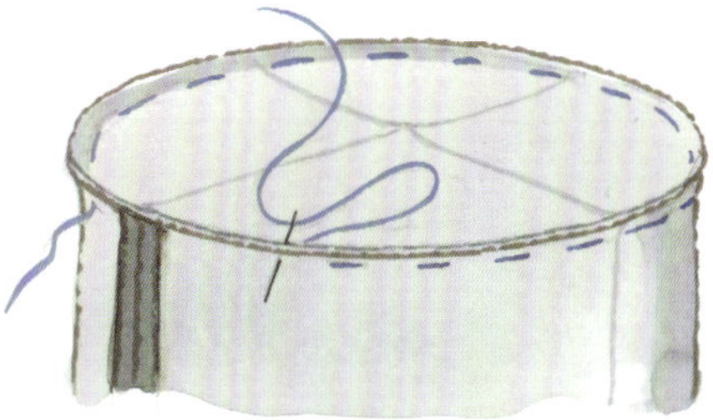

7 Den Reißverschluss öffnen. Den Rand des Oberteils rechts auf rechts oben an das Seitenteil stecken und heften, sodass die vier Markierungen mit den dreien des Seitenteils und dessen Naht bündig sind. Dann die Naht mit 1,5 cm Nahtzugabe zusammennähen und das Teil durch die Reißverschlussöffnung auf rechts wenden. Bügeln.

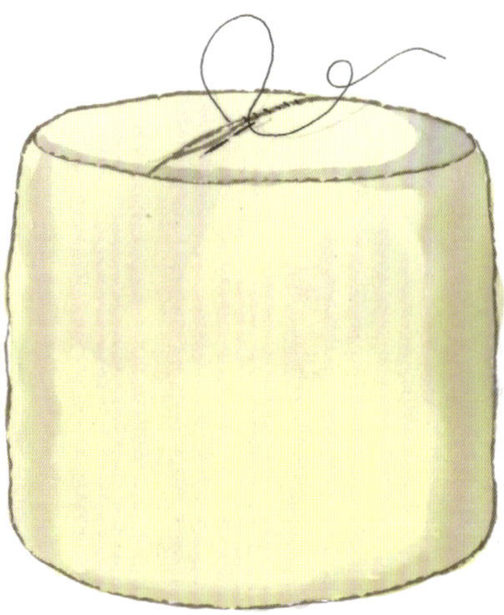

8 Die Innenhülle aus Nesselstoff wird genauso genäht wie die Außenhülle, jedoch ohne Reißverschluss. Dann die Heftnaht im Bodenteil ein Stück weit lösen und die Innenhülle zu Dreiviertel mit den Polystyrol-Pellets füllen. Die Öffnung per Hand im Staffierstich (siehe S. 185) schließen. Die gefüllte Innenhülle in die Außenhülle stecken, sodass Ober- und Bodenteile gleich liegen. Den Reißverschluss schließen.

TIPP

Die Innenhülle sorgt dafür, dass die Polystyrol-Pellets nicht herausquellen. Außerdem können Sie die Außenhülle zum Waschen einfach abziehen. Gibt das Volumen mit der Zeit nach, öffnen Sie vorsichtig eine Seitennaht in der Innenhülle und füllen Pellets nach. Die Naht dann wieder im Staffierstich schließen.

Kapitel 6

Grundtechniken

Wahl des Stoffs

Die Stoffwahl ist eine Geschmacksfrage. Angesichts des vielfältigen Angebotes hat man aber auch die Qual der Wahl. Von robustem Leinen über Strukturgewebe, glänzender Seide oder schwerem Samt bis zu feinen Gardinen und vielem mehr.

Ein wichtiges Kriterium bei der Auswahl ist sicher die Art der Verwendung bzw. die Überlegung, welchen Beanspruchungen der Stoff ausgesetzt sein wird. Für Sitzkissen und Bezüge sollten robustere Gewebe gewählt werden. Samt, Brokat, Cord und schwere Baumwolle sind vielseitig verwendbar, während Leinen und Leinen-Baumwoll-Gemische die belastbarsten Gewebearten sind. Für Bezüge eignen sich mittelschwere, solide gewebte Dekorationsstoffe. Vermeiden Sie hier extrem dicke, schwere Materialien oder Strukturgewebe, da sie schneller verschleißen und verschmutzen. Kissen sind selten starker Beanspruchung ausgesetzt, sodass Sie hierfür fast jeden Stoff verwenden können. Wegen der relativ geringen Stoffmenge kann für ein Kissen auch ein etwas teurerer Stoff gewählt werden, im Gegensatz zu Vorhängen, die große Stoffmengen erfordern.

Ich bin eine leidenschaftliche Verfechterin von Bio-Baumwolle. Herkömmliche Baumwolle ist aufgrund der intensiven Pestizidbehandlung, die sowohl den Feldarbeitern als auch der Umwelt schadet, weltweit das am meisten belastete Material. Ich verwende eine einzigartige Kombination aus Bio-Baumwolle und ökologischem Leinen. Für Tischtücher und Bettbezüge eignen sich Stoffe, die häufiges Waschen vertragen. Auskunft über die Materialeigenschaften gibt das Pflegeetikett. Ist der Stoff nicht gekennzeichnet, fragen Sie das Verkaufspersonal. Oder Sie kaufen eine Stoffprobe und machen den Wäschetest (siehe S. 212). Fällt dieser negativ aus, entscheiden Sie sich für einen anderen Stoff, oder Sie finden sich mit zukünftigen Reinigungskosten ab.

Bei Vorhangstoffen ist der Fall des Stoffes zu beachten.

- Naturfasern wie Baumwolle, Leinen, Wolle und Seide: Sie sind relativ schmutzunempfindlich, können in der Wäsche aber einlaufen. Baumwolle, Leinen und Seide knittern leicht. Seide kann außerdem unter Sonneneinwirkung ausbleichen und brüchig werden.
- Chemiefasern wie Acetat und Viskose werden aus natürlichen Materialien regeneriert und chemisch behandelt. Sie laufen nicht ein, sind pflegeleicht und formbeständig. Dank ihrer Geschmeidigkeit und ihres Glanzes sind sie ein guter Ersatz für Seide.
- Synthetikfasern wie Acryl und Polyester sind robuster als natürliche Materialien, sie laufen weder ein noch knittern sie. Aber sie sind schmutzempfindlich und nie so schön wie natürliche Gewebe.
- Materialmischungen können die besten qualitativen Eigenschaften beider Gewebearten in sich vereinen. Ein Acryl-Baumwoll/Woll-Gemisch ist lichtbeständig und erzeugt einen schönen Faltenwurf. Leinenmischungen mit Baumwolle sind strapazierfähig und weniger knitteranfällig.

Für einen opulenteren Fall Ihrer Vorhänge, wählen Sie einen Stoff, der sich gut drapieren lässt, wie Seidentaft oder ein synthetisches Äquivalent. Allerdings ist Naturseide recht teuer und verschleißt mit der Zeit, wenn sie Sonnenlicht ausgesetzt wird, es sei denn, sie ist gefüttert. Insofern kann ein ähnlich wirkendes Material die bessere Wahl sein.

Dekorationsstoffe werden oft speziell behandelt, um Griff, Aussehen oder die Qualität zu verbessern. Chintz wird z.B. satiniert und erhält dadurch seinen Glanz; oder die Widerstandskraft gegen Sonne, Schmutz, Stockflecken, Knittern und Entflammbarkeit wird erhöht. Auch das Design ist ein wichtiger Faktor. Wünschen Sie ein traditionelles Blumenmuster auf Chintz, einen modernen Print oder eher ein verspieltes Vichy-Karomuster? Oder vielleicht doch lieber Streifen? Und wenn ja, schmale oder breite Streifen? Berücksichtigen Sie auch die Farben. Sie betonen nicht nur die Struktur, sondern setzen auch als Kontrast besondere Akzente. Haben Sie eine Vorauswahl getroffen, nehmen Sie einige Stoffproben mit nach Hause. Vom favorisierten Stoff leihen oder kaufen Sie dann ein größeres Stück. Betrachten Sie den Stoff bei künstlichem und natürlichem Licht, und beachten Sie die Wirkung des Musters aus unterschiedlicher Distanz, auch im Hinblick auf den Rapport oder Faltenwurf. Bei Vorhängen raffen Sie das Stoffmuster und hängen es provisorisch vor das Fenster, um die Wirkung zu sehen.

Gemusterte Stoffe

Muster verlaufen häufig in eine Richtung, berücksichtigen Sie dies beim Zuschnitt. Gestreifte Stoffe können durchaus in unterschiedlichem Verlauf zugeschnitten werden, z.B. für Kissen aus verschiedenen Bahnen, um den grafischen Effekt zu betonen. Bei Stoffen mit großen Motiven ist es ratsam, diese mittig zu platzieren. Dafür muss ggf. extra Stoff kalkuliert werden. Bedenken Sie außerdem, dass der Musterverlauf, mit Ausnahme sehr kleiner Muster, an den Nähten fortlaufen sollte, bei zwei Vorhangschals z.B. auch an den mittig zusammengeführten Längskanten. Beim Maßnehmen berechnen Sie einen extra Musterrapport (die Distanz zwischen einem Punkt im Muster bis zum gleichen Punkt im nächsten Musterabschnitt) für jede Stoffbahn, die Sie mit einer anderen zusammennähen möchten. Große Muster auf Bezügen passend zu arrangieren, kann recht schwierig sein, weswegen Sie sich als Nähanfänger bei der Stoffwahl eher für kleinere Muster oder unifarbene Stoffe entscheiden sollten. Die beste Methode zum Aneinandernähen gemusterter Stoffe finden Sie auf S. 184.

Flor- und Kammgarnstoffe

Bei Florstoffen (wie Samt oder Chenille) und Kammgarnstoffen (wie Flanell) ist zu beachten, dass alle Stoffbahnen in gleicher Faserrichtung verlaufen.

Maßnehmen

Wie Stoffe für Vorhänge und Rollos berechnet bzw. ausgemessen werden, lesen Sie auf den S. 204 und 208.

Zuschnitt

Sie benötigen eine große, flache, saubere Arbeitsfläche sowie eine scharfe Schneiderschere. Kontrollieren Sie den Stoff auf Webfehler und die Maßkalkulation doppelt. Den Stoff absolut glatt bügeln.

1 Richten Sie den Stoff rechtwinklig im Fadenlauf aus, d.h. von einer Stoffkante aus eine gerade, rechtwinklig zur Webkante verlaufende Linie bilden. Bei locker gewebten Stoffen ziehen Sie einen quer verlaufenden Faden aus dem Gewebe. Bei anderen Stoffarten benötigen Sie ein Geodreieck, Schneiderkreide und ein langes Lineal, um den Stoff rechtwinklig zur Webkante zu markieren. Sollte das Schnittmuster dem Fadenlauf nicht exakt folgen, den Stoff dem Schnittmuster und nicht dem Fadenlauf entsprechend zuschneiden. (Die Differenz sollte jedoch nicht zu groß sein.)

2 Viele Stoffe haben eine »Richtung«, die durch das Muster, den Flor, die Behandlung oder den Glanz bestimmt wird. Diese »Richtung« ist nicht immer erkennbar. Um sicher zu gehen, Stoffbahnen jeweils in gleicher Ausrichtung aneinanderlegen. Auch wenn rechte und linke Stoffseite praktisch gleich aussehen, stets die gleiche Seite als rechte Stoffseite verarbeiten.

3 Webkanten (die festen, dickeren Längskanten einer Stoffbahn) können sich verziehen. Daher sollte man sie abschneiden. Beeinträchtigt das den Musterrapport, kürzen Sie die Webkanten auf 1,5 cm oder schneiden sie in Intervallen von 5–10 cm ein. Bei hellem Stoff den auf die Webkante gedruckten Pflegehinweis abschneiden, da das u.U. durchschimmert.

4 Wenn Sie mehrere Stoffbahnen zuschneiden, wie für Vorhänge oder Rollos, messen Sie jede einzelne Stoffbahn und markieren beidseitig mit Stecknadeln die Schnittstelle. Überprüfen Sie die Korrektheit der Maße nochmals. Mit einem langen Lineal und Schneiderkreide ziehen Sie zwischen den Stecknadeln eine Linie. Mit dem Geodreieck überprüfen Sie dann, dass diese Linie rechtwinklig zu den Längskanten verläuft.

5 Bei rechteckigen Stoffteilen messen und markieren Sie die Teile, dem Fadenlauf entsprechend, mithilfe eines langen Lineals, eines Geodreiecks und Schneiderkreide. Vor dem Zuschneiden die Maße nochmals prüfen.

6 Wenn Sie den Stoff anhand eines Schnittmusters zuschneiden, stecken Sie es rundum entlang der Kanten dicht mit Stecknadeln fest. (Vorher überprüfen, ob die Nahtzugabe berücksichtigt ist!) Wenn es heißt »im Stoffbruch«, falten Sie den Stoff zuerst mittig gemäß Fadenlauf und legen das Schnittmuster mit der Stoffbruchlinie dann genau auf die Bruchkante. Nach dem Zuschnitt erhält man so ein doppelt so großes symmetrisches Stoffteil. Hat das Schnittmuster Markierungen, wie z.B. Abnäher, übertragen Sie sie mit Durchschlagschlaufen (siehe S. 187) oder Kopierpapier und Kopierrädchen auf den Stoff.

7 Markieren Sie die Oberseite jeder zugeschnittenen Stoffbahn oder jedes Stoffteils mit Schneiderkreide, sodass jeweils die passenden Stoffseiten in der gleichen Richtung aneinandergenäht werden. Zugeschnittene Stoffbahnen möglichst nicht falten. Lässt es sich nicht vermeiden, falten Sie sie längs, damit eventuelle Knitter in den fertig drapierten Falten versteckt werden können.

Verstärkungsstich

Dabei wird innerhalb der Nahtlinie durch eine einzelne Stofflage gesteppt, um das Ausleiern der Stoffkanten während der Arbeit zu verhindern. Außerdem vermeidet man damit, dass Nahtzugaben über die Nahtlinie hinaus eingeschnitten werden. Verstärkungsstiche sollten sofort nach dem Zuschnitt gemacht werden. In den einzelnen Arbeitsanleitungen ist genau angegeben, wann und wo Sie sie nähen müssen.

Musterverlauf anpassen

Mithilfe des Leiterstichs wird der Musterrapport an den Nähten korrekt fortgeführt.

1 Die Nahtzugabe einer Stoffbahn umbügeln und auf die Nahtzugabe einer zweiten, glatten Stoffbahn legen, sodass beide rechten Seiten nach oben liegen. Dem Rapport entsprechend beide Bahnen mit Stecknadeln zusammenstecken.

2 Diese beiden Lagen werden nun provisorisch zusammengenäht, und zwar mit dem Leiterstich, der dem Hohlsaumstich (siehe S. 185) sehr ähnlich ist. Den Faden in der Bruchkante der umgebügelten Nahtzugabe sichern, die Nadel durch den Bruch wieder nach außen stechen, gerade über den Kantenstoß führen und dicht an der Nahtlinie in den darunter liegenden, ersten Stoff einstechen. Führen Sie die Nadel ca. 2 cm weiter wieder nach oben.

3 Dann wieder einen geraden Stich über den Kantenstoß arbeiten, die Nadel, noch immer waagerecht erneut in die Bruchkante einstechen und 2 cm weiter wieder durch den Stoff nach oben führen, dabei den Faden durchziehen. Fahren Sie so über die komplette Kantenlänge fort.

4 Die Stoffbahnen rechts auf rechts legen und an dieser Naht entlang zusammensteppen. Anschließend entfernen Sie die Leiterstiche wieder.

Handstiche

Das ist eine Auswahl der gebräuchlichsten Handstiche, die auch in diesem Buch häufig verwendet werden. Wichtig ist, dass die Stiche in gleichen Abständen und gleichmäßiger Spannung ausgeführt werden. Verwenden Sie farblich auf den Stoff abgestimmtes Nähgarn. Provisorische Heftstiche können jedoch in Kontrastfarbe gearbeitet werden, damit man den Faden beim Entfernen besser erkennt. Die folgenden Anleitungen richten sich an Rechtshänder. Linkshänder arbeiten einfach umgekehrt.

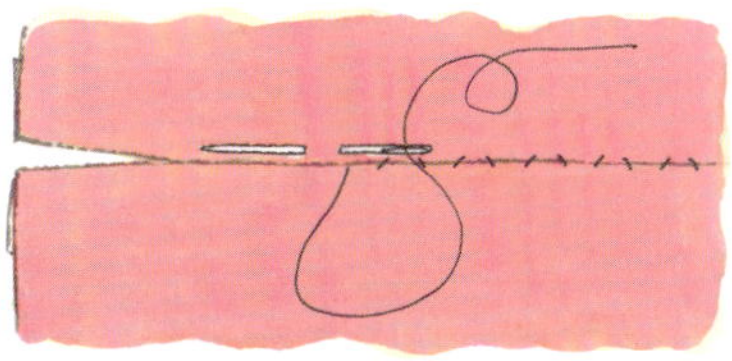

Staffierstich

Der Staffierstich ist ein fast unsichtbarer Stich, der zum Zusammennähen von zwei Bruchkanten dient, z. B. beim Verbinden von Vorhang und Futter, dem Fixieren von Briefeckenkanten oder dem Schließen einer Öffnung.

1 Von rechts nach links arbeiten, den Faden auf der linken Stoffseite sichern. Dann die Nadel durch eine der Bruchkanten nach außen stechen und nicht weiter als 1–2 mm entfernt in die gegenüberliegende Bruchkante wieder einstechen. Die Nadel durch den Bruch führen und 5 mm weiter wieder nach außen stechen.

2 Wiederholen Sie dies am gegenüberliegenden Rand, und fahren Sie fort, bis die Kanten geschlossen sind.

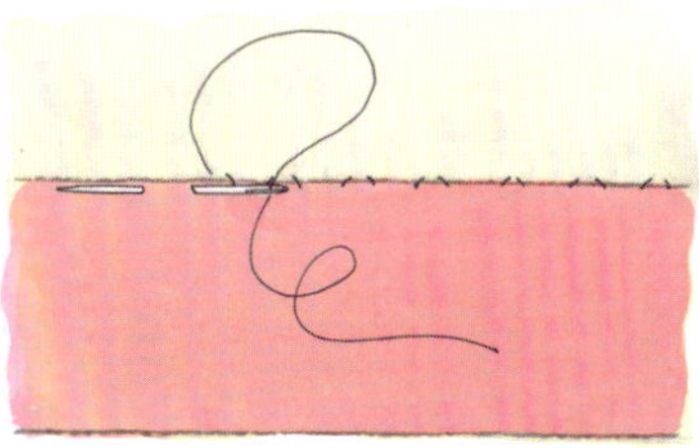

Hohlsaumstich

Mit dem Hohlsaumstich wird eine eingeschlagene Saumkante auf dem glatten Stoff fixiert. Auf der rechten Stoffseite ist dieser Stich fast unsichtbar.

1 Er wird von rechts nach links genäht. Den Faden vorn in der Bruchkante sichern. Die Nadel durch die Bruchkante nach außen und in die andere Stofflage wieder einstechen, entweder direkt darunter oder 1–2 mm weiter. Dabei nur zwei oder drei Gewebefäden aufnehmen.

2 Den Faden durchziehen und dann die Nadel 1–2 mm weiter in die Bruchkante zurückstechen. Im Bruch führen Sie die Nadel 5 mm–1 cm weiter und stechen sie wieder nach außen. Fahren Sie so fort, und beachten Sie, dass der Faden nicht zu straff gezogen wird, um Kräuselungen auf der rechten Stoffseite zu vermeiden.

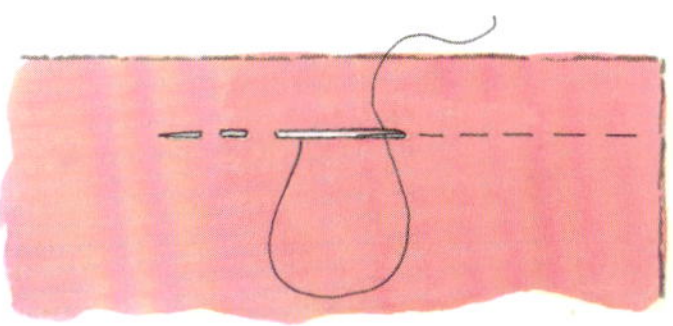

Vorstich

Dieser Stich wird für Kräuselungen verwendet.

1 Gearbeitet wird er von rechts nach links. Sichern Sie den Faden. Dann mit der Nadel in kleinen, geraden Stichen in den Stoff ein und aus stechen. Die Stichlänge und die Abstände dazwischen sind jeweils gleich.

2 Ziehen Sie den Faden nach ein paar Stichen durch, und fahren Sie in dieser Weise fort.

Handstiche

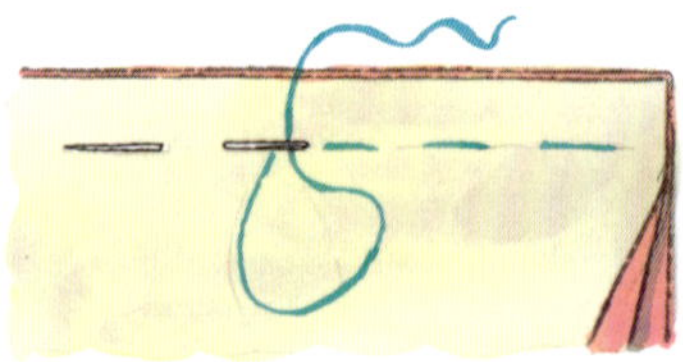

Heftstich

Dieser Stich wird provisorisch gebraucht, um zwei Stoffteile zusammenzuhalten, damit sie sich vor dem endgültigen Zusammennähen nicht verschieben. Er ist dem Vorstich sehr ähnlich. Die Stiche sind jedoch länger und die Abstände dazwischen dürfen noch weiter sein. Verwenden Sie den Heftfaden in einer Kontrastfarbe, dann ist er beim Entfernen leichter zu erkennen.

1 Von rechts nach links in langen, geraden Stichen und innerhalb der Nahtzugabe nähen. Stechen Sie mit der Nadel gleichmäßig in den Stoff und wieder heraus.

2 Die Abstände zwischen den Stichen können die gleiche Länge haben wie die Stiche selbst, sie dürfen aber auch weiter sein.

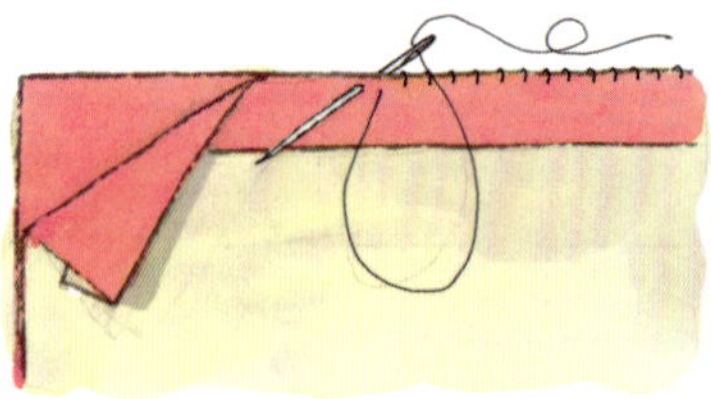

Gerader Überwendlichstich

Mit diesem feinen, gleichmäßigen Stich werden zwei eingeschlagene Stoffkanten von oben aneinandergenäht, z. B. wenn Schlaufen oder Blenden angebracht werden. Er ist dem Schrägen Überwendlichstich ähnlich (siehe rechts), wird aber kleiner und vertikal ausgeführt.

1 Von rechts nach links arbeiten und das Fadenende auf der linken Stoffseite sichern. Mit der Nadel dicht an der Bruchkante von hinten nach vorne stechen. Die Nadel schräg nach links führen und dann in die hintere Bruchkante stechen, und zwar unmittelbar hinter dem Faden. Dabei nur zwei Gewebefäden aufnehmen und wieder nach vorne durch den vorderen Stoff stechen.

2 Von der vorderen Stoffkante wieder nur zwei Gewebefäden aufnehmen und unmittelbar hinter dem Faden in die hintere Bruchkante stechen. Fahren Sie so fort, halten Sie die Größe und Abstände der Stiche gleich.

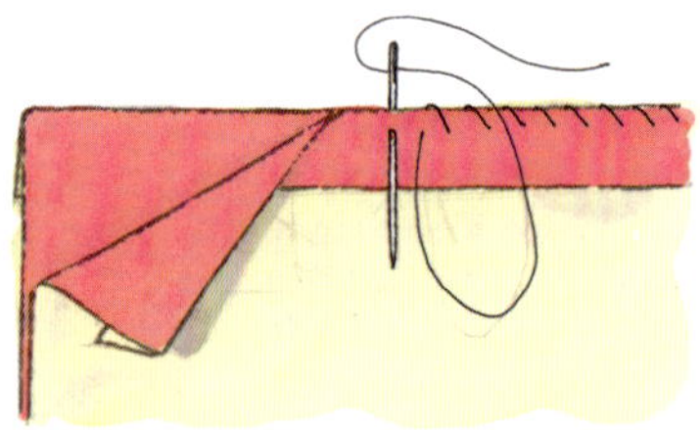

Schräger Überwendlichstich

Dieser Stich ist im Gegensatz zum Geraden Überwendlichstich links weiter und schräg verlaufend.

1 Von rechts nach links arbeiten und das Fadenende auf der linken Stoffseite sichern. Mit der Nadel dicht an der Bruchkante von hinten nach vorne stechen. Die Nadel senkrecht zur Kante führen. In die hintere Bruchkante stechen, und zwar links vom Faden. Dabei nur zwei Gewebefäden aufnehmen und wieder nach vorne durch die vordere Bruchkante stechen.

2 Wieder nur zwei oder drei Gewebefäden von der vorderen Bruchkante aufnehmen und links vom Faden in die hintere Stoffkante stechen. Fahren Sie in dieser Weise fort und arbeiten Sie die Stiche in Größe und Abstand gleichmäßig.

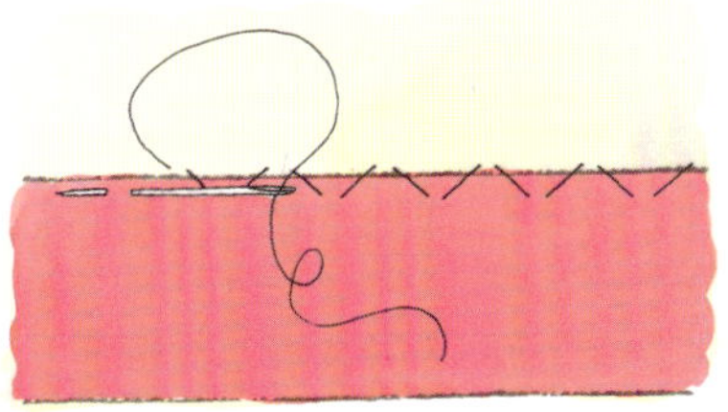

Blindsaumstich

Dieser Stich wird verwendet, um eine unversäuberte Schnittkante auf einem flachen Stoff zu fixieren, z. B. bei einfach umgeschlagenen Seitensäumen, die von einem Futter verdeckt werden.

1 Gearbeitet wird von rechts nach links, das Fadenende auf der linken Seite des Saums sichern. Die Nadel ca. 3 mm vom Saumrand entfernt nach vorn und nach links stechen und dabei zwei Gewebefäden der einzelnen Stofflage (auf der Abbildung der gelbe Bereich) aufnehmen.

2 Die Nadel mit dem Faden durch die Gewebefäden und dann nach links unten führen und einen kleinen Stich in den Saumrand machen (dabei nicht die zweite Stofflage mitfassen). Fahren Sie so am Saumrand entlang weiter fort.

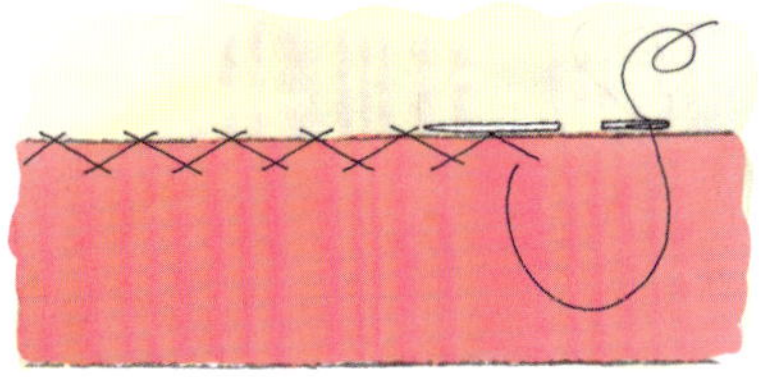

Hexenstich

Dieser Stich ist dem Blindsaumstich links sehr ähnlich. Aber er ist stärker und wird in der entgegengesetzten Richtung genäht.

1 Gearbeitet wird von links nach rechts. Die Nadel durch die Saumkante nach vorne führen. Mit der Nadelspitze nach links zeigend einen winzigen Rückstich, in die einzelne Stofflage machen, und zwar knapp über dem Saumrand und 5 mm–1 cm rechts von der Stelle, wo der Faden unten aus dem Saumrand tritt.

2 Nun einen winzigen Rückstich 5 mm–1 cm nach rechts in die Saumkante setzen. Fahren Sie so am Saumrand entlang weiter fort.

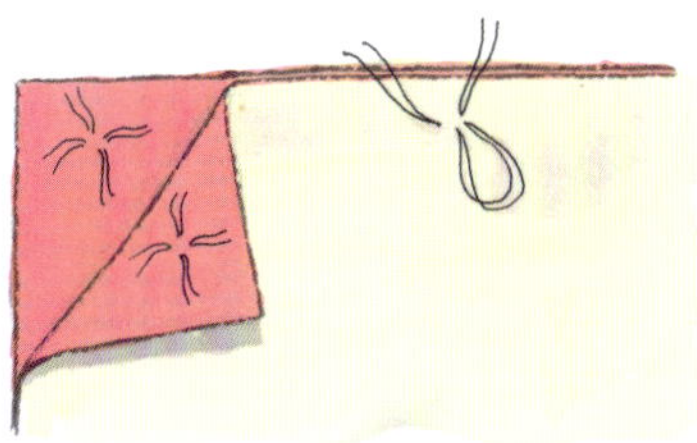

Durchschlagschlaufen

Details im Schnitt oder Ansatzstellen werden mittels der Durchschlagschlaufen gekennzeichnet. Sie sind eine Alternative zur Verwendung von Schneiderkreide, Kopierpapier und Stecknadeln oder anstelle eines Einschnitts in die Nahtzugabe.

1 Mit einem langen, doppelten Faden an der Stelle, die Sie markieren möchten, durch die zwei Stofflagen hindurch einen kleinen Stich setzen. Dabei bleibt der Faden in einer Schlaufe lose hängen. Dann einen zweiten Stich über dem ersten machen, wieder bleibt der Faden in einer Schlaufe lose hängen.

2 Die obere Lage nun vorsichtig nach vorn falten, und die Schlaufen nach innen ziehen. Mit einer scharfen Schere die Schlaufen entzwei schneiden, sodass die Stoffteile wieder getrennt sind.

Nähte

In diesem Buch werden verschiedene Nähte gezeigt. Welche Art die passende ist, richtet sich nach Gewicht und Stoffdicke sowie nach der Position der Naht. Kalkulieren Sie genug Stoff für die Nahtzugabe, vor allem, wenn das Gewebe zum Ausfransen neigt. Ist das der Fall, sollten die Stoffkanten zusätzlich im Zickzack- oder Overlockstich mit der Nähmaschine versäubert werden.

Einfache Naht

Dies ist die gebräuchlichste Art, Stoffbahnen aneinanderzunähen. Von der rechten Seite sind keine Stiche sichtbar. Die Breite der Nahtzugabe variiert je Projekt, aber 1,5 cm Nahtzugabe ist Standard.

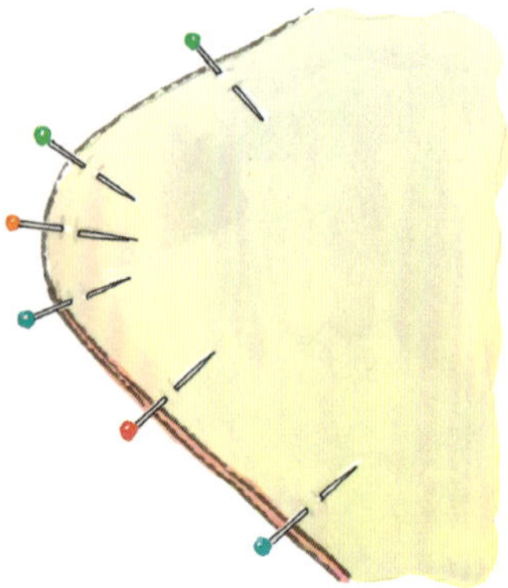

1 Legen Sie die zwei Stoffteile rechts auf rechts aufeinander. Die Kanten liegen bündig. Stecken Sie die Lagen mit Stecknadeln senkrecht oder parallel zur Saumkante fest. Bei einer rund verlaufenden Naht oder dickem Stoff die Nadeln enger stecken als bei einer geraden Naht oder dünnem Stoff. Wenn der Stoff schwer zu nähen oder Sie Nähanfänger sind, heften (siehe S. 186) Sie den Stoff dicht an der Naht entlang und lösen die Stecknadeln dann wieder.

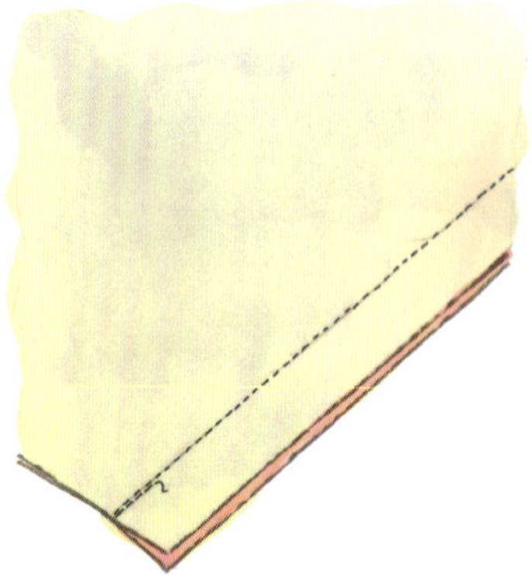

2 Die Naht in einem einfachen Geradstich an der Nahtlinie entlang zusammensteppen. Lesen Sie die Nähanleitung der Maschine, um sicher zu gehen, dass die richtige Stichweite eingestellt ist. Haben Sie die Kanten nicht geheftet, lösen Sie die Stecknadeln Schritt für Schritt. Die Fadenenden werden am Anfang und Ende der Naht mit Rückstichen verriegelt und so gesichert.

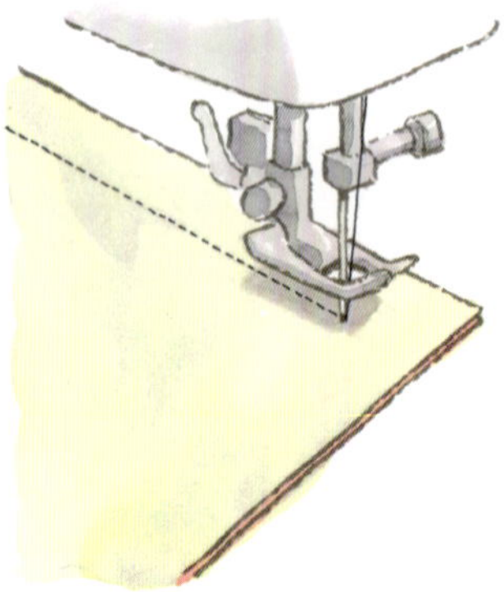

3 Ecken nähen Sie wie folgt: Mit der Nadel im Stoff den Nähfuß heben und den Stoff drehen, bis die nächste Stoffkante in gleicher Linie mit der Nahtführung ist. Senken Sie den Nähfuß wieder und fahren Sie mit dem Nähen fort.

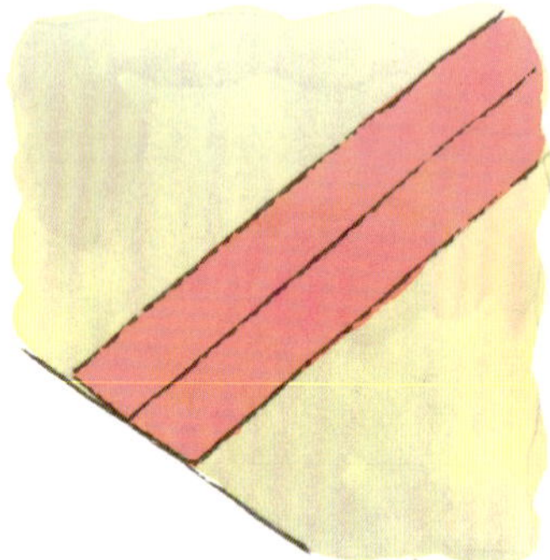

4 Lösen Sie sämtliche Stecknadeln oder Heftnähte, falls Sie den Stoff geheftet haben. Bügeln Sie die Nahtzugaben auseinander (oder zu einer Seite um, wenn es angegeben ist).

Französische Naht

Diese schmale, in sich geschlossene Naht verbirgt alle offenen Kanten, ohne dass die Stiche auf der rechten Seite sichtbar sind. Sie wird vor allem bei ungefütterten Projekten, leichten bzw. durchsichtigen und schnell ausfransenden Stoffen angewendet. Kalkulieren Sie hierfür 2 cm Nahtzugabe ein.

Hinweis: Wenn Sie für die Französische Naht nur 1,5 cm Nahtzugabe haben, schneiden Sie die Nahtzugabe in Schritt 1 auf 3 mm und Nähen in Schritt 2 die Naht 5 mm breit.

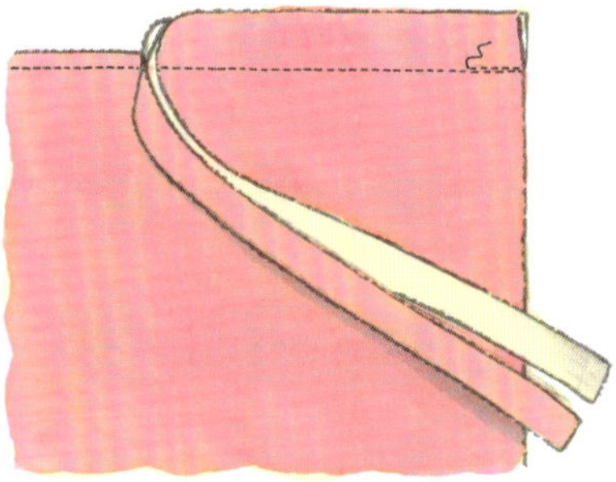

1 Legen Sie die zwei Stoffteile links auf links (!) und an den Kanten bündig und stecken Sie sie entlang der Nahtlinie fest. Dann eine 1 cm breite Naht im Geradstich nähen. Die Nahtzugabe auf 5 mm zurückschneiden und auseinanderbügeln.

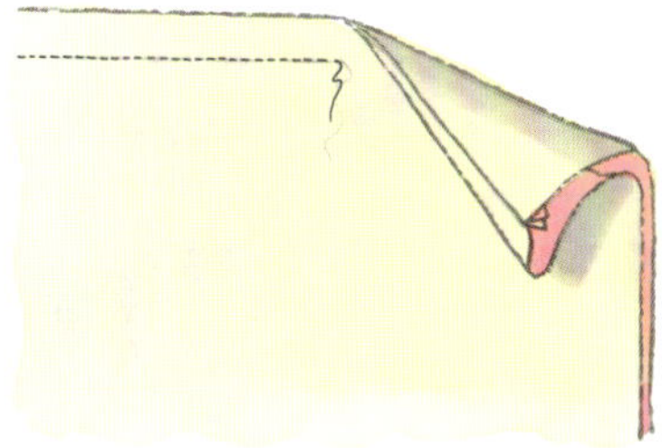

2 Die Stoffteile so wenden, dass sie nun rechts auf rechts liegen, die Nahtzugabe liegt innen und die Naht bildet die Kante. Nochmals bügeln, dann stecken und schließlich eine weitere 1 cm breite Naht absteppen, sodass die offenen Kanten der Nahtzugabe mit eingeschlossen sind. Die fertige Naht bügeln Sie zu einer Seite hin um.

Kappnaht

Dies ist eine Variante einer in sich geschlossenen Naht, die vor allem für schwerere Gewebe verwendet wird. Wie bei der Französischen Naht werden die offenen Kanten eingeschlossen, die Naht ist aber fester und flacher und auf der rechten Seite sichtbar.

Hinweis: Bei dieser Naht ist eine Stepplinie auf der rechten Stoffseite sichtbar.

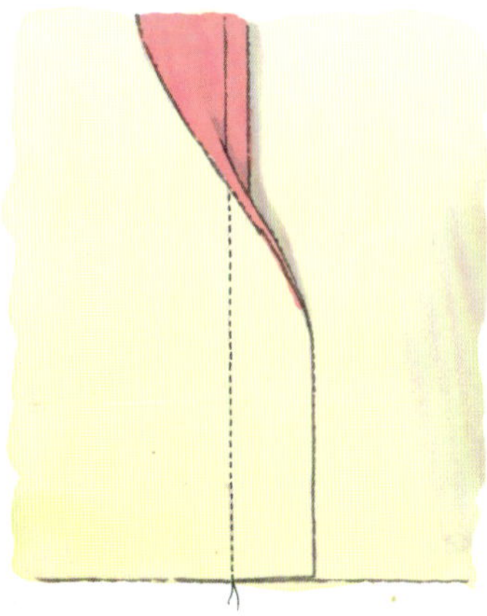

1 Legen Sie die Stoffteile rechts auf rechts, die offenen Kanten bündig. Entlang der Nahtlinie stecken und die Naht 1,5 cm breit steppen. Anfang und Ende verriegeln, um den Faden zu sichern. Beide Nahtzugaben zu einer Seite umbügeln und die zuunterst liegende Nahtzugabe auf 5 mm zurückschneiden.

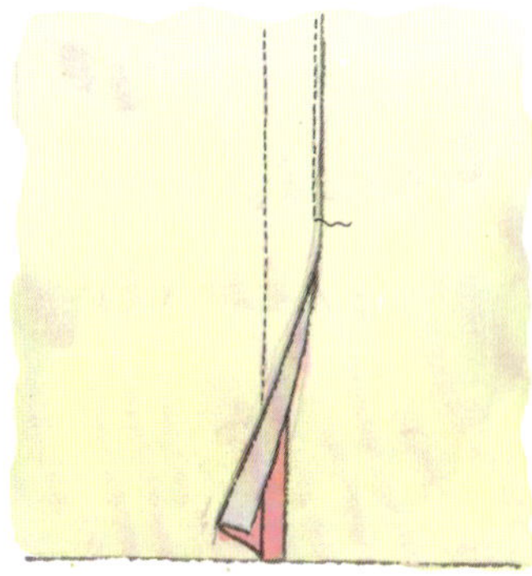

2 Mit der oberen Nahtzugabe schlagen Sie nun die zurückgeschnittene ein, sodass deren offene Kante umschlossen wird. Feststecken und auf der linken Stoffseite knappkantig absteppen.

Flache Ecken

An den Ecken werden die Nahtzugaben schräg zurückgeschnitten, damit die Ecken, sobald das Teil gewendet ist und gebügelt wird, flach liegen und der Stoff nicht aufträgt.

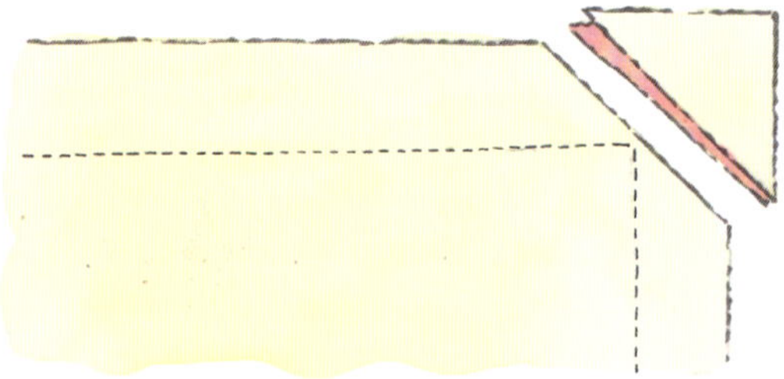

1 Schneiden Sie die Ecke der Nahtzugabe dicht an der Naht weg, wie gezeigt. Dabei nicht in die Naht schneiden, da sie sonst auf der rechten Seite auseinanderklafft.

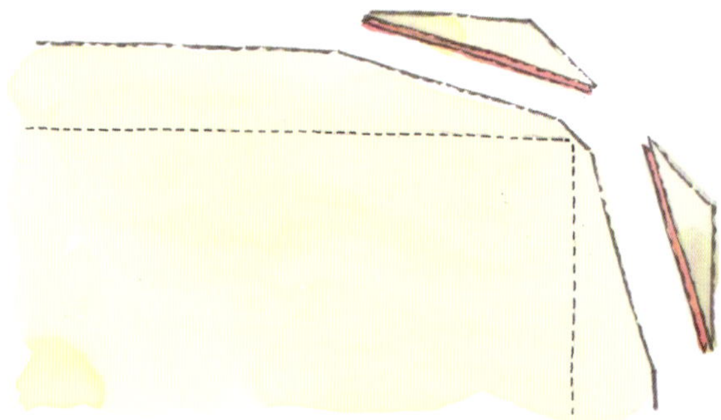

2 Ist der Stoff besonders dick, wird die Nahtzugabe beidseitig der Ecke nochmals abgeschrägt, wie gezeigt.

3 Nehmen Sie einen spitzen Gegenstand (z.B. eine Schere) als Hilfsmittel, um die auf rechts gewendeten Ecken herauszudrücken. Seien Sie dabei sehr vorsichtig, damit die Naht nicht beschädigt wird.

Einschnitte an runden Nähten

Nahtzugaben an gerundeten Nähten werden mit einer scharfen Schere eingeschnitten bzw. eingeknipst, damit sie nach dem Wenden nicht dick auftragen, sondern flach und glatt liegen. Manchmal wird sogar die runde Nahtzugabe einer einzelnen Stofflage, die mit Verstärkungsstichen fixiert wurde (siehe S. 183), eingeschnitten. Nach außen gehende (konvexe) Kurven knipsen Sie schlitzförmig ein, nach innen verlaufende (konkave) keilförmig.

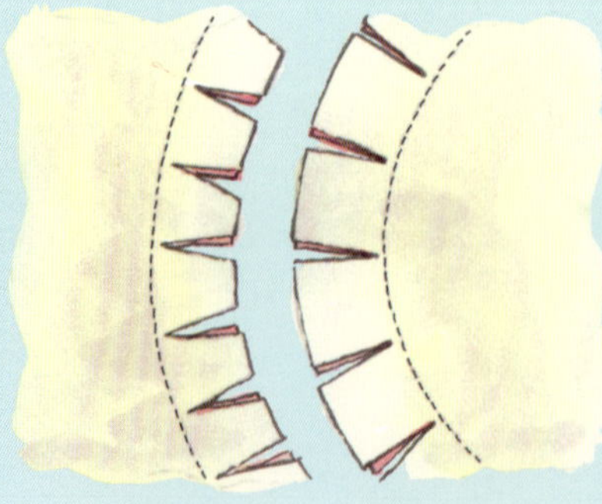

Säume

Um einen glatt liegenden Saum zu erhalten, muss der Stoff gerade zugeschnitten sein. Der Stoffrand wird dann einfach in gewünschter Breite umgelegt und mit einem Bügeleisen am Bruch flach gebügelt. Die meisten unteren Saumkanten werden doppelt umgeschlagen, aber viele Seitensäume legt man einfach um, vor allem dann, wenn sie in einem Futter verborgen werden. Soll die Saumnaht auf der rechten Stoffseite unsichtbar sein, nähen Sie ihn per Hand im Hohlsaumstich (siehe S. 185). Ansonsten werden Saumkanten einfach im Geradstich mit der Nähmaschine genäht.

Einfache Briefecke

Eine Briefecke sorgt an der Stelle, wo sich zwei Saumkanten treffen, für ein ordentliches, flaches Finish. Hier wird die Versäuberung zweier einfacher Säume mit gleicher Breite gezeigt.

1 Versäubern Sie beide offenen Kanten im Zickzack- oder Overlockstich und bügeln Sie sie jeweils nach links zu einfachen Säumen um. Anschließend wieder auffalten.

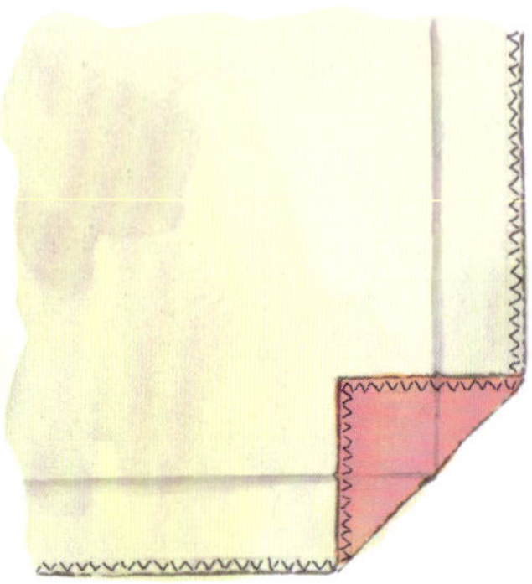

2 Legen Sie die Spitze der Ecke so weit nach links um, dass der diagonale Eckenbruch genau mittig auf dem Schnittpunkt der beiden seitlichen Bruchkanten liegt.

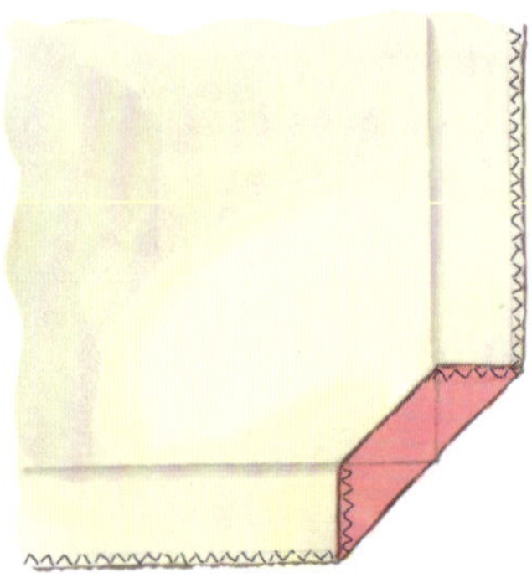

3 Bügeln Sie die diagonale Kante, und schneiden Sie die Spitze der Ecke bis auf 1,5 cm Nahtzugabe weg.

4 Legen Sie die seitlichen Bruchkanten wieder nach links um, und stecken Sie die schrägen Eckkanten fest. Jetzt können die Säume genäht werden.

Ungleiche Briefecke

Eine Ecke, an der zwei unterschiedlich breite Saumränder aufeinandertreffen, wird im Grunde genauso wie eine einfache Briefecke genäht. Hier wird z. B. ein Vorhang mit einfachem Seitensaum (der später vom Futter verdeckt wird) und doppeltem Bodensaum gezeigt. Die Ecken der Nahtzugaben eines Rollos werden übrigens auch auf diese Weise versäubert.

1 Bügeln Sie den einfachen bzw. doppelt umgelegten Saum der angrenzenden Kanten nach links um, wie hier beim Vorhangbeispiel gezeigt.

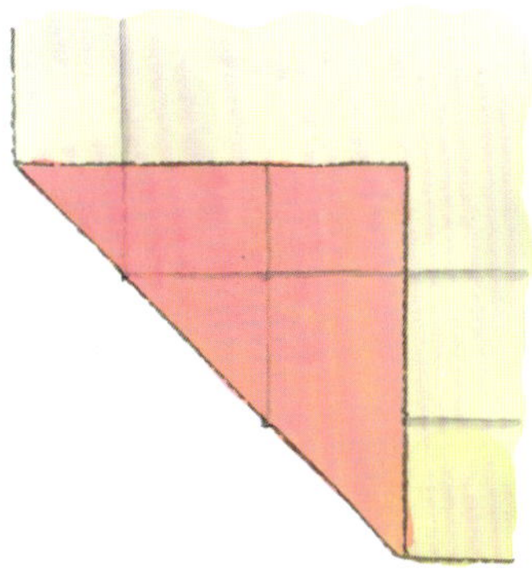

2 Falten Sie die Säume wieder auf. und legen Sie die Spitze der Ecke so weit nach links um, dass der diagonale Eckenbruch genau mittig auf dem Schnittpunkt der beiden inneren seitlichen Bruchkanten liegt. Den Bruch bügeln.

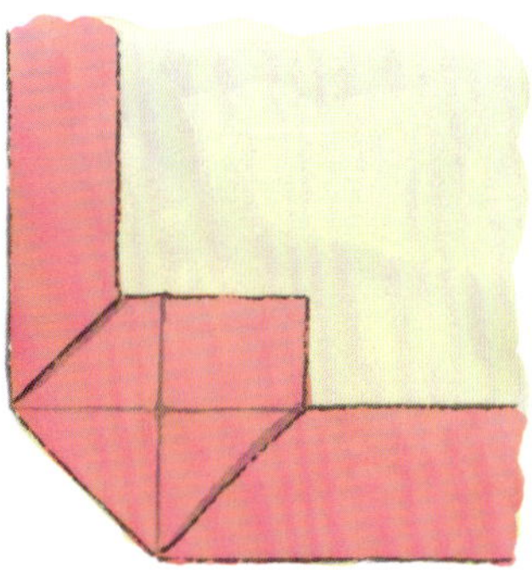

3 Falten Sie den Seitensaum wieder auf links. (Wird ein Gewicht eingenäht – siehe rechts –, wird dies unter den Seitensaum geschoben und per Hand eingenäht). Falten Sie außerdem den ersten Bügelbruch des doppelten unteren Saums auch wieder nach links um.

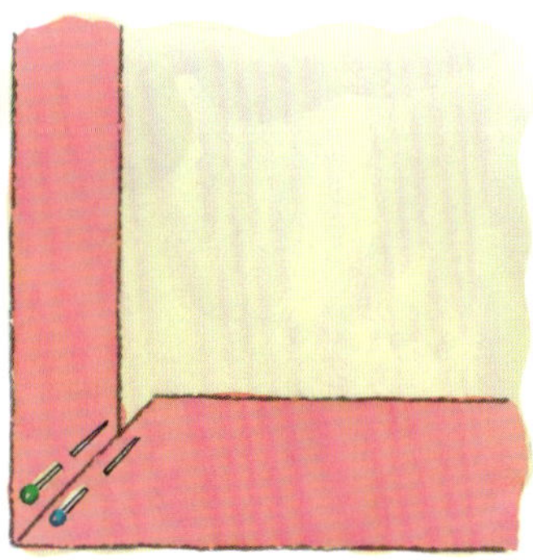

4 Nun den zweiten Bügelbruch des unteren Saums auf links umfalten und dabei das Gewicht, sofern verwendet, einschlagen. Stecken Sie die schrägen Eckkanten der Briefecke zusammen. Jetzt können die Säume per Hand festgenäht werden.

Gewichte

Es ist ratsam, Gewichte in die Säume von Vorhängen zu nähen, vor allem, wenn diese bodenlang sind. Das sorgt für einen besseren Fall und hält die Säume straff und gerade. Sie werden in die Briefecken und mittig in die unteren Säume jeder Stoffbahn eingenäht. Es gibt runde oder rechteckige Gewichte. Die runden haben meist zwei Löcher, wie bei einem Knopf, sodass sie sich direkt annähen lassen. Man kann die Gewichte auch in kleinen Taschen verschwinden lassen, die im Staffierstich in den Bodensaum genäht werden.

1 Schneiden Sie zwei quadratische Stücke aus Nesselstoff zu. Die Seiten sind jeweils 2 cm länger als der Durchmesser der Gewichte. Stecken Sie die Teile an drei Seitenkanten zusammen.

2 Die festgesteckten Seiten zusammensteppen, dann das Gewicht in die Tasche schieben und anschließend die vierte Seitenkante zunähen.

Hinweis: Es gibt auch Bleiband, das per laufendem Meter verkauft wird. Es eignet sich für dünne und durchscheinende Stoffe. Man zieht es über die komplette Bodensaumlänge ein und heftet es intervallweise per Hand fest.

Schrägband

Schrägband wird aus Stoffstreifen genäht, die schräg zum Fadenlauf zugeschnitten werden (im 45-Grad-Winkel zum vertikalen und horizontalen Fadenlauf). Es kommt vielseitig zum Einsatz, z. B. beim Kedernähen bzw. Paspelnähten mit einer innen liegenden Kordel (siehe S. 196). Schrägband gibt es fertig zu kaufen; man kann es aber auch ganz einfach selbst anfertigen.

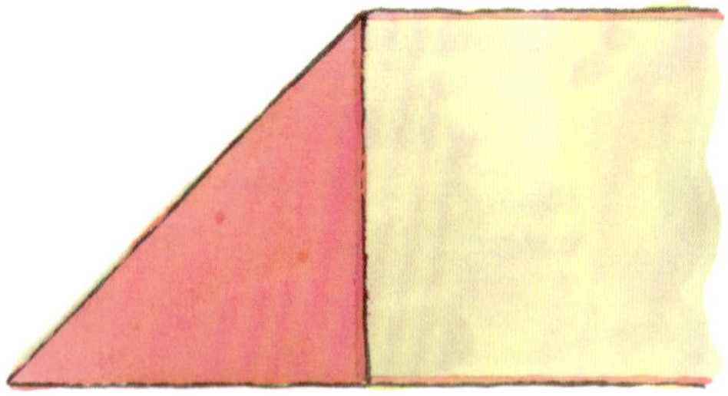

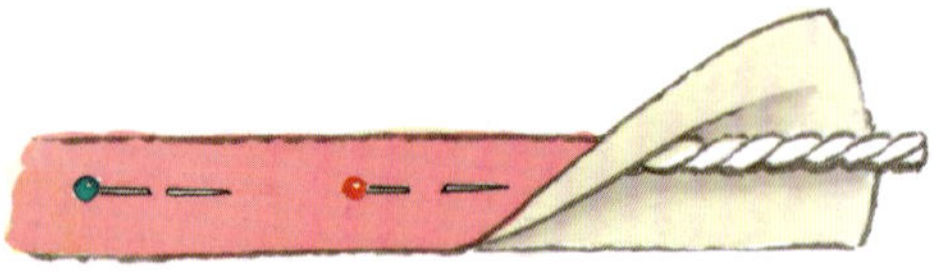

1 Um die richtige Stelle schräg zum Fadenlauf zu finden, falten Sie die seitliche, offene Stoffkante bündig zur unteren Stoffkante, sodass ein Dreieck entsteht. Der vertikale und horizontale Fadenlauf treffen genau aufeinander. Bügeln Sie den diagonalen Bruch und schneiden Sie dann exakt am Bruch entlang.

2 Möchten Sie das Schrägband flach verwenden, sollte die Breite der zugeschnittenen Streifen das Doppelte der endgültigen Breite, plus 3 cm Nahtzugabe betragen. Soll das Schrägband zur Kedernaht verarbeitet werden, bemessen Sie für die Breite des Stoffstreifens den Umfang der Kordel plus 3 cm Nahtzugabe.

3 Mithilfe von Schneiderkreide und Lineal ziehen Sie parallel zum diagonalen Schnitt Linien, deren Abstand jeweils das Maß der ermittelten Breite beträgt. Die Anzahl der Streifen richtet sich nach der benötigten Länge, um die Kanten des entsprechenden Objekts rundum zu umschließen. Die Streifen werden mit Kopierrädchen und Lineal auf einer Schneidematte oder mit einer Schere geschnitten.

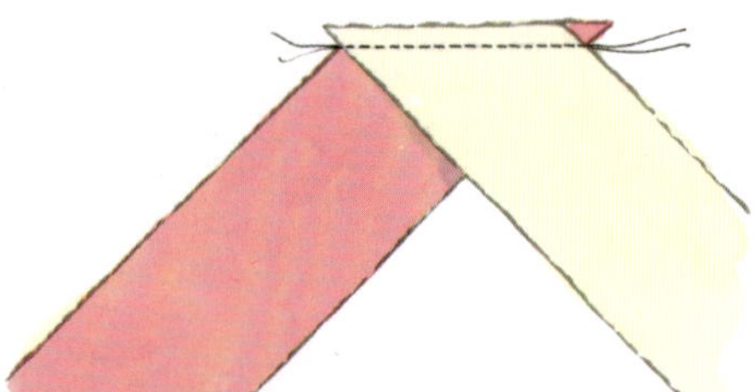

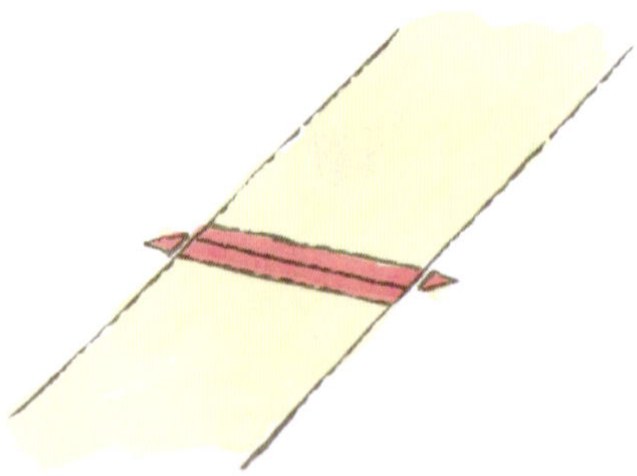

4 Jeweils an den Enden werden die einzelnen Schrägstreifen mit 5 mm Nahtzugabe aneinandergenäht, wie hier gezeigt. Solange wiederholen, bis die benötigte Länge erreicht ist. Die Nähte verlaufen stets schräg in die gleiche Richtung.

5 Bügeln Sie die Nahtzugaben auseinander und schneiden Sie die überstehenden Ecken ab.

Keder

Eine mit Stoff umhüllte Kordel heißt Keder oder auch Paspel und wird als dekorative Kante in den Saum eingenäht. Das verstärkt den Saum außerdem zusätzlich. Keder oder Paspeln gibt es fertig konfektioniert zu kaufen, man kann sie aber auch, farblich passend auf das gewünschte Nähobjekt abgestimmt, selber nähen.

Kordeln für Keder sind besonders weich und in unterschiedlichen Durchmessern von 3 mm bis sehr dick erhältlich. Meist jedoch werden mittlere Stärken verwendet. Gedrillte Kordeln sind fester und ebenfalls geeignet. Sie sind in Durchmessern von 2 mm bis 1 cm erhältlich. Ist die Kordel nicht einlaufvorbehandelt, sollte sie zuvor bei hoher Temperatur gewaschen und getrocknet werden. Normalerweise wird die Kordel von Schrägband eingefasst (siehe S. 194). Wenn Sie den Keder an einer geraden Kante verwenden und das Stoffmuster mit der Kante konform verlaufen soll (z. B. bei Streifen- oder Karomuster), können Sie die Stoffstreifen im geraden Fadenlauf zuschneiden. Soll der Keder um eine Ecke verlaufen, muss der Stoff schräg zum Fadenlauf zugeschnitten werden, damit der Keder sich der Wölbung anpassen kann.

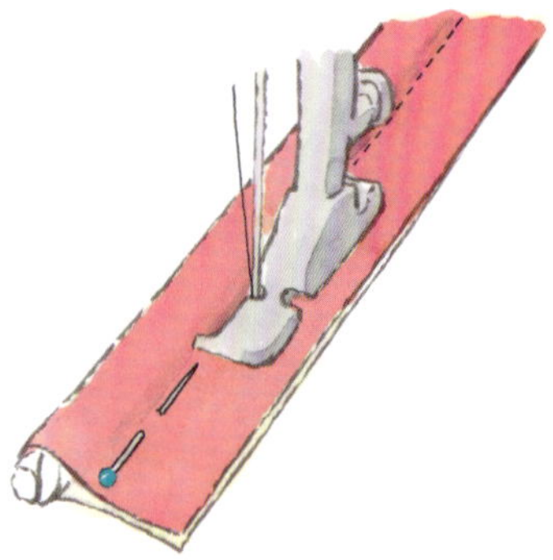

1 Legen Sie die Kordel auf die linke Stoffseite und die Stoffkanten bündig aufeinander, sodass die Kordel umschlossen wird. Stecken Sie die Kanten längs zusammen. Mit dem Reißverschlussfuß dicht an der Kordel entlangnähen. Achten Sie jedoch darauf, dass die Kordel nicht mitgefasst und der Stoff nicht verzogen wird.

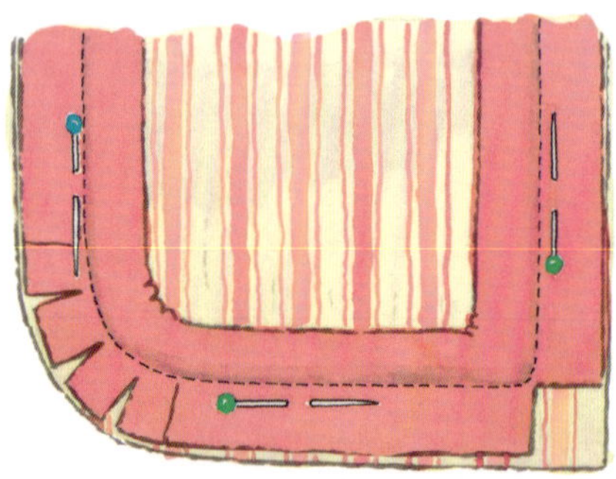

2 Legen Sie Anfangs- und Endpunkt des Keders am Objekt fest. Idealerweise sollte es eine unauffällige, gerade Stelle und nicht an einer Ecke, einem Reißverschluss oder einer Rundung sein. Stecken Sie den Keder auf die rechte Seite des Stoffs; die Kordel zeigt nach innen und die Naht des Keders verläuft parallel an der Stoffkante. An rechtwinkligen Ecken wird die Nahtzugabe des Keders im 90-Grad-Winkel weggeschnitten. Damit sich der Keder geschmeidig um Rundungen legt, knipsen Sie seine Nahtzugabe dort intervallweise bis dicht an die Naht ein.

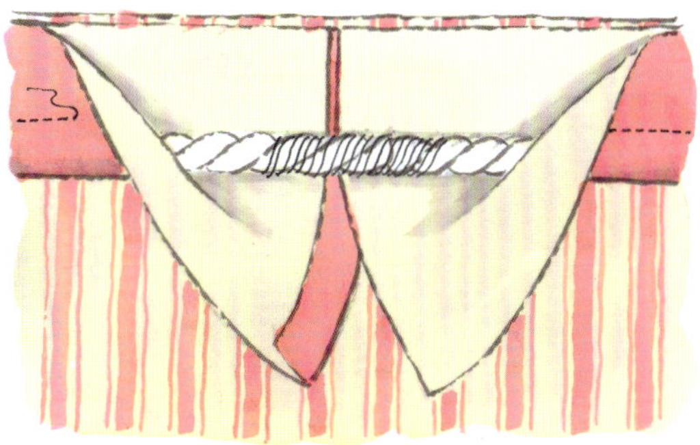

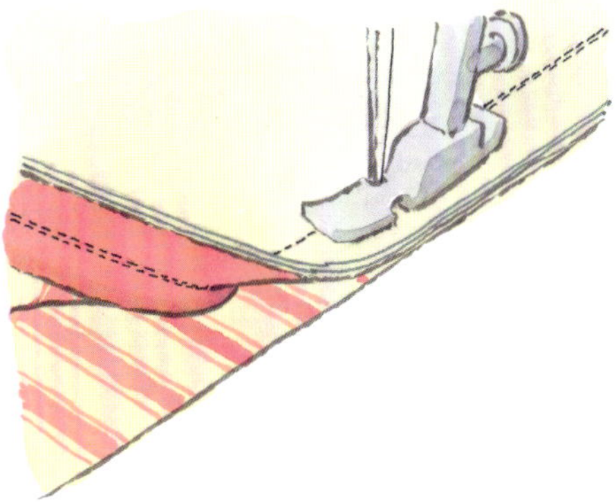

3 Der Keder wird mit einem Reißverschlussfuß auf den Stoff gesteppt. Dabei nähen Sie über die Kedernaht; diese bleibt an beiden Enden aber 5 cm offen und die Enden überlappen sich 2 cm. Die eigentliche Kedernaht trennen Sie an den Enden wieder 5 cm weit auf und falten den Stoff auf. Die nun frei liegenden Kordelenden werden so gekürzt, dass sie genau aufeinanderstoßen. Nähen Sie die Enden zusammen. Eines der Streifenenden schlagen Sie 1 cm nach innen um. Legen Sie den Stoff dann um die freiliegenden Kordelenden. Die andere, offene Stoffkante wird dabei überlappt. Jetzt feststeppen.

4 Das mit Keder umsäumte Stoffteil rechts auf rechts auf das andere Stoffteil stecken. Mit dem Reißverschlussfuß die Kedernahtlinie dicht an der Kordel entlangsteppen, und zwar durch alle vier Stofflagen hindurch. Wird das Objekt dann auf rechts gewendet, ist der Keder ordentlich mitgefasst.

Abnäher

Mit Abnähern lässt sich der Sitz eines Stoffes an Rundungen optimieren, wenn der Stoff z. B. für einen Stuhlpolsterbezug passgenau gearbeitet werden soll. Meist haben Abnäher die Form eines langen Dreiecks.

1 Markieren Sie den Abnäher auf der Stoffrückseite. Die zwei Nahtlinien werden dann rechts auf rechts zusammengesteckt und geheftet. Die Stecknadeln anschließend wieder lösen.

2 Beginnen Sie am breiten Ende und nähen Sie in einer geraden Linie an der Heftung entlang. An der Spitze, wo der Abnäher endet, nähen Sie sehr nahe bis an den Bruch. Verknoten Sie die Fadenenden und bügeln Sie den Abnäher zu einer Seite.

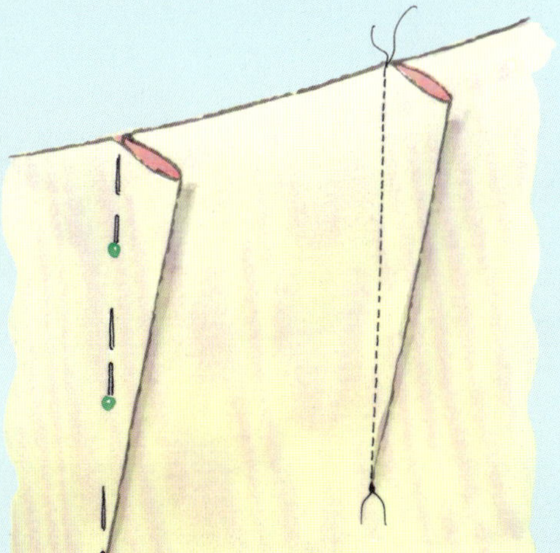

Kräuseln

Stoff lässt sich durch zwei parallele Heftnähte in weichen Falten kräuseln. Normalerweise wird die Hälfte bis ein Drittel des Stoffes zusammengeschoben, um die gewünschte Breite zu erlangen.

Kräuseln mit der Nähmaschine

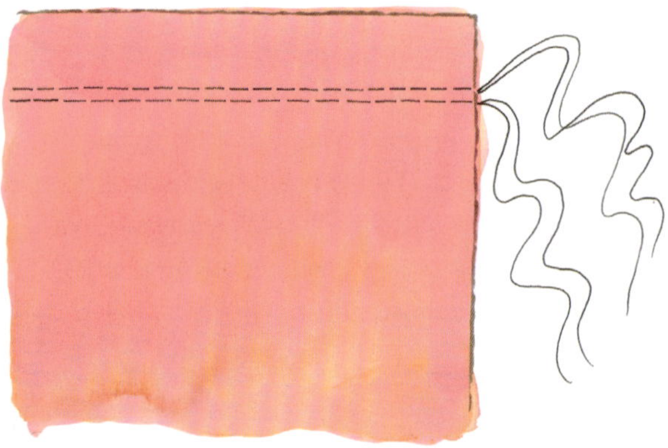

1 Mit der weitesten Stichlänge werden im Geradstich zwei parallele, innerhalb der Nahtzugabe liegende Linien genäht. Die erste Naht liegt knapp innerhalb der Nahtlinie, die zweite hat 5 mm Abstand zur ersten. Die Fadenenden bleiben lang und lose hängen.

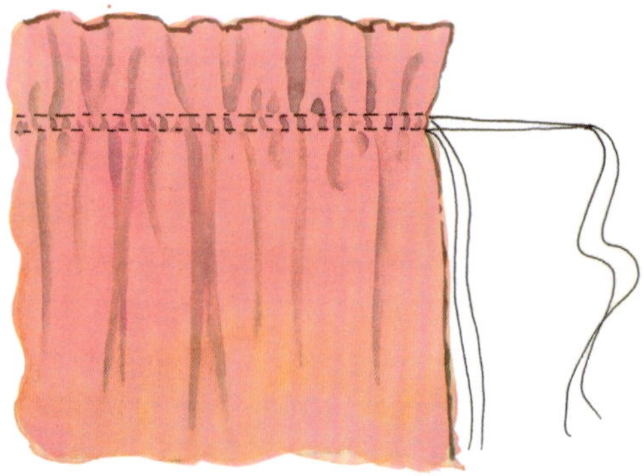

2 Soll nur ein kurzes Stück gekräuselt werden, verknoten Sie die Fadenenden an einem Ende. Am anderen Ende ziehen Sie die beiden Fäden gleichmäßig vorsichtig an. Der Stoff wird dabei zusammengeschoben und Sie ziehen ihn Stück für Stück nach. Haben Sie die gewünschte Breite erreicht, verknoten Sie die langen Fadenenden und arrangieren die Kräuselfalten gleichmäßig über die komplette Breite.

3 Soll der Stoff über eine längere Distanz gekräuselt werden, fixieren Sie die Zugfäden vorübergehend an einer Seite, indem Sie die Fäden in der Form einer Acht um eine Nadel wickeln. Beginnen Sie wie bei Schritt 2 mit dem Kräuseln, stoppen aber auf der Hälfte. Wiederholen Sie das Ganze auf der anderen Seite. Schließlich verknoten Sie die langen Fadenenden und verteilen die Kräuselfalten gleichmäßig über die komplette Breite.

Hinweis: Sind die Distanzen, über die der Stoff gekräuselt werden soll, sehr lang, ist es ratsam, an jeder Naht oder alle 60-90 cm mit den Kräuselnähten zu stoppen (die Zugfäden jeweils lang hängen lassen) und mit neuen Zugfäden fortzufahren. So wird das Reißen der Fäden vermieden.

Kräuseln per Hand

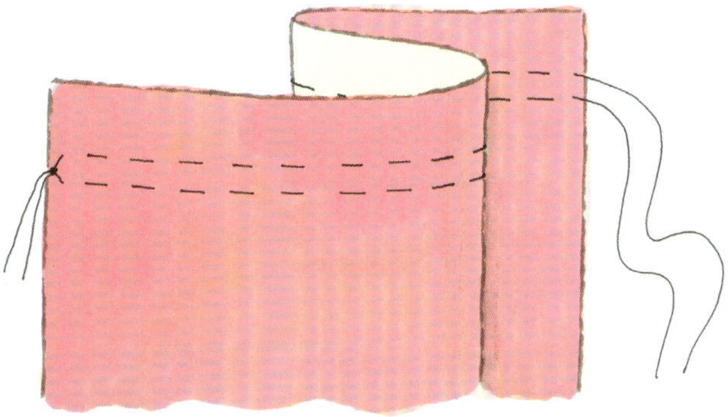

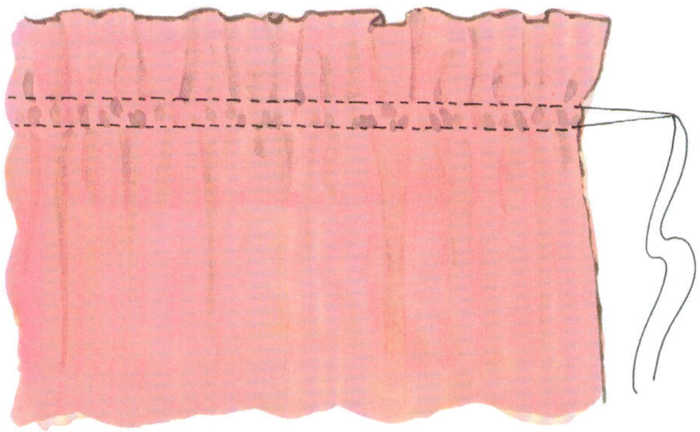

1 Um den Stoff über kurze Distanzen zu kräuseln, können Sie auch zwei parallele Nähte innerhalb der Nahtzugabe per Hand im Vorstich (siehe S. 185) nähen. Die erste Naht liegt knapp innerhalb der Nahtlinie, die zweite hat 5 mm Abstand zur ersten. Die Stiche sollten genau parallel nebeneinander liegen. Die Fadenenden werden an einem Ende geknotet und bleiben am anderen lang und lose hängen.

2 Ziehen Sie die Zugfäden vorsichtig an und schieben Sie den Stoff dabei zusammen. Ist die gewünschte Breite erreicht, werden die Bandenden verknotet und die Kräuselfalten gleichmäßig verteilt.

Kellerfalten

Diese Falten werden an einer Kante in den Stoff gelegt und fixiert. Grundsätzlich werden sie an einer bestimmten Bruchlinie gefaltet und dann bündig an einer bestimmten Stelle an eine zweite Bruchlinie. Kellerfalten nennt man zwei Falten, die von zwei Seiten aus zueinander gelegt werden und mittig aneinanderstoßen. Meistens werden Kellerfalten aus einem durchgehenden Stoffteil gefaltet, aber es gibt auch Kellerfalten, die mit einem separaten Stoff unterfüttert werden.

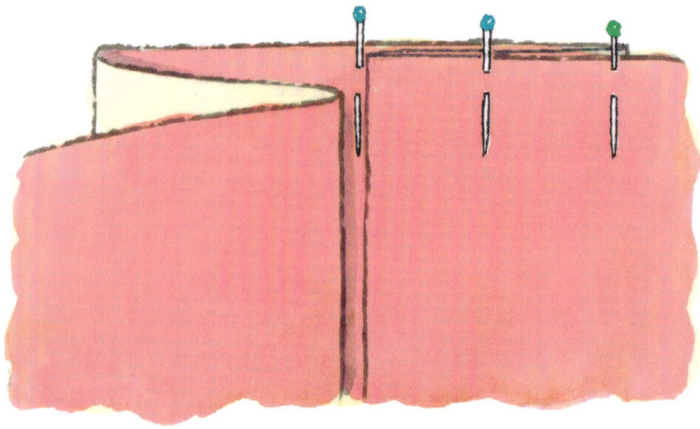

1 Falten hängen am besten, wenn die Bruchlinien in Richtung des Fadenlaufs liegen. Markieren Sie die Stelle, wo sie aneinanderstoßen sollen am oberen und unteren Stoffrand mit Stecknadeln oder Durchschlagschlaufen (siehe S. 187). Beidseitig dieser Markierung messen und kennzeichnen Sie am oberen und unteren Rand jeweils die Faltenbreite. Der Stoff wird dann links auf links entlang der Bruchlinien gefaltet und gebügelt.

2 Von der rechten Stoffseite aus die eine gebügelte Bruchkante auf eine Linie mit der mittig markierten Anstoßstelle bringen. Dort feststecken und den Vorgang auf der anderen Seite wiederholen. Entlang der oberen und unteren Kanten werden die Falten geheftet. Oben wird die Kellerfalte von der Naht gehalten, während sie unten frei hängt, nachdem die untere Kante gesäumt und die Heftung entfernt ist.

Reißverschlüsse einnähen

Reißverschlüsse lassen sich gut einsetzen, um Öffnungen ordentlich und unauffällig zu schließen. Sie werden eingenäht, bevor das Projekt zusammengenäht wird, weil es einfacher ist, sie in einen flach liegenden Stoff zu nähen. Ein Reißverschluss ist gewöhnlich 7,5–10 cm kürzer als die Naht, in die er genäht wird.

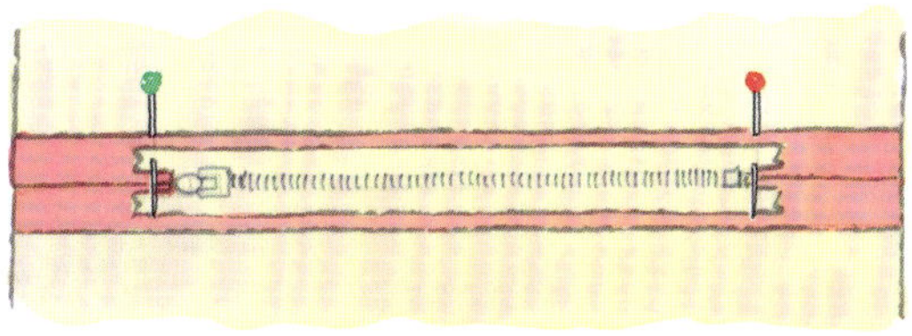

1 Zwei Stoffteile bündig rechts auf rechts stecken und heften. Die Nahtzugaben vorsichtig auseinanderbügeln. Platzieren Sie den Reißverschluss über die Nahtzugaben, sodass er mittig zwischen den Nahtenden liegt, und markieren Sie die Enden des Verschlusses.

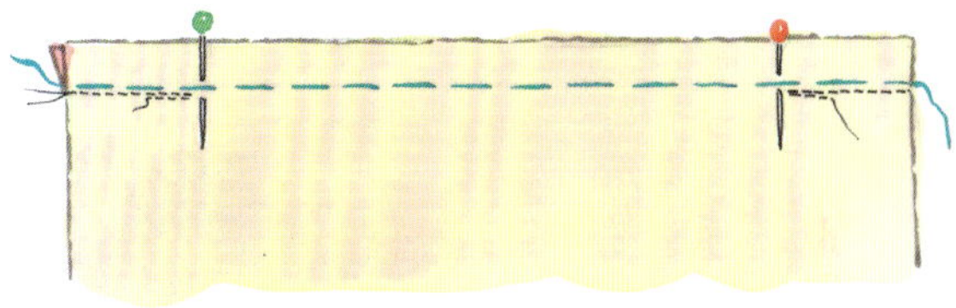

2 Nehmen Sie den Reißverschluss wieder ab, und steppen Sie die Naht, von beiden Seiten vom Rand bis zu den Stecknadelmarkierungen zusammen. An den Markierungen verriegeln Sie die Naht zur zusätzlichen Sicherung im Rückstich. Die Heftnaht zwischen den gesteppten Nähten bleibt intakt.

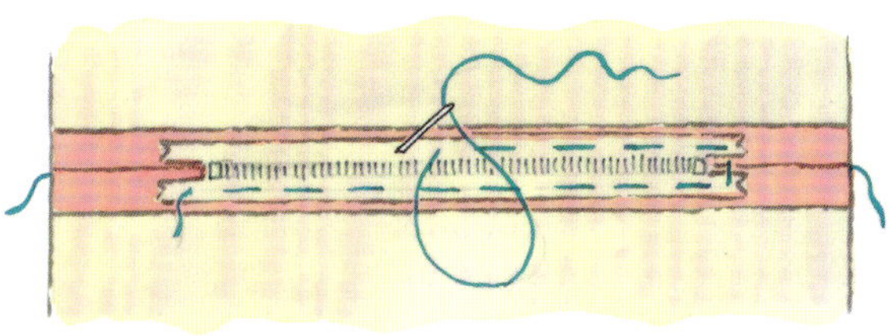

3 Legen Sie den geschlossenen Reißverschluss mit der Vorderseite nach unten auf die Nahtzugaben, mittig auf den gehefteten Bereich. Prüfen Sie, dass die Reißverschlusszähne exakt auf der Nahtlinie liegen. Heften Sie den Reißverschluss dann per Hand durch alle Lagen hindurch fest.

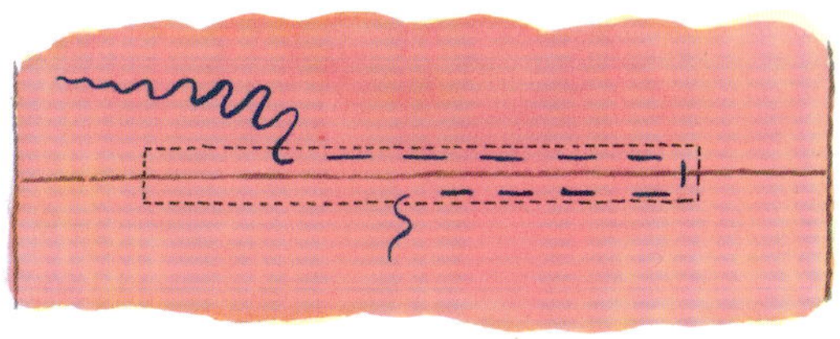

4 Den Stoff umdrehen und den Reißverschluss mit einem Reißverschlussfuß von rechts aufsteppen. Nähen Sie dabei beidseitig mit 5 mm Abstand zur Nahtlinie und über die Enden des Reißverschlusses. Achten Sie darauf, nicht über die Reißverschluss-Stopper zu nähen. Steppen Sie die Naht in einem Arbeitsschritt durch. (Ausnahme: Sollte der Stoff eine Tendenz zum Verziehen haben, nähen Sie die Längsseiten in der gleichen Richtung.) Die Nahtenden nicht verriegeln, sondern die Fadenenden auf der Rückseite verknoten. Entfernen Sie zum Schluss die Heftung.

Schlaufen nähen

Durch schmale Schlaufenbänder können Sitzkissen und Tischdecken fixiert oder Vorhänge an Stangen aufgehängt werden. Breite Schlaufen aus leichteren Stoffen lassen sich z. B. auf der Rückseite eines Stuhlbezuges zu eleganten Schleifen binden.

Schlaufen: Methode 1

Diese Methode hat den Vorteil, dass die Schlaufe, nachdem sie genäht ist, nicht gewendet werden muss (was bei schmalen Schlaufen durchaus etwas schwierig sein kann). Stattdessen bleibt die Naht an einer Kante sichtbar.

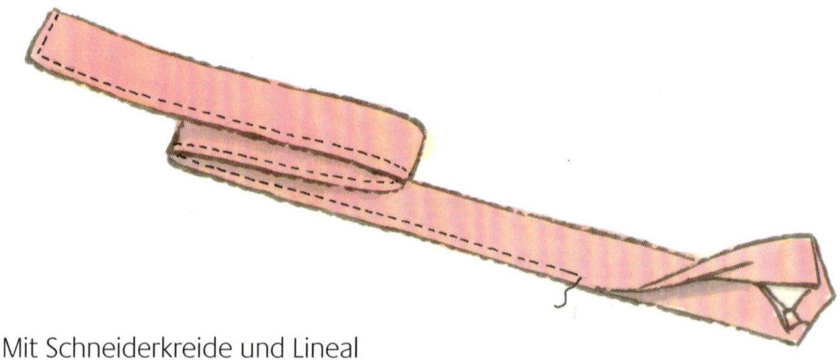

1 Mit Schneiderkreide und Lineal zeichnen Sie in Richtung des Fadenlaufs parallele Linien, deren Abstände das Vierfache der Breite der fertigen Schlaufen betragen. Die Länge entspricht der Länge der fertigen Schlaufe, plus der zweifachen Nahtzugabe (siehe Schritt 2) oder den in der Anleitung genannten Vorgaben. Mit einem Kopierrädchen auf einer Schneidematte oder einer Schere schneiden Sie den Stoff entlang der Linien aus.

2 Wird ein Ende der Schlaufe in eine Naht eingenäht, muss dieses Ende nicht versäubert werden. Aber schauen die Schlaufenenden heraus, bügeln Sie sie 5 mm nach links um.

3 Falten und bügeln Sie jede Schlaufe mittig längs links auf links. Falten Sie den Streifen wieder auf, und bügeln Sie die offenen Kanten bis zum Mittelbruch nach links um.

4 Die Schlaufe nun erneut mittig längs falten, sodass die umgebügelten Kanten aufeinanderliegen. Die Kanten zusammenstecken und längs und an den Schmalseiten (wenn diese zuvor eingeschlagen wurden, siehe Schritt 2) knappkantig absteppen.

Hinweis: Wenn Sie eine größere Anzahl Schlaufen benötigen, ist es praktischer, einen langen Stoffstreifen zu nähen und diesen in der benötigten Anzahl und Länge zuzuschneiden. Die offenen Schmalkanten können Sie ggf. nach innen stülpen und im Staffierstich schließen (siehe S. 185).

Schlaufen: Methode 2

Diese Schlaufen werden aus Stoffstreifen gemacht, die man längs rechts auf rechts zusammennäht und auf rechts wendet. So ist keine Naht sichtbar.

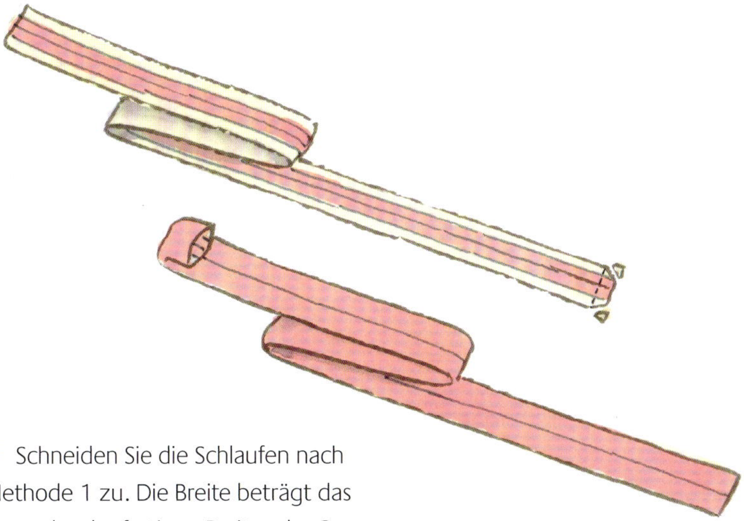

1 Schneiden Sie die Schlaufen nach Methode 1 zu. Die Breite beträgt das Doppelte der fertigen Breite, plus 3 cm Nahtzugabe, die Länge entspricht der fertigen Länge, plus Nahtzugabe, oder dem angegebenen Maß.

2 Falten Sie den Streifen längs mittig rechts auf rechts. Die Kante stecken und mit 1,5 cm Nahtzugabe zusammensteppen.

3 Die Nahtzugabe wird auf 5 mm zurückgeschnitten. Legen Sie die Schlaufe so, dass die Naht mittig verläuft, und bügeln Sie die Nahtzugaben auseinander. Eine Schmalseite wird ggf. mit 1,5 cm Nahtzugabe zusammengenäht. Die Nahtzugabe dann auf 5 mm einkürzen und die Ecken abschrägen.

4 Wenden Sie die Schlaufe nun auf rechts, sodass die Naht mittig auf einer der Schlaufenseiten verläuft.

Hinweis: Benutzen Sie eine Stricknadel o. Ä. als Wendehilfe. Stülpen Sie die geschlossene Schmalseite über die Nadelspitze, und ziehen Sie den Stoffschlauch vorsichtig an der Nadel hinunter.

Kalkulation der Schlaufenanzahl

Um die benötigte Schlaufenanzahl für einen Vorhang zu ermitteln, teilen Sie das Maß der Breite eines fertigen Vorhangschals durch das Maß der in der Anleitung angegeben Abstände. Sie benötigen eine Schlaufe mehr als die Anzahl der errechneten Abstände beträgt. Beispiel: Ein 152 cm breiter Vorhang mit einem Schlaufenabstand von 20 cm wird in 7,5 Abstände unterteilt, d.h. Sie benötigen acht Schlaufen. Wenn Sie auf acht Abstände aufrunden, benötigen Sie neun Schlaufen. Ob Sie auf- oder abrunden, hängt davon ab, wie dicht Sie die Schlaufen wünschen.

Maßberechnung für Vorhangschals

Beim Maßnehmen für Vorhänge ist es hilfreich, wenn die Aufhängung (Stange oder Schiene) bereits montiert ist. Werden die Vorhänge bodenlang, sollten auch Teppiche oder andere Bodenbelege berücksichtigt werden.

Verwenden Sie ein ausziehbares Maßband aus Metall und lassen Sie sich beim Ausmessen großer Fenster von jemandem helfen. Zunächst legen Sie die Art der Aufhängung fest, denn es macht bezüglich der Proportionen einen Unterschied, ob die Vorhänge an einer Stange oder hinter einer Verkleidung hängen.

Nähen Sie Vorhänge oder Rollos aus einem Stoff mit Musterrapport, berücksichtigen Sie den kompletten Rapport nicht an der oberen, sondern an der unteren Kante.

Vorhangbreite oder -fülle

Die benötigte Vorhangfülle hängt u.a. von der Art der Aufhängung ab (siehe individuelle Anleitungen). Allgemein gilt, je Vorhangschal das Anderthalb- bis Zweieinhalbfache der Stangen- bzw.Schienenbreite, dividiert durch 2, für den Stoff zu berechnen.

Vorhanglänge oder -fall

Die Länge bzw. den Fall der Vorhänge berechnen Sie folgendermaßen:

- Für Vorhänge, die an einer vorstehenden Stange hängen, ermitteln Sie, wo die obere Vorhangkante in Relation zur Stange verlaufen wird. Sollten Sie unsicher sein, fixieren Sie Gardinenband an den Gardinenhaken und messen ab der oberen Kante des Gardinenbandes nach unten.
- Für Vorhänge, die an einer Schiene oder integrierten Stange hängen, messen Sie die Länge von der unteren Kante des Vorhangrings oder der Gardinenöse.
- Für Vorhänge, die an einer Stange an einem Gardinenbrett oder einer Schabracke hängen, messen Sie die Länge von der Brettunterseite und subtrahieren die Hakenlänge. Das ist je nach Montagevorrichtung unterschiedlich. Falls Sie unsicher sind, hängen Sie probeweise ein Stück des Gardinenbandes inkl. Haken an die Stange. Messen Sie dann den Abstand zwischen der oberen Kante des Gardinenbands und der Brettunterkante.
- Für bodenlange, glatt hängende Vorhänge subtrahieren Sie 1 cm der Länge B (siehe Skizze rechts) für den Abstand zum Boden. Wünschen Sie üppig aufliegende Vorhänge, addieren Sie 15–20 cm zur Länge B.
- Für halblange Vorhänge addieren Sie 5–10 cm zur Länge C, sodass der Stoff knapp über die Fensterbank hängt. Ragt die Fensterbank jedoch weit hervor, subtrahieren Sie 1 cm von der Länge C (siehe Skizze rechts), damit die Vorhänge glatt hängen können.

Maßberechnung

Wenn Sie Vorhänge nähen, sollten Sie beim Stoffverbrauch nicht knauserig sein. Üppig hängende Vorhänge aus günstigem Stoff wirken allemal attraktiver als knapp hängende Vorhänge aus hochpreisigem Stoff.

Kalkulieren Sie zuerst die benötigte Anzahl Stoffbahnen (Breite bzw. Fülle), und dividieren Sie dies durch die Breite einer Stoffbahn. Beispiel: Der fertige Vorhang soll 230 cm breit sein. Die Breite einer Stoffbahn beträgt 139 cm. Sie benötigen also zwei Bahnen je Vorhangschal.

- Wenn die Anzahl der benötigten Stoffbahnen knapp unter oder über der benötigten Gesamtbreite liegt, wird zur nächsten vollen Bahnbreite auf- oder abgerundet.
- Liegt die Anzahl nahe einer halben Stoffbahn, wird zur nächsten halben Bahnbreite auf- oder abgerundet. Diese halben Stoffbahnen werden stets an den Außenkanten der Vorhänge angenäht.

Nun wird das Gesamtmaß berechnet. Hierfür addieren Sie obere und untere Nahtzugaben (siehe individuelle Anleitungen) zum errechneten Längenmaß und multiplizieren die Summe mit der kalkulierten Anzahl Stoffbahnen. Bei Musterrapporten addieren Sie außerdem (nach der ersten Bahnbreite) einen vollen Rapport je Bahnbreite hinzu.

Wo gemessen wird

Bei der Berechnung der benötigten Stoffmenge sind zwei Maße entscheidend:

- Die Länge der Stange oder Schiene (inklusive eventueller Überlappungen in der Mitte) oder der Schabracke bzw. des Vorhangbretts (Maß A in der Skizze).
- Die Länge (Fall) des Stoffes bis zum Boden (Maß B in der Skizze) oder bis auf das Fensterbrett (Maß C in der Skizze), abhängig von der Art der Vorhänge.

Messen Sie die endgültige Länge (bzw. den Fall) an verschiedenen Stellen, da der Boden uneben sein kann. Überprüfen Sie außerdem die Rechtwinkligkeit des Fensters, indem Sie Breite und Höhe jeweils oben und unten messen. Messen Sie ein zweites Mal zur Überprüfung nach.

Maßberechnung für Flämische Falten

In regelmäßigen Abständen zwei- oder dreifach geraffte Falten schaffen an der oberen Vorhangkante einen formalen Abschluss, wie z. B. bei den Projekten auf S. 48 und 44. Hier wird erklärt, wie die Größe der Falten und die Abstände für geraffte Falten berechnet werden:

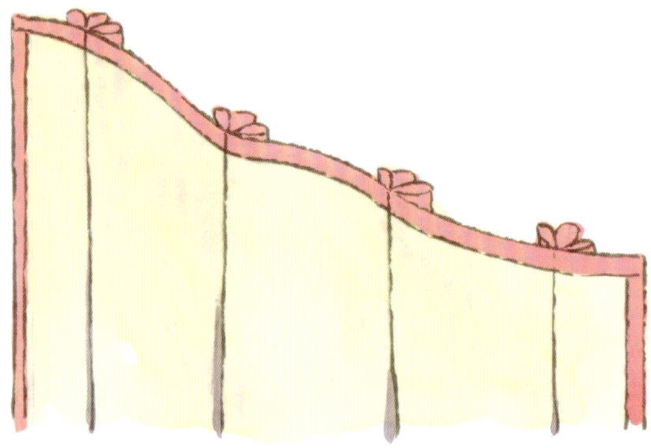

1 Sie legen den genähten Vorhangschal flach aus und messen die Breite. Von diesem Breitenmaß wird die Breite des fertig gerafften Vorhangs subtrahiert. Die Differenz der beiden Maße ist das Maß, das für die Falten zur Verfügung steht. An jedem Rand wird 8,5 cm Maßzugabe für den Stangenüberstand und den Randausgleich berechnet.

2 Als ungefähre Maßgabe gelten vier zwei- oder dreifache Falten je Stoffbahn. Dividieren Sie die errechnete Differenz für die Falten (siehe Schritt 1) durch die Anzahl der kalkulierten Falten, um die Größe der einzelnen Falten zu errechnen.

3 Am Ende werden Sie (exklusive des Stangenüberstands und Randausgleichs) in der Anzahl einen Abstand weniger als Faltenraffungen haben. Beispiel: Ist ein Vorhangschal aus zwei Stoffbahnen genäht, hat er acht Falten und sieben Abstände, plus der beidseitigen 8,5 cm für den Stangenüberstand und den Randausgleich.

4 Die Breite der Abstände errechnen Sie durch Subtraktion der gesamten 17 cm für Stangenüberstand und Randausgleich von der fertigen Breite des Vorhangschals. Die verbleibende Summe dividieren Sie durch die Anzahl der Abstände (in diesem Beispiel also durch sieben).

Methoden der Aufhängung

Vorhänge werden traditionell an Stangen oder Schienen angebracht. Sofern Sie kein Vorhangbrett oder eine Schabracke verwenden, die das Montagesystem verdeckt, können Sie eine Holz- oder Metallstange wählen, die für sich genommen schon ein dekoratives Element darstellt. Die Endstücke sind z. B. reich verzierte Ornamente oder Skulpturen, wie eine Lilie oder Ananas oder auch eine schlichte Kugel. Gusseiserne Stangen haben häufig kunstvoll verschnörkelte Endstücke. Die Stangen werden beidseitig des Fensters von Halterungen gestützt, sehr lange Stangen zusätzlich auch mittig.

Üblicherweise werden Vorhänge durch Haken aufgehängt, die rückwärtig in das Gardinenband und in die Vorhangschiene bzw. an die Ringe für die Stangen gesteckt werden. Die verschiedenen Methoden sehen Sie u.a. auf den Fotos im Kapitel Vorhänge. Die Alternativen sind:

- Schlaufen, die an die obere Kante der Vorhänge genäht und um die Vorhangstange geknotet werden.
- Große Ösen, die in das Gardinenband gesteckt und in die Führungsschiene gesteckt werden.
- Durchzüge im oberen Saum des Vorhangs, durch die eine dünne Stange geführt wird.
- Feine Gardinenschnüre, die durch einen Durchzug im oberen Saum geführt werden und mittels Ösen (an den Bandenden) an Wandhaken fixiert werden.
- Clip-Ringe, die leichte Stoffe festhalten.
- Schmale Metallklammern, die eine Stoffbahn sicher halten. Auch zarte Gewebe werden dabei nicht zerrissen.

Maßberechnung für Rollos

Zum Anbringen eines Rollos benötigen Sie eine Holzlatte. Genau wie bei Vorhängen ist es hilfreich, wenn die Latte zum Ausmessen bereits montiert ist (siehe Holzlatten für Rollos, S. 210). Rollos können sowohl in als auch vor der Fensternische montiert werden, und zwar am oder über dem Sturz. Schwedische und Römische Rollos sehen einwärts montiert schöner aus, aber dann behindern sie u. U. teilweise den Tageslichteinfall oder blockieren die Fensteröffnung. Insofern bieten auswärts montierte Rollos mehr Flexibilität.

Wo gemessen wird

- Breite eines einwärts montierten Rollos: Die Holzlatte wird direkt auf den oberen Rand der Fensteraussparung oder des Fensterrahmens geschraubt. Demnach sollte die Lattenlänge der Breite der Fensteraussparung bzw. des inneren Fensterahmens entsprechen (Maß D in der Skizze), beidseitig minus 1 cm (Bewegungsspielraum rechts und links).
- Breite eines auswärts montierten Rollos: Die Holzlatte wird entweder direkt an die Wand über dem Fenster (Maß E in der Skizze) oder auf die obere Verkleidung geschraubt. Demnach sollte die Lattenlänge der Breite des Fensters, entsprechen, beidseitig plus 10–15 cm.
- Länge eines einwärts montierten Rollos: Messen Sie von der oberen Lattenkante bis zum Fensterbrett, minus 1 cm (Maß F in der Skizze).
- Länge eines auswärts montierten Rollos: Messen Sie von der oberen Lattenkante bis 5 cm unterhalb des Fensterbretts (Maß G in der Skizze). Möchten Sie ein Klettband auf der Latte montieren, wie bei Holzlatten für Rollos, Schritt 3 (siehe S. 210), berechnen Sie extra Stoff für die Verkleidung der oberen Lattenkante.

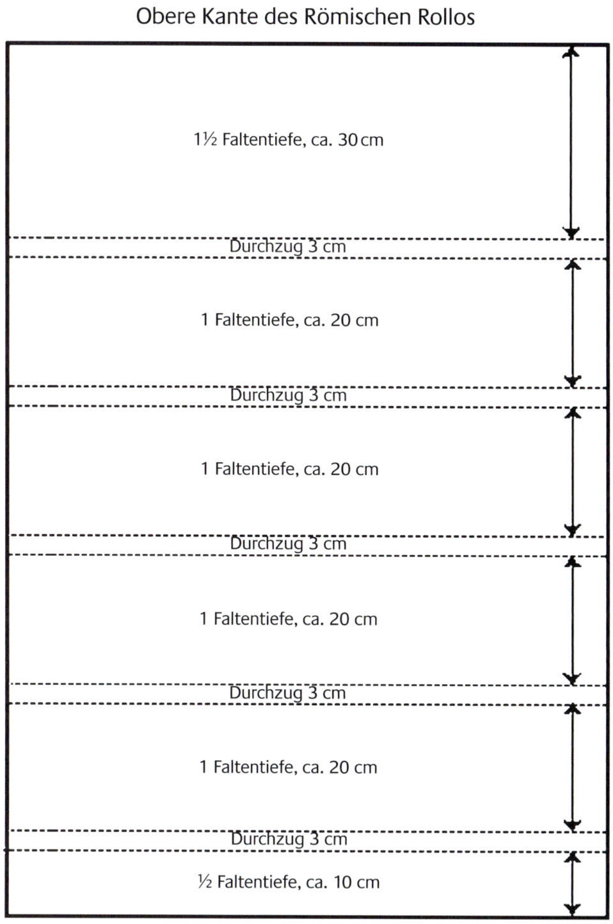

Durchzüge für Römische Rollos

Messen Sie das Fenster, wie zuvor beschrieben, aus, um die Breiten- und Längenmaße des fertigen Rollos zu ermitteln. Üblicherweise werden für ein Rollo wie in der Zeichnung oben, sofern nicht anders angegeben, 10 cm Abstand zwischen dem untersten Durchzug und der Saumkante (eine halbe Faltentiefe) berücksichtigt. Den oberen Durchzug platzieren Sie mit 30 cm Abstand zur oberen Kante des Rollos (eine anderthalbe Faltentiefe). Die Abstände der übrigen Durchzüge werden gleichmäßig verteilt und betragen ca. 20 cm (eine Faltentiefe), abhängig von der Fenstergröße. Für ein gefüttertes Römisches Rollo addieren Sie 3 cm pro Durchzug zur Länge des fertigen Rollos, plus Nahtzugaben.

Maßberechnung

Für die Stoffkalkulation berechnen Sie die Länge der Holzlatte für die Rollobreite und multiplizieren den Wert mit der Rollolänge (Fall). Beachten Sie, dass dies die Maße für das fertige Rollo sind. Bei den einzelnen Anleitungen finden Sie die Angaben zu den benötigten Saum- und Nahtzugaben.

Holzlatten für Rollos

Die Holzlatte wird für die Montage des Rollos am Fensterrahmen oder an der das Fenster umgebenden Wand benötigt. Sie misst 2,5 x 5 cm und wird üblicherweise mit dem gleichen Stoff bedeckt, aus dem das Rollo ist. Die Anleitung bezieht sich auf eine Latte, die mit Schrauben an der Wand montiert wird. Sie können aber auch Messingwinkel verwenden, wie für das Schabrackenbrett, Schritt 4 (nächste Seite).

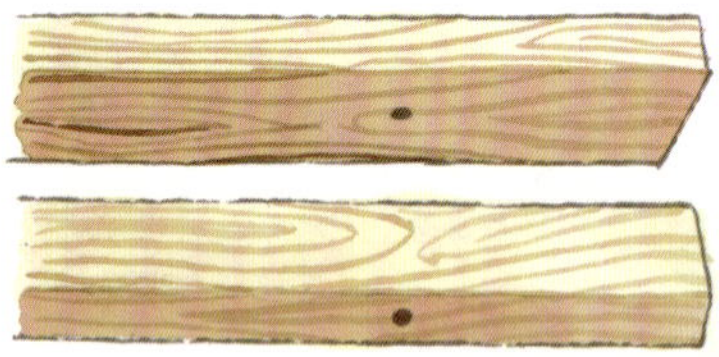

1 Sägen Sie die Holzlatte auf eine Länge, die der Breite des fertigen Rollos entspricht (siehe Wo gemessen wird, S. 208). Für ein einwärts montiertes Rollo bohren Sie die Löcher in die Unterkante der Holzlatte, beidseitig mit 15 cm Abstand zu den Seitenenden. Für ein auswärts montiertes Rollo werden die Löcher in die Vorderkante der Holzlatte gebohrt, beidseitig 15 cm von den Seitenenden entfernt.

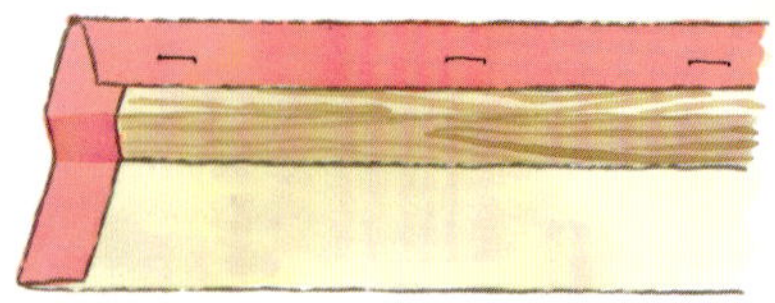

2 Schneiden Sie einen Stoffstreifen zu, der um die Holzlatte passt und zusätzlich 10 cm länger ist. Legen Sie die Latte mittig auf die linke Stoffseite und falten Sie den Stoff an den Schmalkanten in Briefecken und über die obere bzw. untere Kante glatt um. Tackern Sie die Stoffränder fest.

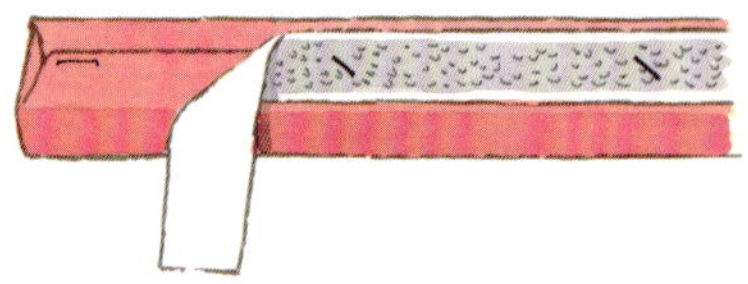

3 Das Klettband wird entweder mittig auf die Lattenvorderseite (bei ein- bzw. auswärts montierten Rollos) oder auf die obere Kante der Latte (nur bei auswärts montierten Rollos) getackert. Auf der Lattenvorderseite verdeckt das Klettband gleichzeitig die obere Naht des Rollos (siehe Abb.), aber beachten Sie, dann extra Länge für die Bretttiefe bei der Stoffmenge zu berechnen.

4 Bei Verwendung von Schraubösen markieren Sie die Positionen der Schraublöcher auf der Lattenunterseite. Sie liegen in einer Linie mit den Fädelösen des Rollos. Montieren Sie die Ösen. Eine Öse kommt separat mit 2,5 cm Abstand zum Rand an die kordelführende Seite.

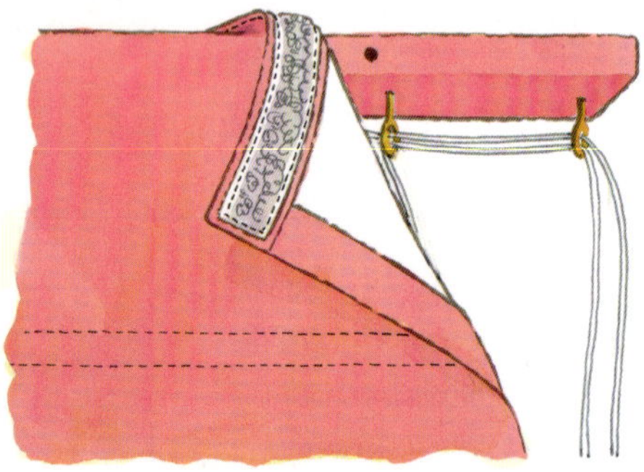

5 Bei einem auswärts montierten Rollo bringen Sie das Klettband am besten an, bevor Sie die Latte montieren. Fädeln Sie die Kordel durch alle Ringe, das Rollotape und die Ösen (siehe jeweilige Anleitung). Für die Montage der Latte lösen Sie das Klettband über den Schraublöchern und durchstechen den Stoffbezug, der die Löcher bedeckt. Bohren Sie direkt in die Wand oder den Fenstersturz. Fixieren Sie das Klettband wieder. Bei einem einwärts montierten Rollo schrauben Sie die Latte auf den Sturz.

Schabrackenbrett

Ein Schabrackenbrett ist ein über dem Fenster montiertes Holzbrett. Es hält einen Volant, der an der Front und den Seitenkanten des Bretts fixiert wird. Die Vorhangstange wird auf der Brettunterseite montiert, sodass die Aufhängung hinter dem Volant verschwindet.

1 Wählen Sie robustes Holz, das sich nicht leicht verzieht (z. B. Kiefer). Die Dicke beträgt ca. 2,5 cm, die Tiefe 12,5-20 cm, und die Länge entspricht der Länge der Vorhangstange plus 5 cm.

2 Verkleiden Sie das Holzbrett entweder mit Stoff, wie für die Holzlatte für Rollos (siehe vorige Seite, Schritt 1) beschrieben, oder streichen Sie das Holz farblich passend zum Stoff an.

3 Die Hakenseite des Klettbands tackern Sie an die schmalen Front- und Seitenkanten des Bretts. Hieran wird später der Volant fixiert.

4 Mittels Winkeleisen montieren Sie das Brett an der Wand oberhalb des Fensters. Die Vorhangstange kommt an die Brettunterseite, mittig nach innen platziert, damit die Vorhänge später problemlos hinter dem Volant auf- und zugezogen werden können.

Pflegehinweise

Regelmäßige Reinigung und Pflege gewährleisten, dass textile Raumausstattungen und Bezüge nicht verschmutzen und eine lange Lebensdauer haben.

Staubsaugen

Regelmäßiges Absaugen von Polsterstoffen, Betten, Gardinen und Bezügen oder auch die umgehende Entfernung von Flecken verhindert, dass der Schmutz tief in die Fasern eindringt und dann nicht mehr oder nur schwierig zu lösen ist. Saugen Sie den Stoff mit dem Bürstenaufsatz vorsichtig ab, und berücksichtigen Sie auch Falten und Polsterecken.

Lüften

Das ist wohl die einfachste Art, Vorhänge frisch zu halten. Öffnen Sie die Fenster an einem trockenen, etwas windigen Tag weit und ziehen Sie die Vorhänge zu, sodass diese ein paar Stunden frei im Wind wehen können. (Sorgen Sie dafür, dass nichts im Weg steht, was durch die Vorhänge umgeweht werden könnte.) Das Lüften hilft sowohl unangenehme Gerüche als auch Hausstaubmilben zu entfernen. Ggf. können Sie die Vorhänge auch an einem schönen Tag draußen auf die Wäscheleine hängen.

Waschen

Ungefütterte Vorhänge können gewaschen werden, der Stoff verliert dabei jedoch u.U. spezielle Oberflächenbehandlungen, wodurch er beeinträchtigt werden kann. Befindet sich beim Kauf ein Pflegeetikett am Stoff, bewahren Sie es gut auf. Machen Sie außerdem einen Test: Schneiden Sie ein 20 cm großes Quadrat aus dem Stoff zu (Verschnitt oder Rest) und waschen Sie es. Ist es getrocknet und gebügelt, messen Sie genau nach, ob der Stoff eventuell eingelaufen ist. Ist das der Fall, sollten Sie die Vorhänge künftig nur kalt per Hand waschen oder sie in die chemische Reinigung geben. Die Vorhänge werden gebügelt, solange sie noch leicht feucht sind. Achten Sie bei den Säumen darauf, dass diese nicht durch den Stoff drücken. Um ungewünschten Glanz oder Sengschäden zu vermeiden, stellen Sie das Bügeleisen auf niedrige Stufe und verwenden ein Bügeltuch. Mit einem Dampfbügeleisen lassen sich Knitterfalten leicht glätten.

Chemische Reinigung

Dies ist die einzige Option für gefütterte Vorhänge und Rollos. Aber wenn Sie die Vorhänge regelmäßig lüften und absaugen, sollte dies das ja nicht allzuoft notwendig werden.

Wartung der Montagehalterung

Behandeln Sie Vorhangstangen und Schienen regelmäßig mit einem antistatischen Spray. Zierstücke sowie Vorhangringe werden mit einer weichen Bürste vom Staub befreit.

Farbwahl

Farbe ist einerseits ein wunderbar einfaches Gestaltungsmittel, andererseits ist die Farbwahl auch eine sehr individuelle und persönliche Geschmacksfrage. Mit Farbe können übrigens effektvoll Raumstimmungen verändert werden. Manche Farben wirken beruhigend, andere wiederum belebend und erfrischend, was für die Nutzung eines Raumes relevant sein kann.

Obwohl ich mich in den vergangenen 18 Jahren intensiv mit Farben beschäftigt habe, fühle ich mich noch immer wie auf einer großen Reise. Die Auswahl der Farbpalette für meine Stoffkollektionen ist heute noch ein genauso spannendes Erlebnis wie bei der ersten Kollektion. Farbe kann Stimmungen und Empfindungen einfangen und in Wärme oder Energie ausdrücken. Mit Farbe kann auch eine Atmosphäre der Ruhe und Stille geschaffen werden. Ich verinnerliche Farbkombinationen, bewusst oder unbewusst, und wenn ich entwerfe, kommen sie wieder hervor. Die Farben der Natur umgeben mich stets, und so setzen sie sich auch im Interieur unseres Hauses fort. Darum entscheiden auch Sie sich für das, was Sie inspiriert und begeistert und Ihre Persönlichkeit zum Ausdruck bringt.

Versuchen Sie, drei Farben zu kombinieren: Farbe 1 für die Wände, Farbe 2 für die Vorhänge und Farbe 3 für Accessoires wie Kissen o. Ä.

Farbwirkungen

Als ich vor 20 Jahren unseren Kuhstall umbauen wollte, habe ich erst einmal in Zeitschriften geblättert und alles, was mir gefiel, in einem Ordner gesammelt. Das war sehr hilfreich, nicht nur, um meinen Stil zu finden, sondern auch für die Farbwahl. Seitdem fällt es mir ganz leicht, die Sprache der Farben zu verstehen, und es gibt ein paar einfache Richtlinien, die den Einstieg erleichtern.

Betrachten Sie einen Regenbogen. Seine Anordnung der Farben zeigt genau, wie diese aufeinander reagieren. Blautöne gehen in Grün über, Grüntöne in Gelb, Gelb in Orange, Orange in Rot und Rot fällt wieder leicht ins Blaue zurück. Stellen Sie sich diese Farben im Kreis vor. Dann ist deutlich zu erkennen, dass sich die kühlen Töne wie Lila, Blau und Grün auf der einen und die warmen Töne wie Rot, Gelb und Orange auf der anderen Kreishälfte befinden. Der Farbkreis ist eine große Hilfe, wenn es darum geht, verschiedenen Farben auszuwählen und miteinander zu kombinieren. Harmonische Farbkompositionen aus Tönen einer verwandten Farbgruppe mit höchstens einer kontrastierenden Farbe haben eine beruhigende und erholsame Wirkung. Kontrastierende Farbkompositionen dagegen wirken durch sehr gegensätzliche Töne, bei denen die kühleren Farben jedoch meist dominieren, eher dynamisch und anregend.

Wählen Sie einfarbigen Stoff, bzw. ein Design einer Farbgruppe, wenn Sie einen ruhigen, für den skandinavischen Stil typischen Effekt erzielen möchten.

Kühle Wand- und Holzfarben zu Möbelstoffen in warmen Farbtönen ergeben eine ideale farbliche Raumkomposition.

Weiß ist in unwahrscheinlich vielen Nuancen erhältlich. Wählen Sie es in einem Raum als Basis, z.B. für die Wände oder den Boden, und ergänzen Sie es mit ein paar gemusterten Stoffen, die eine heimelige, eher informelle Atmosphäre schaffen.

Wählen Sie eine Grundfarbe und beleben Sie diese durch kleine Akzente in einem kontrastierenden Farbton, die bei Accessoires, wie Kissen und Bezügen, wieder auftauchen.

TIPP

Streichen Sie große Pappen mit Farbe an, und verwenden Sie diese als Probemuster. Heften Sie die Pappen an unterschiedliche Stellen, z.B. neben ein Fenster oder in eine dunkle Ecke, und schauen Sie, wie die Farben bei unterschiedlichen Tageszeiten und Lichtverhältnissen wirken. Sie können natürlich auch probeweise direkt auf die Wand malen.

Wirkung des Lichts

Wenn Sie Farben zur Gestaltung Ihres Zuhauses auswählen, sollten Sie neben der geografischen Lage auch das individuelle Licht jedes einzelnen Raums berücksichtigen. Im Norden, wo vor allem blaue und eher kühlere Töne dominieren, sollten Sie als Ausgleich die warme Farbpalette des sonnigen Südens wählen. Ein eher dunkles, nach Norden ausgerichtetes Zimmer bekommt mit einem Rollo in warmen Farben eine gekonnte Balance zum Lichtmangel. Grün- und Blautöne wirken hier zu kühl, während Gelb, Rot und Orange selbst die dunkelste Ecke erstrahlen lassen. In einem Raum, der durch Sonnenlicht naturgemäß eine warme Ausstrahlung hat, sollte man jedoch gerade Grün- und Blautöne bevorzugen. Sie reduzieren die Hitze durch die kühle Farbwirkung, fast wie ein Spaziergang im kühlen Wald an einem heißen Sommertag.

Farbeffekte

Es besteht kein Zweifel, dass Farbe einen starken Einfluss auf unsere Psyche und Emotionen hat. So hat sich z. B. gezeigt, dass kräftiges Rot den Blutdruck steigert, es wirkt also belebend und fördert die Energie. Grün soll erhitzte Gemüter beruhigen und Orange regt den Appetit an. Gelb macht uns heiter und glücklich, während Lila ein Gefühl des spirituellen Wohlbefindens in uns wachruft. Farben können außerdem das Auge täuschen und einen Raum kleiner oder größer wirken lassen. Rollos in warmen Farbtönen wie Rot, Orange oder Terrakotta scheinen in den Vordergrund zu treten, sodass ein großer Raum dadurch schmaler erscheint. Oder eine hohe Decke wirkt durch einen Anstrich in einem warmen Farbton niedriger, während ein schmaler, länglicher Raum quadratischer zu sein scheint, wenn eine oder beide kurzen Wände farblich nuanciert werden. Andererseits treten kühle Farbtöne eher in den Hintergrund. Ein blasses Blau, Grün oder Lavendel, Farben weiter Landschaften und des Himmels also, können kleine Räume wesentlich größer erscheinen lassen.

Mit leuchtenden Farben wie Gelb und Rot bringen Sie Licht in dunkle Räume.

Kühle, blasse Blautöne eignen sich besonders für lichte Räume voller Sonne.

Mixen Sie nach Lust und Laune Stoffe und Muster, und finden Sie ganz spielerisch die wundervollsten Kombinationen. So gestalten Sie mit Streifen und Punkten, Prints und Unifarben ein Zuhause, das seinem Namen alle Ehre macht.

Gegenüberliegende Seite: Die Wände hell und das Holz etwas dunkler zu streichen, ist ein typisch französisches Stilelement, vor allem wenn man dekorative Holztüren und -fenster hat. Ich habe die Wände in einem Creme-Ton und das Holz in hellem Grünblau gestrichen.

Gestaltungsbasis

Bevor Sie mit der Gestaltung der Inneneinrichtung beginnen, sollten Sie überlegen, was Sie unverändert lassen möchten. Das kann z.B. ein besonders schöner Stoff, ein Kamin mit hübschen alten Fliesen, ein gemütliches Sofa oder ein geliebtes Gemälde sein. Diese Dinge bilden die Basis für die übrige Gestaltung, angefangen bei der Entwicklung des Farbschemas. Denn selbst wenn die Ausstattung nicht genau Ihren Geschmack trifft, so kann eine andere Farbe viel ausmachen. Ein schwerer Kamin aus dunklem Holz z.B. wirkt cremeweiß lackiert gleich viel zeitgemäßer. Haben Sie keine bestimmte Vorstellung, folgen Sie einfach Ihrem Instinkt. Nehmen Sie einen Stoff, der Ihnen gefällt und erstellen Sie die passende Farbpalette dazu. Die meisten meiner Stoffe sind in einer Grundfarbe mit ein, zwei weiteren Farbnuancen als Akzente erhältlich. So eignen sie sich hervorragend als Grundlage für einen ganzen Raum.

Freude an Kreativität

Genießen Sie es mit Farben, Stoffen und Designs Ihre Stimmung und Persönlichkeit auszudrücken. So können Sie sicher sein, ein anheimelndes und individuelles Zuhause zu erschaffen. Die Stoffe meiner Kollektionen lassen sich untereinander wunderbar kombinieren, jetzt müssen Sie nur noch herausfinden, was Ihnen am besten gefällt.

Die Wandfarbe kehrt als Akzent im Stoff für ein Accessoire wieder.

TIPP

Um sich die spätere Gestaltung vorstellen zu können, hängen Sie Stoffmuster neben die Fenster und legen Sie sie auf Sofa- und Stuhllehnen. Lassen Sie das Ganze ein paar Tage auf sich wirken. Reicht Ihnen das nicht, besorgen Sie größere Stoffproben. Nach Möglichkeit setzen Sie nicht mehr als drei Farben ein.

Bezugsquellen und Vorlagen

Die Stoffe aus diesem Buch sind erhältlich unter:
www.vanessaarbuthnott.co.uk

Ähnlich schöne Dekostoffe mit originellen Prints und besonderen Mustern gibt es in folgenden Onlineshops:
www.charlottas.de
www.coatsgmbh.de
www.cotton-color.com
www.frautulpe.de
www.stoffemeyer.de
www.stoffkontor.eu
www.trollinge.de
www.volksfaden.de

Für Kurzwaren und anderes Zubehör werden Sie hier fündig:
www.alfatex.de
www.buttinette.com
www.dawanda.de
www.fadenversand.de
www.gbinteriors.co.uk/acatalog/Roller_Blind_Kits.html
www.prym-consumer.com
www.rollorieper.de

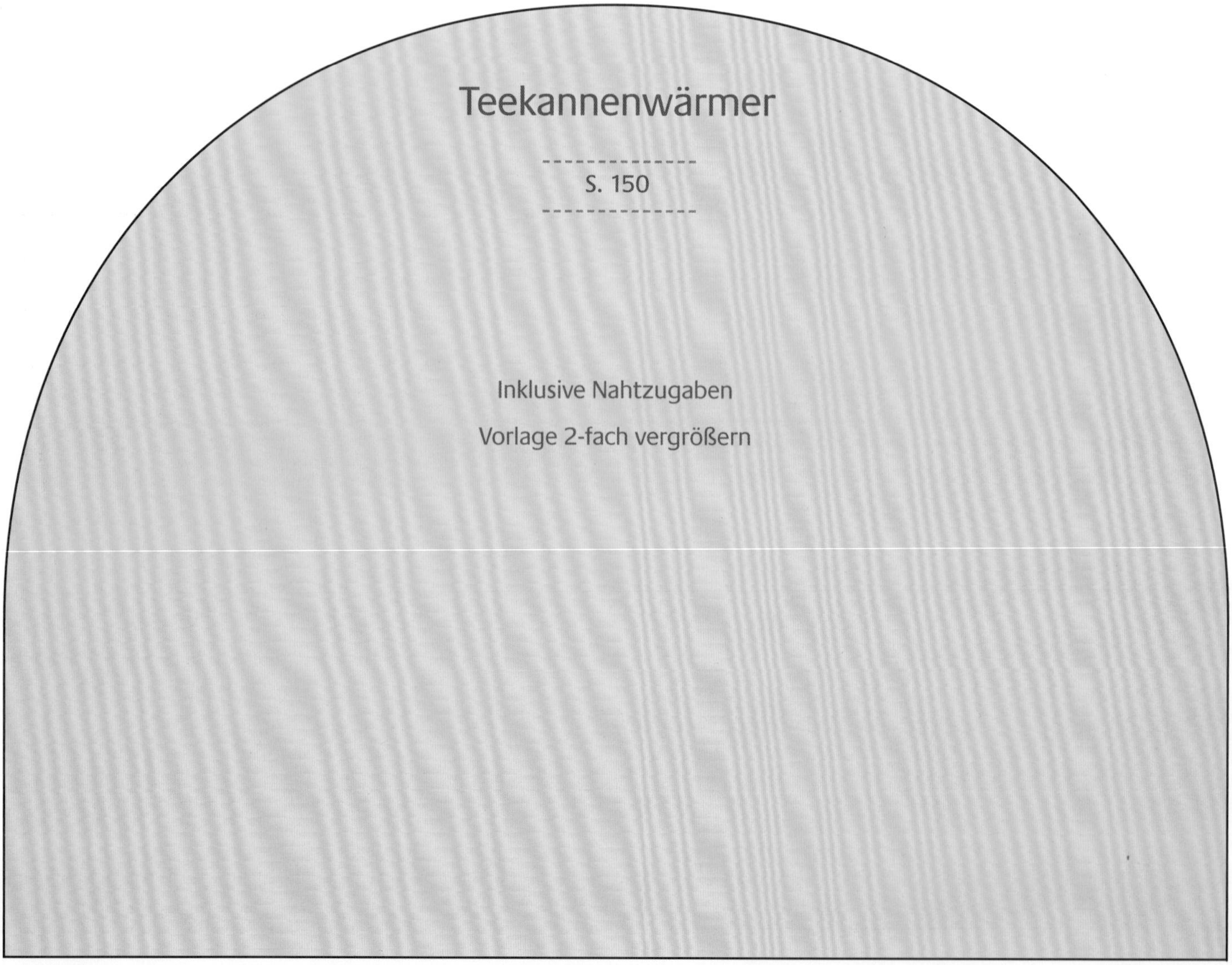

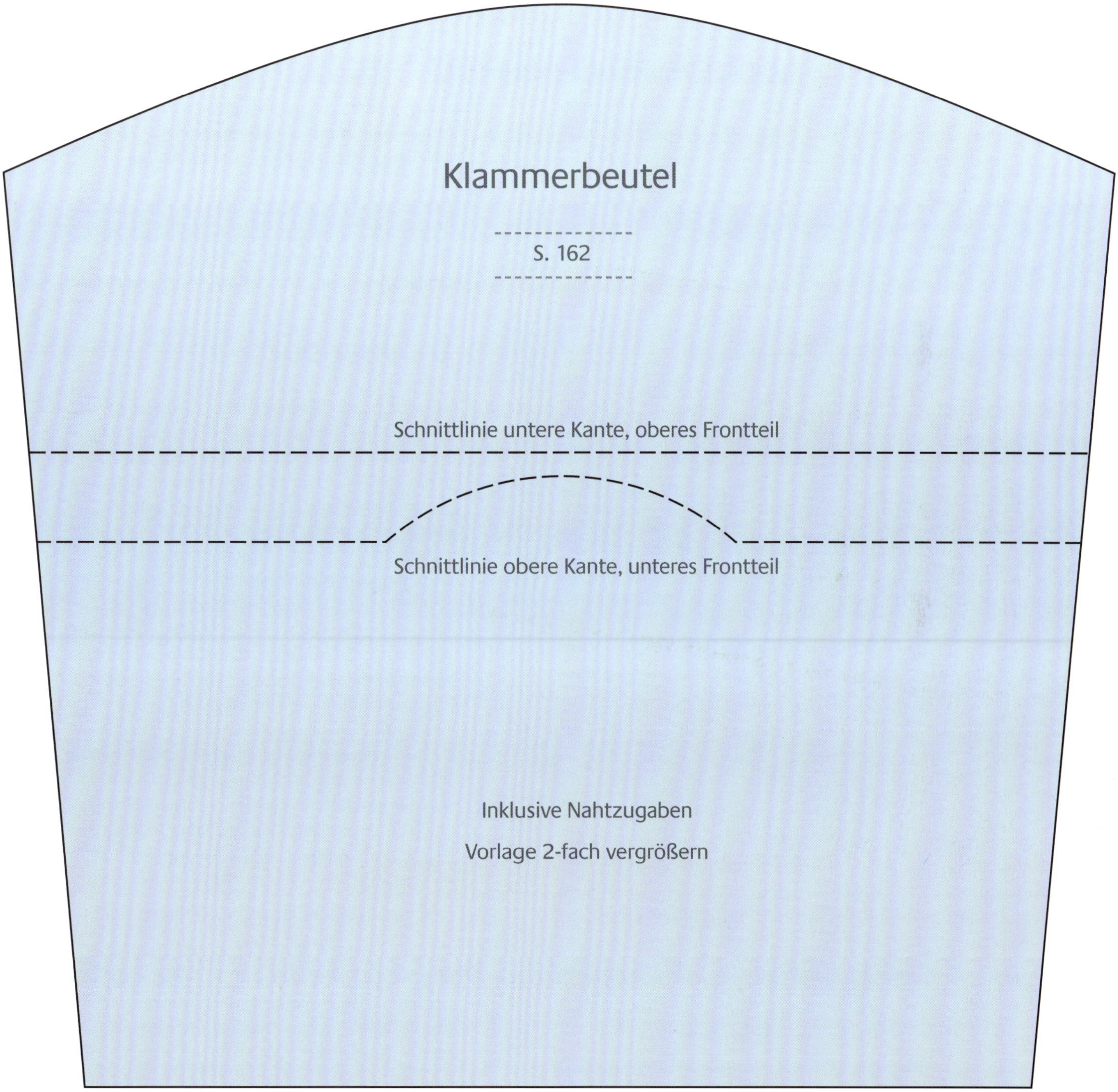
Klammerbeutel
S. 162
Schnittlinie untere Kante, oberes Frontteil
Schnittlinie obere Kante, unteres Frontteil
Inklusive Nahtzugaben
Vorlage 2-fach vergrößern

Autorinnen

Ihre Heimat Cotswold in Wales inspiriert die Stoffdesignerin **Vanessa Arbuthnott** zu ihren ländlichen Mustern und natürlichen Farben. Zum Stoffdesign gelangte sie, als sie mit ihrem Mann Nicholas, einem Architekten, einen alten Kuhstall in ein gemütliches und farbenfrohes Wohnhaus verwandelte. Die Stoffe gestaltete sie kurzerhand selber und nähte daraus Heimtextilien. Zeitungen und Magazine wie »Country Living« und der »Saturday Telegraph« wurden auf ihre Designs und Modelle aufmerksam und machten sie bekannt. Mittlerweile umfasst Arbuthnotts Sortiment zehn Kollektionen.

Gail Abbott ist Innendekorateurin und schreibt regelmäßig Artikel für Wohnmagazine. Sie hat bereits zehn Bücher zum Thema Einrichten, Dekorieren und Heimtextilien veröffentlicht, von denen vier auch in Deutschland erschienen sind.

Danksagung

Ich möchte meiner Mutter dafür danken, dass meine Kindheit von so viel Kreativität geprägt war. Das ist eines der wertvollsten Geschenke für mich. Ganz besonderer Dank gilt auch meiner wunderbaren Familie, die sich mit den ständig verändernden Dekorationen in unserem Zuhause arrangiert, und Rose, deren Passion für Farben eine große Inspiration war.

Vielen Dank an Laura Spencer für die hervorragende technische Unterstützung der Gestaltung. Außerdem einen großen Dank an mein wundervolles Nähteam: Sarah Mackay, Lena Kamber, Terri Davies und Lucy Lane-Fox sowie an alle meine Mitarbeiter für ihre unendliche Toleranz und loyale Assistenz; ebenso allen ansässigen Kreativen für ihre harte Arbeit im Rahmen der Fotoshootings.

Außerdem Dank an Sally Denning für ihr Talent, meine Stoffe in professionellen Stylings auf fantastische Reisen zu schicken (www.sallydenning.co.uk) und an Mark Scott für seine hervorragende Fotografie (www.markscottphotography.co.uk). Und selbstverständlich gilt mein Dank auch Gail Abbott (www.gailabbott.co.uk) für ihre freundliche Ermutigung, ihr Styling und ihre Unterstützung bei diesem Buch.

Vanessa Arbuthnott
www.vanessaarbuthnott.co.uk

Herzlichen Dank an Nord Design (nordesign.co.uk) für die freundliche Bereitstellung der stilvollen Keramiken und Accessoires im Skandinavischen Design und an Sandra Jane (sandrajane.co.uk) für die Leihgabe einer Auswahl wunderschöner Haushaltswaren, die unsere Fotos auf besondere Weise bereichern.

Gail Abbott

Register